CW00518041

La Vie Suspendue

Une intense histoire d'Amour

Olivier MAYEUX

Collection
Lectures du Sud

Réédition 2023
Copyright.eu n°5500

ISBN 9798727906644

Protection **SGDL** Emp. n°33052

.

Conception couverture : O.M. 07/2017.

Fotolia - Metallic Citizen # 124748941

Photo O.M. printemps 1990 - Anniversaire de Nono.

AVERTISSEMENT :

Avec l'accord pour leurs prénoms ou leurs noms, des nombreuses personnes mentionnées. Concernant d'autres personnes, les prénoms ont été volontairement changés.

Du même auteur :

Mesdames, Messieurs, Bienvenue en Égypte.

Chocolatine.

Collection
Lectures du Sud

Mes sincères remerciements à Pierrette Funten Milard, pour son aide précieuse.

- TABLE DES MATIERES -

L'ACCIDENT
LES URGENCES

Belle journée ensoleillée, en ce début de mai, le ciel est bleu à Paris.

Avant de sortir de l'agence, comme à son habitude, il me sourit, traverse mon bureau et propose :

– Tu viens, nous déjeunons ensemble ?

– Non, je ne peux pas, j'ai rendez-vous avec un client.

Je suis cadre commercial au sein du tour-opérateur, LVR, spécialisé dans les voyages de groupes, situé au centre de Paris dans le X_e, près de la République.

Depuis huit mois, à l'agence, il travaille comme coursier et envisage, mi-septembre, de commencer une formation d'informaticien.

Originaire d'Algérie, d'un petit port à l'ouest de la capitale, fin mars, il a eu vingt-deux ans.

J'ai trente-six ans, natif du Sud-Ouest, la région de mon enfance. Dans les années 1970-1980, j'ai vécu douze ans en Égypte comme guide-accompagnateur touristique, le long de la vallée du Nil.

Ayant effectué de nombreux séjours dans les pays arabes, je connais leurs traditions, leurs coutumes, de plus, je parle l'arabe égyptien.

Lui et moi, nous nous sommes croisés un soir d'hiver, au pied de la Butte Montmartre. Un heureux hasard, au creux d'une instable période de solitude.

Tout de suite, j'ai noté son sourire permanent, un regard franc, plutôt doux, sa gentillesse et un calme olympien.

Vêtu d'un jean bleu, d'un polo vert et d'un blouson de cuir châtaigne, il avait l'allure d'un tendre viril.

Des cheveux bruns, courts, à peine ondulés, un teint clair, un visage affable, des yeux marron foncé, surmontés d'épais sourcils noirs, au premier abord, j'ai pensé qu'il était Kabyle.

Afin de faire connaissance, il m'a invité à prendre un verre au café des Oiseaux, proche de la Place d'Anvers.

La courtoisie était de mise :

– Que souhaitez-vous boire ? S'il vous plaît, quel est votre prénom ?

Pendant un délicieux moment, nous avons parlé de nos vies, nos familles, nos métiers, nos loisirs, du sport et de la pratique du judo.

Avant dernier de la fratrie, il a plusieurs frères et sœurs.

Lors de notre conversation, de façon naturelle, ses yeux cherchaient à fixer les miens. Devant son soda, décontracté, il m'a expliqué :

– J'habite dans la banlieue nord de Paris. Depuis l'adolescence, je préfère vivre en France plutôt qu'en Algérie.

Nourredine m'a confié avoir eu une relation avec une fille, mais à présent, il souhaitait rencontrer quelqu'un de confiance, et à voix basse, rieur, ajouta :

– Et, pourquoi pas un homme ?

À sa façon de s'exprimer, à son attitude, j'avais le sentiment qu'il était sincère.

À mon tour, je lui ai dévoilé que j'avais vécu avec un ami égyptien, puis qu'il m'avait quitté afin de rejoindre une femme. Il m'écoutait attentif, respectueux, sans commentaire ni réflexion.

Déjà, j'étais sous le charme.

Rapidement, au fil des semaines, nous sommes devenus inséparables.

À nouveau, la porte du bonheur venait de s'ouvrir. Un lumineux rayon de soleil au cœur d'une vie tourbillonnante.

Finalement, nous avons décidé d'essayer de vivre chez moi, au sud de Paris. Peu à peu, unis par nos sentiments ajoutés à la joie d'être ensemble, nous partageons notre différence.

Dès son arrivée à l'agence, Nourredine a suscité la sympathie, mais aussi, l'attachement de l'ensemble du personnel. Toujours serviable, réfléchi, discret dans son travail, continuellement de bonne humeur, le sourire ne quitte jamais ses lèvres.

Aujourd'hui, 10 mai 1990, un an et demi plus tard, nous sommes pleinement heureux, je me repose sur ses épaules. J'ai enfin rencontré la bonne personne, si longtemps recherchée. Intérieurement, ça me rend fier d'avoir un ami sérieux, de loyal, tel que lui.

Maintenant qu'il a changé ma vie, nous avons plein de projets.

Depuis le milieu de la matinée, avec un client, nous négocions le prochain voyage de son comité d'entreprise, je regarde ma montre, il est presque treize heures.

Soudain, un bruit sourd, celui d'un choc, nous parvient, atténué par le double vitrage des fenêtres donnant sur le boulevard de Magenta. Ne m'arrêtant pas davantage à cet événement de la rue, je poursuis la négociation.

Quelques minutes s'écoulent.

Martine, une collègue, entre dans le bureau, bouleversée, elle cherche mon regard avec insistance.

– Olivier, il y a un grave accident dans la rue. Un homme est au sol, il a l'air mal en point.

Le teint pâle, Martine, les yeux fixés sur les miens, ajoute :

– Un jeune, aux mêmes baskets que Nono.

Nono, c'est son surnom, celui donné par sa mère lorsqu'il était gamin. Je trouve que ce surnom s'harmonise avec son caractère et sa démarche tranquille.

À la réflexion de ma collègue, surpris, inquiet, je me lève afin d'apercevoir l'accident à travers la fenêtre du premier étage.

Beaucoup de monde s'agglutine près du passage clouté, à gauche de notre agence. Les véhicules du SAMU et des pompiers sont stationnés au milieu du boulevard et, le long du trottoir, un fourgon de police.

Troublé, je décide de descendre. À cet instant, je suis à une année lumière d'imaginer une catastrophe pour celui que j'aime.

Dans la rue, entre les policiers, les hommes du SAMU et les pompiers, j'aperçois la victime allongée sur la chaussée, près du passage piéton. Aussitôt, la couleur verte des baskets m'alerte, je me fige. Exactement comme celles de Nono !

Une violente angoisse m'envahit, le souffle coupé, je me précipite près de la victime déjà sous perfusion.

Il y a du sang partout.

Les chaussettes ressemblent aux siennes, le jean Levi's, la ceinture aussi et... au poignet droit, je reconnais sa montre.

NON ! Ce n'est pas possible !

Je ne peux voir son visage, la tête a été blessée, le médecin penché sur lui, tient à la main un masque d'oxygène.

Je reste abattu, tétanisé.

Un policier demande de reculer.

– Je le connais... c'est mon ami, dis-je, en état de choc.

À ces paroles, il me laisse tranquille, interpelle un autre collègue :

– Ce monsieur est un proche de la victime.

Une impressionnante flaque de sang inonde ses vêtements ainsi que la chaussée.

Inconscient, inanimé, deux pompiers l'installent sur une civière.

De temps à autre, un spasme nerveux agite son corps et ses jambes.

Non ! Je vis un cauchemar. Incroyable.

Ce n'est pas vrai !

Inimaginable, Nono semble sérieusement blessé.

Paniqué, j'interroge le médecin :

– S'il vous plaît, est-ce grave ?

– Oui, ce jeune homme est grièvement atteint à la tête, nous l'évacuons tout de suite, répond-il, pressé.

– Mais, que s'est-il passé ?

– Une voiture l'a heurté violemment, dit un pompier, dépliant sur

Nourredine une couverture de survie argentée.

Décomposé, assommé, la stupéfaction me paralyse.

Tout devient noir. Le monde s'écroule.

Les questions défilent. Pourquoi lui ? Comment ? Irréel, Nono si prudent, n'aurait pas vu la voiture venir ? Le conducteur était-il alcoolique ou inconscient ? À qui la faute ?

Un policier m'invite à le suivre dans le fourgon, il a un portefeuille sous les yeux, me demande de le reconnaître. L'agent note mon identité, je réponds comme un automate, abasourdi d'un tel malheur.

Face à moi est assis un homme. Je réalise qu'il s'agit du conducteur du véhicule l'ayant percuté. Brun, d'une trentaine d'années, il n'a pas l'air en ébriété, mais paraît plutôt ne pas comprendre, donne l'impression d'être absent de ce cauchemar.

Je ne ressens aucune agressivité ni haine, seulement une grande indifférence.

À côté, un autre agent enregistre les déclarations de plusieurs témoins. Le policier me demande :

– Qui êtes-vous vis-à-vis de lui ?

– Son ami.

– Vous habitez à la même adresse ?

– Oui.

– Vous serez convoqué dans les vingt-quatre heures au commissariat du X_e.

Je signe le rapport, sans le relire, ma tête est déjà ailleurs.

Du véhicule de police, je me dirige vers la voiture du SAMU où est installé Nono.

Les portes sont fermées, je ne peux voir ce qui se passe. Le médecin cherche un téléphone pour joindre l'hôpital afin de faire un bilan. Je l'invite à monter à l'agence.

Norbert, Francy, Michel, Marie, Martine, Sylvie, Christine, Albane, mes collègues sont là, tous choqués.

Angoissé, nerveux, impossible de comprendre, je suis groggy, presque incapable de réagir.

Le médecin raccroche le combiné, je repose la même question.

– Vous croyez que son état est très grave ?

– Oui. Un violent traumatisme crânien, il faut lui faire un scanner, mais les membres ne sont pas atteints. On attend la réponse d'un hôpital pour le transporter.

L'agence plongée dans le silence, semble sans vie. Marie, mon assistante, triste, accablée me prend dans ses bras. Impossible de poursuivre le travail, Michel, le directeur commercial, s'occupe du client.

Une bonne demi-heure plus tard, le véhicule du SAMU n'est toujours pas parti ! Un temps beaucoup trop long, très désagréable à vivre.

Francy, Norbert et moi, redescendons sur le boulevard, attendre.

Les pompiers arrosent les taches de sang sur la chaussée, puis dispersent du sable.

Cela me fait mal.

– Et, le SAMU qui ne part toujours pas !

Enfin, le chauffeur reçoit le feu vert de l'hôpital Necker, il démarre, sirène branchée. Une foule de questions me viennent à l'esprit, avec en toile de fond, l'espoir que ce ne sera pas trop grave.

À qui la faute cet accident, au chauffeur ou à mon ami ? Pourquoi Nono n'a-t-il pas vu la voiture ?

Je cherche à comprendre.

Va-t-il résister à cette très grave blessure ? Nono est jeune, un sportif au corps musclé, d'une santé excellente.

Il doit s'en sortir.

Quelle injustice, je suis avec lui.

La pendule du bureau affiche 15 heures, dans une heure, je téléphonerai à Necker.

La panique monte puis redescend. Marie reste près de moi.

– Calme-toi, Olivier. Nono est jeune, athlétique, il s'en sortira.

Chacun donne son avis, cherche à me rassurer.

16 heures pile, je ne peux plus attendre, je compose le numéro des urgences de l'hôpital Necker.

Là, on m'informe qu'il a été transféré à l'hôpital de la Pitié-Salpêtrière.

– Dans un service plus adapté à son cas, précise un interne.

Où est cet hôpital ? Marie, petite brune, tonique, érudite, ouvre le plan de Paris. Situé dans le XIIIe, entre la Place d'Italie et Austerlitz, je passe pourtant tous les jours devant, avec la voiture.

Je veux avoir de ses nouvelles, partir le rejoindre, être auprès de lui.

Ce qui n'arrive qu'aux autres, je le vis, en direct. Il y a peu de temps, Nono était là, souriant.

Francy m'autorise à quitter l'agence, pendant le trajet, une série de questions défilent dans ma tête.

Je conduis comme un robot, le pied nerveux sur l'accélérateur, de République jusqu'à l'enceinte de l'hôpital où je gare la voiture près des urgences.

Aux renseignements, on m'informe qu'il est dans le service de neurologie du Docteur Philippon.

Situé dans un parc bien entretenu de verdure et d'arbres, l'hôpital compte de nombreux bâtiments anciens ou modernes, certains du XVIIème siècle, dont une chapelle construite par Bruant.

À l'accueil de la neurologie, la troisième employée interrogée ouvre le livre des entrées, puis m'annonce :

– Désolée, faute de place, ce monsieur n'est pas là, affirme-t-elle.

De nouveau, l'employée m'envoie où j'étais au départ, au pavillon de chirurgie Gaston Cordier, près de l'entrée.

Je questionne des internes, dans les couloirs, et finis par arriver au sous-sol devant la porte close du service réveil du professeur Viars.

Je sonne deux fois, un infirmier m'ouvre, très distant, je me présente.

– Êtes-vous un parent ?

– Non, son ami.

– Vous ne pouvez pas le voir ce soir, monsieur, il est dans un coma profond.

Ce mot - coma - vient de résonner dans mon esprit. Je ne connais pas le détail ni la définition du coma, mais, je sais qu'il s'agit d'un état très grave. Nono doit terriblement souffrir.

L'angoisse devient intense, je décide de demander à parler à un médecin. J'insiste poliment.

L'infirmier, réticent, repose sa question :

– Mais, qui êtes-vous exactement pour la victime ?

Avant de rejoindre ses collègues, il referme la porte.

On se croirait dans une cave d'immeuble, entre les ascenseurs et les portes fermées. De temps à autre, elles s'ouvrent, laissent passer un chariot contenant des draps sales sur des sacs-poubelle.

Plusieurs fois, je regarde la plaque où est inscrit :

Service réveil du Pr Viars

J'attends une vingtaine de minutes, impossible de tenir en place.

Je marche, je m'assois et, nerveux, perturbé, me relève.

Une femme médecin, blouse blanche, lunettes rondes, sensiblement de mon âge, arrive :

– Bonjour, vous venez pour M. Nourredine X. ?

– Oui, Docteur !

– Vous êtes qui vis-à-vis de lui, s'il vous plaît ?

– Son ami.

Surprise, elle abaisse ses lunettes :

– Ce monsieur présente un violent traumatisme crânien, ajouté de plusieurs fractures, des blessures faciales, les paupières déchirées. J'émets un pronostic extrêmement réservé, à cause d'un très grave coma. Un conseil, prévenez sa famille, il faut s'attendre au pire.

Je reste une poignée de secondes sans voix, avant de me ressaisir.

– S'il vous plaît, je souhaite le voir.

– Impossible, désolée.

J'insiste à nouveau, elle refuse, mais ajoute :

– Téléphonez demain matin afin de connaître l'évolution, nous verrons si une visite est envisageable. Cependant, après notre dernier bilan, je m'alarme. Va-t-il vivre ?

Meurtri, déçu de ne pouvoir le voir, je me résigne à quitter l'hôpital, seul, avec ce grand malheur.

Le cœur blessé, trop d'interrogations s'entrechoquent dans ma tête.

Malgré un beau soleil, Paris m'apparaît fade, hostile, inhumain.

Une fois à la maison, je décide d'appeler sa sœur Fatima, au pays, afin de la prévenir de l'accident. Son fils décroche, avant de me passer sa maman. La gorge nouée, j'ai du mal à annoncer et raconter cette catastrophe.

Fatima, assommée, pleure, le chagrin l'accable, elle raccroche.

J'ai promis de rappeler demain matin, sa sœur va tout faire pour venir au plus vite à Paris.

La boule au ventre, je n'arrive pas à manger quoi que ce soit, je cogite, tourne en rond entre la cuisine et le salon.

La photo de Nono sur la bibliothèque me rend encore plus triste ; le jour de son anniversaire, un verre de champagne à la main.

Un sourire merveilleux, spontané, naturel.

Dès notre rencontre, j'ai aimé ce constant sourire qui illumine son visage, ainsi que son air fier, son allure droite. Quel plaisir de le voir toujours habillé et coiffé avec soin.

Plus grand que moi, près d'un mètre quatre-vingts, sa démarche est souple, balancée.

Le cœur me fait trop mal, je détourne mon regard de la photo, mes yeux se troublent, cela devient insupportable, j'éteins.

Ma première nuit sans lui est proche de l'enfer, le sommeil m'échappe, une succession d'interminables pensées, de réflexions, dans notre lit froid, vide. Des scénarios, des plus pessimistes aux plus optimistes, s'enchaînent, je passe de la conscience aux cauchemars, et me réveille en sursaut. Cent fois, je change de position.

Je revis nos souvenirs de ces superbes quinze mois vécus ensemble.

Au milieu de la nuit, des larmes chaudes glissent lentement de mes yeux. Pas une seule dispute, des moments positifs, que du bonheur. Nous avons les mêmes goûts, nos idées s'harmonisent, nos caractères se conjuguent parfaitement.

Je repense aux moments d'intimité, si proches l'un de l'autre, ici, dans l'appartement, à nos projets de vacances l'été prochain.

Fin avril, Nourredine est rentré d'Algérie après les fêtes du Ramadan, entouré de sa famille. Tous les soirs, nous nous sommes téléphoné.

À Orly, quelle grande joie de le retrouver. Aussitôt, il m'a pris dans ses bras, tendrement, m'embrassant sur les joues.

Nono a demandé des nouvelles de mes parents, de nos amis, de nos collègues. Les bras pleins de cadeaux, il était si impatient de me les offrir.

Mon attachement pour Nono a été progressif, jusqu'à devenir intense. Puis, finalement, l'équilibre de ma vie.

J'ai trouvé, grâce à cet homme, l'ami fidèle, reposant, sincère, honnête, exactement celui que j'attendais. Je l'aime plus que tout, je veux lui offrir un combat contre l'inéluctable.

Dès la première visite chez mes parents, l'année dernière, il a séduit ma mère, a été apprécié de mon père, de toute la famille, pour sa discrétion, son caractère ouvert et son charme.

L'hiver dernier, au cours d'un déjeuner dans un restaurant, il m'a présenté à sa sœur, âgée d'une quarantaine d'années. Fatima passait quelques jours de vacances chez une amie.

Rapidement, nous avons sympathisé.

Il était joyeux de nous voir réunis, cependant, elle ne devait surtout pas découvrir que nous formions un couple. Nono craignait sa réaction, et, de ce qu'elle pourrait dire à la famille, au bled.

Il me parlait souvent d'elle, de ses parents et de ses frères. Entre lui et sa sœur, j'ai remarqué une grande complicité.

Vendredi, 8 heures. À peine un café ingurgité, la tête lourde, j'appelle l'hôpital. L'angoisse remonte lors de la longue attente au téléphone, afin d'obtenir le service du professeur Viars.

– Qui êtes-vous, monsieur ? Quelqu'un de la famille ? me demande-t-on, pour raison de secret médical, avant de donner des nouvelles.

– Le pronostic des médecins reste très réservé, il demeure dans un coma de niveau trois, voire quatre, et ne répond pas aux ordres.

J'enchaîne :

– Je peux venir quand, s'il vous plaît ?

– Téléphonez cet après-midi, nous verrons.

Une fois à l'agence, la matinée semble beaucoup trop longue, je n'arrive pas à me concentrer.

Ensuite, j'appelle Philippe notre ami médecin, je lui raconte ce qui vient d'arriver. Il se renseigne à l'hôpital et me rappelle.

– Effectivement, son état est malheureusement très grave, un coma à un niveau préoccupant. Ils ne peuvent pas intervenir pour le moment, Nono doit rester dans un service réveil afin de suivre son évolution. Puis, Philippe ajoute, cet hôpital, adapté aux traumatisés crâniens et encadré d'excellents neurologues.

– Pourquoi ne l'opèrent-ils pas tout de suite ?

– Écoute, ils ne peuvent pas prendre cette décision, car sa situation neurologique reste trop incertaine, peut-être, n'ont-ils pas de place, actuellement, au sein de la neurochirurgie.

– Comment ! Ils n'ont pas de place ? Incroyable, il faut intervenir, faire quelque chose.

Révolté, je ne comprends pas.

Philippe, en contact avec un médecin, propose de m'informer ce soir, et conclut :

– Moi aussi, j'estime l'état de Nono très critique.

Face à mon désarroi, je rappelle l'Algérie ; Fatima va essayer de venir urgemment à Paris, sur n'importe quelle compagnie.

J'irai l'accueillir à l'aéroport, je serai moins seul dans le malheur, sa sœur m'aidera à soutenir Nono.

Il me tarde qu'elle soit ici.

Je téléphone à l'hôpital. Nouvelle attente sur le disque musical ; un morceau classique entrecoupé d'annonces de la Pitié-Salpêtrière.

Au bout de longues minutes :

– Ce monsieur est qui pour vous ?

La réponse devient une habitude.

– Toujours dans le coma, son diagnostic demeure très alarmant, me répond une infirmière.

J'ajoute anxieux :

– Quand allez-vous l'opérer ?

– Aucune intervention n'est envisagée, ce matin, il a eu une tomographie et des radios du thorax, précise-t-elle.

Je demande à venir le voir, l'infirmière me donne finalement rendez-vous à 18 heures devant la porte du service.

Minute après minute, l'angoisse demeure permanente, il faut que je sois courageux, je dois me battre, mon seul but est de le sauver.

Je pense très fort à Nono. Il faut résister, tu ne dois pas partir, tu es trop jeune, ta vie vient à peine de commencer.

Heureusement, Marie, à mes côtés, s'occupe des dossiers et de nos clients. J'ai énormément de mal à me concentrer, pourtant, impensable de m'arrêter, c'est la pleine saison des voyages.

J'espère avec force que tout va s'arranger au bout de quelques semaines.

Dans le dictionnaire, je cherche la définition du coma :

Coma n.m. (gr.kôma, sommeil profond) État caractérisé par la perte des fonctions de relation (conscience, mobilité, sensibilité) avec conservation de la vie végétative. (respiration, circulation) Coma dépassé, irréversible (mort cérébrale).

Je relis ce texte, du Larousse, pas un seul mot de rassurant. Je ne retiens que les derniers mots - mort cérébrale -.

Échelle de Glasgow graduée de 3 à 15 :
Traumatisme crânien grave : coma de 3 à 8.
Traumatisme modéré : 9 à 12 - Traumatisme léger : 13 à 15.

Nouveau coup d'œil à ma montre, il est temps d'aller le rejoindre.

Mon seul désir, être près de mon ami, le plus vite possible.

À l'entrée du service, je sonne.

J'attends d'insoutenables minutes, cœur bloqué, l'émotion est à son comble, je suis liquéfié.

La porte s'ouvre, un interne m'accueille, je me présente.

Après d'interminables contrôles, et toujours les mêmes questions, il me laisse entrer dans un couloir.

Tout d'abord, je dois enfiler une blouse blanche, avant de pénétrer dans une salle encombrée de brancards. Là, accompagné d'une infirmière, j'arrive à l'intérieur d'une pièce très fraîche à la lumière tamisée.

Deux lits aux plans inclinés sont adossés à des machines de réanimation. Nono est là, sur le second, le corps nu, recouvert d'un tissu jaune, seuls son cou et sa tête sortent.

Un choc intense se produit et me déstabilise, à la découverte de ce que je vois pour la première fois de ma vie.

Une tête énorme, elle a doublé de volume, un hématome jaune, bleu et violet à la partie supérieure, un œdème impressionnant.

Un tube de plastique entre dans sa bouche, diverses perfusions sont enfoncées dans ses bras, et ses yeux blessés recouverts de pansements. On dirait un personnage de film d'horreur.

La partie gauche de son visage a été si violemment atteinte, qu'un liquide marron, céphalo-rachidien, s'écoule au ralenti d'une narine.

Nono doit intensément souffrir, il n'a aucune réaction. Mon ami reste maintenu en vie, grâce à ces appareils.

Immobile, incapable de parler, le corps paralysé de douleur, cette vision me bouleverse. Peu à peu, je me sens mal, je deviens blême, la tête tourne, afin de ne pas m'évanouir, je dois m'asseoir.

Émotionnellement, c'est trop. L'infirmière me donne un remontant et cherche à me réconforter.

Très fort, j'ai envie de crier à Nono que je suis là, que j'ai besoin de lui pour être heureux. Qu'il peut compter sur moi, qu'ensemble nous allons nous battre, qu'il va s'en sortir, qu'il faut lutter de toutes ses forces ; parce que, il doit vivre, parce que cet accident est injuste.

Je sors, traumatisé, et mesure la gravité de l'accident et l'état extrêmement critique dans lequel il se trouve.

Ce soir, plus rien n'a d'importance… Non, plus rien.

Me voici au centre du cauchemar le plus difficile que j'aie jamais connu. Personne au monde ne peut calmer ma souffrance morale.

Fatima me téléphone :

– J'arrive demain, par un vol de l'après-midi.

Impossible de lui raconter ce que j'ai vu, c'est vraiment trop dur.

Ensemble, nous serons plus forts.

Fatima me parlera davantage de Nono, de son enfance, de son adolescence, de sa famille, de leurs souvenirs, de tout ce que je n'ai pas encore eu le temps de connaître de mon ami. Il y a tant de choses que je ne sais pas, qu'il n'a pas eu le plaisir, le bonheur de me raconter.

Je n'ai ni faim ni soif, je veux juste pleurer, seul. Je souhaite qu'on me laisse tranquille, je dois réfléchir.

J'évite d'ouvrir l'armoire, je ne veux surtout pas voir ni toucher ses vêtements, de même, je détourne les yeux du sac de sport et du flacon de son parfum.

Envahi par tant de souffrance, j'ai beaucoup de mal à répondre aux appels. À chaque sonnerie, la peur d'une mauvaise nouvelle me paralyse.

D'abord, c'est Claudine, elle a appris la nouvelle à l'agence par Marie. Claudine, une amie de longue date, serviable et généreuse, cheveux blonds frisés, yeux bleu clair, me parle d'une voix douce :
– Comment te sens-tu ? Veux-tu que je vienne ?
– Merci, tu es très gentille, je préfère ne recevoir personne.
– Je viendrai dès que possible à l'hôpital, dit-elle, triste.

Puis, nos proches amis, Patrice et Jean-Jacques me téléphonent ; ils vivent ensemble depuis un an, nous les fréquentons régulièrement.

Je leur annonce la dramatique nouvelle :
– Nono a eu un grave accident, en face de l'agence, il était sur le passage clouté, soudain une voiture l'a percuté de plein fouet à la tête. Il est dans le coma, aux urgences, à l'hôpital.
Ma voix se trouble, je cherche des mots.
– C'est dramatique.
Silence, puis Patrice s'exclame :
– Non, ce n'est pas vrai ! Mais, comment le conducteur de la voiture ne l'a-t-il pas vu ? Que te disent les médecins ?
– Leurs pronostics très pessimistes sont très préoccupants. Je vis l'horreur.
– On peut venir, enchaîne Jean-Jacques, saisissant le combiné, nous voulons lui rendre visite le plus rapidement possible, si tu as besoin d'aide, n'oublie pas que nous sommes là, de tout cœur avec toi, Olivier.
– Merci à vous deux, mais pour l'instant, j'espère que ça va aller, je pense tenir le choc, il le faut, pour lui.
Pour répondre, épuisé, je soutiens ma tête, ils me rappelleront demain.

J'ai tout oublié : prévenir mes parents, d'autres amis, d'ouvrir le courrier, de faire les courses.
Le week-end commence, cela n'a aucune importance.

La nuit sera identique à la première. Entre doutes, certitudes, angoisses constantes, sur fond de révolte devant cet incompréhensible accident.
Sans cesse, je redoute un éventuel coup de téléphone des urgences pour m'annoncer le pire. À l'aube, fatigué, le sommeil ne m'ouvre la porte que deux heures environ.

Au réveil, la tête me fait mal. Après un petit déjeuner léger, j'avale un Doliprane, dans l'espoir de calmer la douleur.

Samedi, 8 heures, j'appelle l'hôpital, inquiet, impatient.
– On ne donne pas d'informations par téléphone, monsieur, me répond-on sèchement.
– Je suis son ami, je vous en prie, madame, je veux savoir.
Pas de réponse, elle doit réfléchir, puis se décide à me dire :

– Son état est très grave, il a peu de chances de s'en sortir, les médecins sont pessimistes sur le pronostic.

On m'accorde une visite vers le milieu de la journée, juste avant de me rendre à l'aéroport accueillir Fatima.

L'angoisse remonte, bloqué, je me sens désemparé face à l'inévitable. Quoi faire pour l'aider ?

Je décide de joindre un cancérologue, rencontré lors d'un séminaire médical en Égypte.

– Didier, bonjour. Je lui raconte l'histoire dramatique, il prend note de tous les détails, et décide de me rappeler chez moi.

Entre-temps, je reçois plusieurs appels qui me font chaud au cœur, dont le soutien d'amis et de collègues.

Comme promis, Didier R. me rappelle :

– Malheureusement, cliniquement, il est entre la vie et la mort, j'ai eu le Docteur X., le chef de service. Tu sais Olivier, je ne voudrais pas être alarmiste, mais attends-toi au pire. Ce violent traumatisme crânien présente plusieurs fractures frontales, on ne peut rien faire pour le moment, ce serait inefficace, il faut attendre l'évolution. Son coma de niveau trois, voire quatre, est profond, vraiment préoccupant.

Ouvrant les volets, je retrouve le soleil. Ses lumineux rayons plongent à l'intérieur de l'appartement, un message d'espoir dans ces moments catastrophiques, où tout semble noir.

Après une douche, je m'habille rapidement et pars rejoindre mon ami. Ma seconde visite dure plus longtemps. Ventilé par un tube qui dégage de la vapeur d'oxygène, Nono semble ne pas avoir bougé, on dirait un mannequin.

La pièce est sombre, plongée dans le silence avec une température fraîche. L'écoulement nasal en continu, les couleurs impressionnantes du visage attirent mon regard.

Très ému, je résiste mieux. Placé face au lit, afin de lui dire quelques paroles, je cherche mes mots et j'articule au mieux :

– Nono, je suis là, c'est moi Olivier… Sois fort, bats-toi, tu dois vivre, il le faut, je vais t'aider, tu le sais, Nono, je t'aime… Je ne te laisserai pas.

Évidemment, il n'a aucune réaction.

Je souhaite fortement qu'il m'entende, qu'il perçoive ma présence, ma volonté de le soutenir.

Une infirmière, en retrait, discrète, observe l'autre malade, complètement inconscient.

Dans le couloir, je rencontre le Docteur C., une femme d'une quarantaine d'années, elle me donne son diagnostic :

– Gravement atteint avec plusieurs fractures du crâne, il reste dans un coma très profond, et peut remonter ou passer dans un état végétatif, dit-elle, d'un regard presque indifférent, même s'il s'en sort, votre ami risque d'être paralysé, aveugle ou devenir un légume.

Sans voix, je reste pétrifié.

– Aujourd'hui, poursuit-elle, nous allons faire une intervention sur les paupières déchirées, mais concernant son état cérébral, d'après les images du scanner, je suis évidemment pessimiste.

À ma demande, on autorise une autre visite exceptionnelle, ce soir, accompagnée de sa sœur.

Accablé, j'enlève la blouse blanche, complètement perturbé, je quitte le service de réanimation.

Ensuite, je me rends aux admissions pour compléter le dossier et joindre la déclaration d'accident du travail. Heureusement, Francy a bien rempli les documents, tout semble conforme.

Je quitte l'hôpital pour aller directement à Orly, l'avion en provenance d'Alger, va atterrir dans une heure.

Maintenant, je me sens dans une impasse, face à un lourd défi à surmonter. Triste, le cœur blessé, je n'arrive pas à pleurer, seulement une forte envie de crier ma douleur à la face du monde.

À Orly, Fatima, une fois la douane franchie, me sourit brièvement pour dire bonjour, avant que son visage ne se referme.

Spontanément, nous tombons dans les bras l'un de l'autre.

– Comment va Nono ? demande-t-elle, au bord des larmes.

– Fatima, c'est très grave, ton frère est toujours dans le coma, les médecins sont pessimistes. Nous irons le voir tout à l'heure.

Sur le tapis des bagages, je récupère sa petite valise.

Fatima, vêtue d'une ravissante robe longue noire, des chaussures à talons, dégage une certaine prestance. Ce devait être une belle jeune fille, elle est encore une jolie femme, brune, élancée, un visage de caractère, aux yeux noirs.

Arrivée chez moi, Fatima s'installe dans notre chambre. Je trouve plusieurs messages sur le répondeur. D'abord, celui de Philippe, il me propose de le joindre à son domicile, puis, notre amie Claudine et le commissariat du X_e, l'inspecteur Z. me donne rendez-vous, lundi matin.

Fatima, démoralisée, découvre la photo de son frère, et éclate en sanglots.

Le soir, lorsque nous sonnons à la porte du service réveil, l'angoisse est à son comble. Avant même d'entrer dans la pièce où se trouve son jeune frère, Fatima devient toute blanche.

L'infirmière nous demande d'attendre, car il y a une urgence. Dix longues minutes passent, debout, dans le couloir de la réanimation.

Nono, couvert d'une blouse, a été opéré des paupières, masquées par un bandage. À la vue de son frère, Fatima ne résiste que trois secondes, elle s'évanouit.

L'infirmière lui fait une piqûre, puis l'allonge sur un brancard. Ses esprits retrouvés, elle ne supporte plus de rester, nous décidons de partir.

– Si Dieu le veut, faites qu'il soit sauvé, dit-elle à l'extérieur du bâtiment, les yeux rouges, le regard accablé.

Dans la voiture, elle parle de Nono, je craque à mon tour, nous pleurons ensemble.

– C'est mon meilleur frère, le plus gentil, il me comprend, me protège. Sa mère l'aime tellement.

Je ne peux rien avouer ni rien expliquer, et à quel point j'aime Nourredine. Ne rien laisser paraître, surtout, ne pas dire que son frère est mon amant.

Notre malheur nous unit, s'essuyant les yeux, elle poursuit :

– Il était si heureux d'être avec nous pendant le Ramadan. Nono a offert des cadeaux à tout le monde, il m'a souvent parlé de toi et de l'agence.

Elle sanglote, alors, je ne peux plus me retenir, de mes yeux tombent de grosses larmes.

– Il semblait content de son travail, de vivre à Paris, poursuit-elle, depuis qu'il est petit, Nono a toujours aimé la France.

Au dîner, nous mangeons très peu, absence totale d'appétit. Notre moral est au plus bas.

À plusieurs reprises, elle prend la photo de son frère, la presse contre sa poitrine, puis dans une grimace de souffrance, laisse glisser ses larmes. Sans interruption, nous parlons de lui et de cet accident maudit.

La gorge nouée, nous osons même évoquer la pire des nouvelles.

Celle qui me conduirait à suivre Fatima sur la terre de son enfance, pour un dernier adieu, parmi les siens.

L'un face à l'autre, nos pleurs s'enchaînent, s'unissent. La douleur se fait intense, mon cœur gonflé de peine, devient trop lourd.

Je laisse sa sœur seule et ferme la porte de notre chambre.

La tête me fait mal, mes yeux brûlent, mon corps est courbatu. Nerveux, stressé à l'extrême, je m'allonge dans le salon, ouvre le *Larousse médical*, lis les articles sur le cerveau, les comas et les traumatismes crâniens.

Espérant que la médecine, le talent du personnel médical, surtout celui des chirurgiens, puisse sauver notre Nono.

Un moment s'écoule, j'attends longtemps que le sommeil m'accueille. M'offrira-t-il des rêves moins douloureux ?

Dimanche matin, après une nouvelle mauvaise nuit, heureusement sans téléphone, j'appelle l'hôpital, avant le petit déjeuner.

Trop longue musique d'attente.

– Êtes-vous de la famille ?

– C'est mon ami.

L'aide-soignant murmure à un collègue, hésitation, puis :

– Le Docteur est pessimiste, il reste toujours dans un profond coma.

J'insiste pour obtenir une visite l'après-midi.

Désemparé, j'appelle Philippe, notre ami médecin.

– Dès lundi, je joindrai le professeur X., voir s'il peut le mettre dans son service de neurologie, suivant la place disponible. Je te conseille de prendre un calmant et t'envoie une ordonnance.

L'arrivée aux urgences d'un jeune accidenté, gravement blessé, les membres inférieurs broyés, perturbe notre visite.

Finalement, l'infirmière confirme :

– L'écoulement nasal est dû à la perte d'une substance qui entoure le cerveau. Malgré nos sommations, il n'a aucune réaction.

Abruptement, je demande :

– Vous croyez qu'il est dans le bon service, ici ?

– Euh… Je comprends votre inquiétude, hélas, les lits en neurochirurgie sont trop limités, avoue-t-elle.

Fatima, très pâle, vacillante, quitte la salle, je la rejoins pour la soutenir.

Dimanche, Michèle, une excellente amie de longue date, nous invite chez elle, entourée de ses enfants. Elle propose gentiment à Fatima de partager son appartement, plus grand que le mien.

– Merci, vous êtes très aimable, accepte la sœur.

Lundi, avant de filer à l'agence, j'appelle l'hôpital.

– Monsieur, concernant votre copain, nous sommes carrément pessimistes.

– D'après vous, combien y a-t-il de chances pour que mon ami s'en sorte ?

– Vous savez, moi, j'espère me tromper, mais je ne lui donne pas plus de trois ou quatre jours de vie.

Ce pronostic me foudroie. Déstabilisé, je raccroche.

Regard songeur, triste, je me tourne vers la photo de Nono où le sourire spontané laisse apparaître de belles dents blanches.

Il était si heureux, d'une rayonnante jeunesse, sa présence rassurante m'apportait tellement de bonheur. Sans l'ombre d'un doute, nous pouvions prendre soin l'un de l'autre.

Son visage demeure imprimé dans ma tête, une grande souffrance s'installe jusqu'au plus profond de mon corps.

Je téléphone à sa sœur, on se donne rendez-vous à mon bureau pour aller au commissariat porter plainte. Les locaux de la police ressemblent à un appartement aménagé, très mal entretenu. Nous sommes reçus par un inspecteur compréhensif, aussitôt, il demande des nouvelles de Nourredine.

En répondant, Fatima éclate en sanglots.

Il nous invite à déposer une plainte à l'encontre du conducteur pour : *coups et blessures ayant entraîné…* Il ne remplira pas la suite du document dans l'attente des résultats médicaux, ceux-ci lui seront communiqués ultérieurement.

Grâce à l'officier de police, nous apprenons les détails sur la circonstance de l'accident. Il nous révèle le plan du rapport constat, établi d'après trois témoignages de passants.

L'inspecteur le lit : « *Monsieur N. X. allait traverser sur le passage clouté, allant des numéros pairs du boulevard de Magenta aux numéros impairs. Le conducteur, M.Y., de nationalité française, âgé de trente-deux ans, demeurant à..., de profession coursier, au volant d'une Renault de type « express », provenant de la Place de la République, se dirigeait vers la Gare du Nord.*
Soudain, accélérant pour doubler une autre voiture par la droite, dans le couloir de bus, il a heurté violemment sa tête avec le montant avant droit du toit de son véhicule.
L'impact de la tête contre la carrosserie a provoqué un enfoncement de quelques millimètres. Un témoin relève, qu'à cet instant précis, la victime avait les pieds sur le bord du trottoir. »

Regardant de nouveau ce plan, l'officier ajoute :
– Donc, sa tête, hélas, devait être un peu inclinée vers la chaussée, de quelques centimètres.

Il tourne une autre page du rapport :
– Le conducteur, d'après les témoins, circulait à une vitesse élevée dans un couloir de bus, où nous n'avons pas trouvé de traces de freinage. Pour toutes ces fautes, il est donc en infraction à 100 %. Le contrôle du taux d'alcoolémie s'est révélé négatif.
– Plusieurs accidents graves se sont déjà produits à ce passage clouté, explique-t-il, cependant, dans Paris, nous ne pouvons pas installer des feux tricolores tous les deux cents mètres.

Enfin, l'inspecteur tape à la machine notre déposition de plainte, nous la lisons avant de signer.

Nous décidons, devant l'ampleur du drame ajoutée aux graves erreurs du conducteur, de contacter une de mes amies, avocate.

De retour à mon bureau, je téléphone à l'hôpital, après la deuxième tentative, je reste dix minutes avec l'attente musicale.

L'état de Nono est jugé inchangé, sans évolution.

Je passe à nouveau aux admissions apporter des compléments d'informations, et me dirige vers le bâtiment de chirurgie où Fatima m'attend pour la visite du soir.

Des appareils l'assistent, je m'approche, l'un permet à son cœur de battre, l'autre de réguler sa respiration et, enfoncées dans ses bras, plusieurs perfusions.

Quelques instants nous parlons à Nono, Fatima en arabe, ses mains posées sur celles de son frère, moi en français, penché vers sa tête. Dans l'espoir qu'il entende, cela me semble important, essentiel, même si nous ne voyons pas la moindre réaction.

Avec sa sœur, entre nous, la communication est bonne, mais souvent nerveuse, elle passe de l'optimisme au pessimisme, accusant n'importe qui d'être responsable. Les répercussions du choc de la catastrophe et la tension nerveuse se font sûrement ressentir.

Fatima doit remarquer mon profond attachement à Nono, elle ne dit rien, et ne pose aucune question.

Nourredine tenait à cacher notre relation à sa famille, il leur a simplement dit que nous étions des copains, que nous partagions le même logement. Il m'avait avisé du rejet de l'homosexualité en Algérie, avec une interdiction de toute pratique. Dans l'ensemble du monde arabe, vivre une relation durable entre deux hommes ou deux femmes reste quasiment impossible, à cause du risque d'une condamnation.

Comme Nono, je suis d'abord sorti avec une fille, plus tard, après une longue réflexion et bien des hésitations, j'ai avoué à ma mère, ma préférence pour les hommes. Une confidence délicate, face au regard d'une mère, désagréablement surprise.

Au début, elle a été très déçue, surtout en qualité d'aîné et, de plus, mes parents habitent une petite ville de province. Au fil du temps, elle a fait preuve de compréhension et d'amour, avant de me confier :
– Cela ne me plaît pas, c'est mon problème, mais l'essentiel, je veux que tu sois heureux.

Avec mon père, un homme discret, intègre, intelligent, nous n'en avons jamais parlé, il accepte de recevoir Nourredine sans une seule remarque. Quant à mes deux sœurs et mon frère, ils m'ont accepté, tel que je suis.

Notre amie Michèle et Fatima s'entendent plutôt bien, à chaque visite, je passe prendre sa sœur.

Mon travail commence à être perturbé ; je m'absente deux fois par jour. Francy, le gérant, indulgent, me laisse libre, mais le malaise s'installe. Marie, fait au mieux pour répondre à nos clients et suivre mes dossiers, hélas, les démarches commerciales prennent du retard.

Encore une soirée triste, où seul le chagrin m'envahit. Nono me manque terriblement.

Nos souvenirs, nos projets défilent dans ma tête. Nous avions envisagé, l'été prochain, de louer un chalet dans les Pyrénées-Atlantiques, au cœur de la superbe vallée d'Ossau, qu'il a tant aimé l'année dernière.

Lors d'une ascension, je le revois, en short, pataugeant dans l'eau encore glacée d'un lac des hautes montagnes Béarnaises, au-dessus d'Artouste. Quand il sortit de l'eau, avant de se rechausser, je remarquais la forme bien dessinée de ses pieds, larges, plutôt ronds.
Il vénérait autant que moi la majesté des montagnes.

Nono, voulait à son tour, un jour, me faire découvrir l'Algérie, les charmes d'un pays que je ne connais pas. Il parlait d'Alger, La Blanche, de l'histoire de la Casbah, des quartiers animés d'Oran, la rebelle, de la côte Turquoise, qui abrite de magnifiques criques rocheuses et de belles plages bordées d'une riche végétation méditerranéenne. Il évoquait, la fabuleuse province montagneuse de la grande Kabylie et, au sud, de la splendeur de l'immense désert saharien.

Nourredine aimait les voyages, adorait la nature, la respectait, nous partagions les mêmes passions.

De l'enfance, il gardait également de beaux souvenirs de la région de Tipaza, du rivage, du port, de la pêche en mer. À son écoute, j'entendais déjà l'envoûtante musique orientale, accompagné d'un chant mélodieux.

Séduit, j'avais envie de partir avec lui, tout de suite.

Nono, si tu savais, je veux traverser le temps, venir te chercher pour t'arracher à ce monstrueux cauchemar.

Mon seul désir, rester l'un contre l'autre, jusqu'à la nuit de notre vie.

Ce soir, je vais attendre encore trop longtemps, avant que le sommeil m'ouvre sa porte. Pourvu qu'il m'offre des rêves moins cruels.

Tôt le matin, son frère Miloud m'appelle du bled, il viendra mercredi à Paris. Je raccroche et appelle l'hôpital.

– Le coma est estimé de niveau trois, voire quatre, sans évolution, les médecins toujours pessimistes.

En permanence, je dois vivre, l'angoisse au ventre.

Du bureau, entre les rendez-vous, je téléphone afin d'avoir la confirmation de la visite du soir. Constamment, on me pose les mêmes questions :

– Êtes-vous un membre de sa famille ?

– Quel ami ?

Parfois, le ton est limite agressif.

– Oui, que voulez-vous ? État inchangé, préoccupant. Évitez de téléphoner sans arrêt, nous n'avons pas que cela à faire !

Ce coma me submerge, m'obsède.

Ce soir, sa sœur se sent souffrante, seul à la visite, je me penche le plus près possible de son oreille, et m'efforce de lui parler doucement, en articulant :

– Il faut que tu reviennes, Nono, reste courageux, je t'en supplie, remonte vers moi, vers nous, nous t'aimons, ne nous quitte surtout pas, j'ai tant besoin de toi, sois fort, relève-toi.

Son corps, figé, ne donne aucun signe de vie, les médecins relèvent qu'il n'y a aucune évolution de l'état neurologique. Il faut attendre, dans l'insoutenable peur de la redoutable nouvelle.

Malgré un sommeil continuellement perturbé, je refuse de prendre des tranquillisants.

Par téléphone, je préviens mes parents, ma mère partage ma peine, d'autant plus qu'elle apprécie Nourredine. Je la sens au bord des larmes, elle perçoit ma douleur.

À l'occasion du dernier Noël, où nous avions passé une joyeuse fête

chez ma famille, maman avait confié à ma sœur Nathalie :
– Son ami a l'air vraiment très bien.

Mercredi, Philippe nous rejoint à la visite, svelte, châtain, à lunettes, il cherche un médecin en vue d'un changement de service. De même, par téléphone, Didier, le cancérologue, insiste dans l'objectif d'un transfert en neurologie. La réponse est malheureusement identique :
– Nous manquons de place, cela ne saurait tarder.

Miloud arrive le soir à Orly, il logera chez moi. Ne connaissant personne à Paris, l'hôtel reviendrait trop cher.
Ma situation professionnelle me permet d'assumer les frais imprévus dus à l'accident.

Son frère, trente-huit ans, marié, père de deux enfants, travaille comme pêcheur sur un bateau en Méditerranée.

Le lendemain, au second téléphone à l'hôpital, on m'annonce :
– Votre copain entrera dans la neurochirurgie vers la fin de l'après-midi.
Enfin, une bonne nouvelle, malgré la moindre évolution du coma.

Je préviens Fatima, Michelle et Philippe. Quelques instants plus tard, toute l'agence est au courant. Peut-être que les interventions de nos amis médecins nous ont aidés.

Isabelle, mon avocate, m'appelle :
– Je prépare le dossier de Nono et contacte l'assurance l'informant de notre intention de faire un procès.

J'ai rendez-vous dans le service de neurochirurgie du professeur Philippon, pour la visite du soir.

Plusieurs fois, lors des trajets au volant de la voiture ou à pied, dans les rues, je crois apercevoir quelqu'un parmi la foule ressemblant à Nono, de côté, de dos, de profil. De loin, pendant deux, trois secondes, c'est une silhouette, une démarche, une coupe de cheveux, un visage qui me rappelle Nono.
Chaque fois, la gorge nouée, mon cœur se remplit de tristesse.

Avec Fatima et Miloud, on se retrouve près de la Promenade de la Hauteur et de la chapelle, au pied du bâtiment Montyon, du service de neurologie.

Au premier étage, une dizaine de personnes, familles ou amis des malades, sont là, comme nous. Un drôle de silence règne, fait d'angoisse et d'interrogations dans les regards.
Du fait qu'il soit admis dans ce service, je ressens une lueur d'espoir.

Les portes de la réanimation du professeur Philippon s'ouvrent, à l'heure pile, les infirmières nous invitent à enfiler une blouse. Nous entrons dans une grande salle, haute de plafond, ancienne, aux murs pastel, éclairée par de nombreuses fenêtres.

La salle est divisée en plusieurs compartiments de quatre lits, séparés par des parois d'un mètre cinquante environ. À droite, quelques petites chambres réservées à un seul malade.

Nono est dans le troisième box sur le premier lit à l'entrée.

Nu, dessous une blouse, ils lui ont fait une trachéotomie et reste sous perfusions. Par la narine est installée une sonde nasogastrique : fin tuyau, permettant l'alimentation, relié à un sachet blanc suspendu à une perche.

L'endroit est frais, cependant, pour une vingtaine de lits, il n'y a, hélas, que trois infirmières et un interne. Derrière chaque patient, une installation d'appareils cardiologiques et de ventilation d'oxygène.

Nono conserve un œdème important, impressionnant, mais un peu moins gonflé que les jours précédents, son visage est jaune marron, violet sur le front, surtout à gauche à l'endroit du choc. Les pansements sur les paupières cachent ses yeux. À la structure du lit est fixée une sonde urinaire. Il survit grâce aux machines et aux soins permanents de l'équipe de réanimation. La toilette a été faite, sauf pour les cheveux, encore plein de sang séché.

À tour de rôle, nous parlons, je prends sa main droite, la caresse.

– Nous sommes là, Fatima, Miloud et moi, tu nous entends ? Il faut que tu résistes, que tu luttes très fort, tu dois revenir vers nous, nous t'attendons, Nourredine.

Sa sœur, le visage livide, et son frère, perturbé, d'une voix nouée, lui parlent en arabe de la famille, de ses neveux, de sa mère, de son père, trop âgés pour se déplacer, dommage, Nono les aime beaucoup.
Il ne réagit pas, semble ne pas entendre.

Nous avons droit à une visite limitée à une demi-heure. J'en profite pour parler clairement, sans relâche, à proximité de son oreille, tantôt à droite, tantôt à gauche. Aucune réaction, Nono demeure éteint.

À côté du lit, je découvre le dossier médical à son nom, j'hésite à regarder, finalement, j'ouvre.

Je vois, datés d'aujourd'hui, les résultats d'un encéphalogramme, plusieurs radios et fiches diverses. Une infirmière arrive.

– S'il vous plaît, pouvez-vous m'expliquer, les résultats de cet examen ? Elle me regarde, réticente, puis examine attentivement les documents.

– Le neurologue a noté une réaction à la douleur, et l'encéphalogramme montre une certaine activité. Il conclut que son coma est de niveau trois, dit-elle, et repose le dossier.

À ces conclusions, un signe d'espoir renaît, et motive davantage ma détermination à le sortir du coma.

Autour de nous, parmi les malades, certains sont opérés de la tête, d'autres, des bras ou des jambes. La plupart des patients n'ont pas de visite.

Entre tous les comateux, j'observe un jeune homme assisté d'une machine, les yeux grands ouverts, le regard fixe, le corps raide. Sa famille l'entoure accablée de désespoir, tous en pleurs.

Sur le lit, face à celui de Nono, une femme âgée, extrêmement maigre, dans un coma végétatif, seule, semble abandonnée.

J'ai l'impression d'être dans un monde à part, en interruption, celui des vies assistées aux frontières de la mort. Le labyrinthe mystérieux du coma restera longtemps une énigme, même pour les scientifiques.

Les infirmières, bien que peu nombreuses, sont présentes, discrètes et efficaces.

Nous quittons la réanimation avec une impression favorable.

Dehors, il fait toujours très beau, franchement, cela n'a plus d'importance. Même Paris, inondé de soleil, n'a plus aucune saveur.

Demain, nous apporterons un walkman et des cassettes de musique raï, Nono aime tant ces chanteurs, que j'espère un déclic positif.

Fatima propose de venir avec son parfum et ses affaires de toilette. Marchant dignement, elle laisse ses yeux pleurer, sans les essuyer, les bras repliés sur sa poitrine.

Miloud, pensif, visage fermé, muet, retient sa colère. Réprimant mon chagrin, sans éveiller de soupçon, un poids sur la poitrine, je cache mes sentiments les plus profonds.

Je me force à rester calme, fort, lucide. Le regard absent, j'avance.

Jamais je n'aurais imaginé à quel point le bonheur est si fragile, le temps d'un éclair, nous sommes passés du bonheur au malheur.

Il y a quelques jours, les yeux dans les yeux, je le regardais, j'écoutais sa voix, je prenais son visage entre mes mains.

– Es-tu heureux d'être avec moi ? m'a-t-il demandé, le sourire généreux.

– Oui, énormément, et toi ?

– Je n'ai plus besoin d'autre chose, uniquement de mon chéri, répondit-il, d'un regard plongé dans mon cœur.

Notre amour était destiné à partager le meilleur et le pire, maintenant, au rythme du coma, je vais connaître le pire.

Nourredine doit avoir la volonté de ne pas quitter ce monde, à cause d'une injustice, d'une grave erreur de conduite, de l'absence de contrôle d'un véhicule. Ce soir, plus que jamais, son combat devient le mien.

Mon seul objectif, Nono doit vivre.

LE COMA
LA REANIMATION

Voici une semaine que Nono a eu son terrible accident, nous sommes vendredi, à peine levé, j'ai un mal de tête permanent.

Énormément épuisé par tant d'épreuves, toujours stressé, me nourrissant n'importe comment, j'ai perdu quelques kilos, le pantalon devient trop grand.

Sommeil perturbé par des cauchemars dont Nono est continuellement le personnage principal. Il apparaît dans mes rêves soit souriant et heureux, comme si rien ne s'était passé, soit allongé dans un cercueil, entouré d'une foule en pleurs.

Un sinistre balancement du bonheur au malheur.

Miloud se repose dans notre chambre. Différent de son frère, physiquement plus petit, trapu, un visage mat, aux traits durs, souligné d'une moustache épaisse. D'un caractère plutôt fermé, c'est un homme de la mer passionné par la pêche.

À la façon dont il parle de Nono, je sens que Miloud l'estime beaucoup. Hier soir, il m'a dit :

– Si mon jeune frère avait eu son accident, là-bas, au pays, il serait déjà mort. Face à des cas aussi graves, nos hôpitaux ne sont pas équipés.

Après le café au lait, avant de partir, comme d'habitude, j'appelle la réanimation.

Le personnel, moins réticent, informe les familles et les proches.

– État stationnaire, j'ai juste remarqué le léger mouvement d'un doigt.

Ces mots font l'effet d'une agréable surprise, je remercie l'infirmière.

Ce signe d'espoir, de retour vers la vie, me rend déjà heureux, mon cœur bat plus fort.

Nono remonte, tout doucement, Nono se bat. Un combat sûrement très difficile, prouvant sa volonté de revenir vers nous.

Aussitôt, j'informe Miloud, je préviens Fatima et Michèle.

À partir d'aujourd'hui, je décide de noter sur un carnet, jour après jour, ce qui va se passer.

Dans la journée, j'achète un walkman, des cassettes de musique raï :

les Chebs, Khaled, Hasni et Mami.

Désormais, je peux aller le voir, matin et soir. Cela me permet de moins perdre de temps au bureau, car les visites ont lieu à l'heure du déjeuner et du dîner.

Fatima m'attend à l'entrée de la réanimation, elle m'accueille d'un léger sourire, mais rapidement paraît nerveuse.

Sur la porte est inscrit :

> Service de réanimation neurologique
> Visites autorisées de 13 heures à 13h30 et de 19h30 à 20 heures
> Pour appeler, sonnez

Dans cet ancien bâtiment mal aménagé, le personnel hospitalier parfois débordé mais toujours dévoué, fait l'impossible pour sauver des vies et soulager la douleur des patients.

On remarque qu'au fil des visites, il bouge souvent les mains, puis les bras, les pieds, les jambes. Les infirmières sont obligées de l'attacher à l'aide de lanières accrochées aux barrières du lit.

Fin mai, il commence, par moments, à remuer insensiblement la tête. Le même jour, la respiration artificielle est suspendue.

Le lendemain, c'est au tour des perfusions. Ensuite, les pansements des yeux sont retirés. La paupière droite reste ouverte, nous découvrons que son œil est fixe, cela impressionne, le gauche fermé, est toujours entouré d'un hématome.

Un médecin m'annonce qu'il est passé en coma deux.

Au fur et à mesure des visites, Fatima et moi, pensons que Nono entend, une fois ou deux, au son de nos voix, il tend l'oreille.

– Nono bats-toi. Tu m'entends, Nono ? Reviens vers nous, sois courageux, lutte, trouve la volonté de te battre, je serai toujours là pour toi, nous allons gagner ensemble.

Je raconte ma journée de travail, donne des nouvelles de nos amis et des collègues.

De toutes mes forces, j'espère lui stimuler l'envie de rejoindre notre monde.

Le jour suivant, nous rencontrons le neurochirurgien, le Docteur Muckensturn, il s'occupe de Nono. Nous sommes reçus dans son bureau, au bâtiment de neurochirurgie. Un homme de mon âge, grand de taille, châtain, d'approche sympathique, posé et discret.

Il ouvre le dossier, sort les radios, les scanners, les examine et commente son bilan :

– Son coma, disons de niveau deux, entraîne une inconscience presque totale. L'état neurologique se révèle préoccupant, sur le front et à la base du crâne, il a un fracas osseux sévère. À surveiller, l'évolution sur les huit, dix et quinze jours à venir. Cependant, depuis peu, il semble sur une courbe ascendante.

– Quand envisagez-vous une opération ?

– Dès que plusieurs conditions seront réunies. Elles sont nécessaires pour assurer l'étanchéité de la base avant du cerveau, et pour remettre à leur place les diverses fractures, mais pour cela, jusqu'au réveil, il ne faut aucune infection ni complication cérébrale. Sinon, je ne pourrai pas intervenir.

Ensuite, il nous explique qu'un diagnostic sera effectué plus tard pour les yeux, dans une semaine ou plus, puis, le neurochirurgien ajoute :

– Je ne suis pas du tout certain que Nourredine ait gardé sa vision.

Pincement au cœur, j'encaisse.

– Peut-être, une nouvelle intervention sera nécessaire aux paupières.

– Combien a-t-il de chances de s'en sortir ?

Le chirurgien reste prudent :

– Cela dépendra de sa capacité de résistance, attendez-vous à de nombreuses séquelles pendant des mois, voire des années.

Il nous fixe un nouveau rendez-vous dans une semaine. Nous le quittons, troublés, perplexes, même si je souhaitais davantage d'explications.

Au fil des événements, je prends mieux conscience de la gravité des blessures, de l'état clinique et de l'extrême violence du choc subi sur la partie gauche de sa tête.

À chaque visite, je change les cassettes, met du parfum, une aide-soignante installe sa photo dans un cadre sur la table de chevet.

Miloud vient le voir plusieurs fois, comme nous, il parle de la famille, de son travail et d'anecdotes pendant la pêche en haute mer.

Nono s'agite toujours plus de ses membres. Heureusement qu'il est attaché par les bras aux barrières de protection relevées.

Sa température varie de 36,5 à 38,7° C, l'électrocardiogramme se révèle normal depuis quelques jours.

Le lendemain, je récupère ses vêtements et les affaires qu'il avait sur lui au moment de l'accident, un jean et une ceinture de cuir, son tee-shirt déchiré, maculé de sang, ses baskets, sa montre, une gourmette et une chaîne avec la main de Fatma. L'employée me remet également, un sac plastique, et, stupeur, je découvre le reste de ses lunettes de soleil, des Ray-Ban. Un fil d'acier doré d'une trentaine de centimètres de long, tordu et écrasé par la violence du choc. Des frissons me parcourent, sans voix, j'imagine l'extrême puissance de l'impact sur son front et son crâne.

Troublé par cette stupéfiante preuve, je présente une pièce d'identité et signe un document.

Retour aux admissions afin de remettre un formulaire de l'accident de travail et contrôler que la prise en charge à 100 % est bien acceptée.

Là, je perds trop de temps à cause du dossier administratif.

Samedi matin, une dame, au bout du fil de la réanimation :

– Qui êtes-vous pour lui ?
– Son ami.
Bref silence, puis :
– État stationnaire, monsieur.

À la visite de la mi-journée, autre mauvaise nouvelle. Nono a des klebsielles dans les urines, des germes certainement attrapés en milieu hospitalier. Le traitement antibiotique d'une dizaine de jours repoussera d'autant l'opération.

Je parle à Nono des événements de ma journée, comme s'il était conscient, et l'incite constamment à s'en sortir.

Aucune réaction visible.

Le soir, il est nerveux, en raison d'une déglutition difficile, j'ai un mot de la psychiatre du service, elle me donne rendez-vous lundi prochain.

Le week-end semble sans intérêt dans la situation actuelle où je me trouve, je vais plutôt essayer de dormir, de me reposer. Moralement très atteint, hypertendu, je n'ai envie de rien, je réfléchis en permanence, ma tête a des difficultés à suivre.

Je ne peux m'empêcher de revivre nos beaux week-ends, particulièrement notre voyage à Amsterdam où Nono avait conduit la voiture prudemment. Lors d'une bucolique promenade sur les canaux, les superbes photos avec Patrice et Jean-Jacques, resteront l'un de nos meilleurs souvenirs. Hébergés dans un hôtel impersonnel, près de la gare, nous profitions mieux des excursions.

Je pense aussi à cette sortie, sous un ciel pur et ensoleillé, à la découverte des châteaux de Chenonceau et Chambord. Sur le trajet, lors d'une halte, dans une rustique auberge du Loir-et-Cher, le déjeuner gastronomique était excellent. Je le revois dans les parcs, au bord des plans d'eau, Nono observait, d'un large sourire, les glissades des canards et le ballet des cygnes.

À la piscine comme à la mer, j'aimais tant sa façon de nager, tel un poisson, rapide, avec aisance, il glissait sur l'eau. Nono, grâce à sa pratique dès son enfance, du judo et de la natation, est bien musclé.

Depuis septembre, il fréquentait un club de judo réputé de Paris afin de s'entraîner intensément et de participer aux compétitions.

Lundi, après le coup de téléphone quotidien, où l'infirmière me dit que son état est stationnaire, je fonce chez la psychiatre. Cette femme, la quarantaine, fines lunettes vissées sur le nez, effacée, discrète, au discours lent, veut connaître son passé et son caractère :
– Votre ami semble faire un refus de communication vers l'extérieur.
Elle enchaîne par le bilan, notamment, du coma, puis me pose des questions sur la situation de Nourredine, son enfance, et nous deux :
– Cela fait combien de temps que vous le connaissez ?
La psychiatre me conseille pour le jour du réveil :
– Soyez présent, entourez-le sans arrêt, faites-lui revivre ses souvenirs

le plus souvent possible.

Elle propose de prendre contact avec l'assistante sociale de l'hôpital, si nécessaire, et souhaite rencontrer sa sœur ; j'organise un rendez-vous le lendemain matin. J'attendais plus de cette consultation, j'en sors frustré, et file au bureau.

Plus tard, à cause des embouteillages, je reviens par le métro pour la visite de 13 heures ; un trajet direct, ligne n° 5, depuis République.

Lorsque j'entends la sirène d'une ambulance, ou que je vois un véhicule de premier secours des pompiers fonçant dans les rues de la capitale, un frisson me parcourt, suivi d'un froid dans la nuque.

Je ne supporte plus le son de ces sirènes.

L'infirmier m'informe qu'un scanner et une tomographie sont prévus dans l'après-midi. Aujourd'hui, il est calme, l'air endormi, à son bras une perfusion B 21. Je parle doucement :

– Nono, fais-moi un signe si tu m'entends…

Il ne réagit pas.

Température normale, rythme cardiaque aussi. J'observe l'alimentation liquide et laiteuse, elle s'écoule, goutte après goutte, du sachet dans un petit tuyau de plastique et passe par la narine pour descendre jusqu'à l'estomac. Sur la fiche accrochée au pied du lit, au bas du graphique des températures est écrit - *prélèvement rectal* -.

Avant de partir, avec précaution, j'installe le walkman sur ses oreilles, puis lui mets un peu de son parfum préféré.

Je n'oublierai jamais l'odeur caractéristique de la salle de réanimation, faite d'un mélange d'éther, d'alcool, ni le bruit léger de la vapeur d'oxygène qui sort des tuyaux d'assistance respiratoire.

Le soir, je constate que l'infirmière lui a lavé les cheveux, ça me fait très plaisir. À ma voix, il tourne lentement la tête, comme pour mieux m'entendre. Nono me reconnaît, j'en suis convaincu.

Claudine me téléphone à la maison :

– Je te propose d'aller au restaurant demain soir, cela te changera les idées.

– Merci Claudine, désolé, je n'en ai aucune envie.

Le mardi, les visites ne sont pas autorisées, néanmoins, Fatima et moi, avons rendez-vous avec le neurochirurgien. Détendu, le Docteur Muckensturn annonce aussitôt :

– Si les germes infectieux ont disparu, je l'opérerai dans les huit jours, sous une prévention antiépileptique pour éviter les risques de crise, et interviendrai au niveau des fractures. Peu d'évolution neurologique, état stationnaire.

Le Docteur ajoute :

– Je n'ai pas les résultats du scanner, ni de la topographie, quant aux yeux, toujours pas de pronostic. Donc, je propose une nouvelle consultation début juin.

Ensuite, Fatima se rend seule à l'entretien dans le cabinet de la psychiatre.

J'appelle deux fois, au cours de la journée, l'infirmière m'informe qu'il est agité, toujours dans un coma stable. Au dix-neuvième jour, je note tous les détails sur mon carnet.

Le lendemain, un médecin m'informe de la bonne évolution de l'hématome, et d'un meilleur bilan des fractures.

Claudine, très émue, me rejoint le soir, en neurologie, on s'embrasse, se serre dans les bras. Notre amie adore Nourredine.

– Quelle épreuve cet accident, vous étiez si bien ensemble.

Avec d'autres amis, nous avons tant organisé de soirées chez elle, à chaque fois, Nono avait suscité de la sympathie.

J'aperçois une nouvelle perfusion intraveineuse, certainement contre l'infection. Ses yeux restent obstinément fermés.

Soudain, par la fente de la trachéotomie, il expectore et projette des glaires, parfois, jusqu'au bout du lit. Assez désagréable à voir, cela reste le seul moyen d'évacuer ses bronches. Avec Claudine, la question de savoir s'il entend vraiment, se pose souvent.

Ce soir, pas un seul signe encourageant, le doute s'installe.

Miloud décide de rentrer à Alger, lors de sa dernière soirée à la maison, il me parle davantage de Nono, de son adolescence, de leurs parties de pêche en mer à bord du Sidi-Brahim pour rapporter la sardine, la crevette ou le merlan. Miloud, larme à l'œil, se souvient des courses à mobylette, du port à la plage et des matchs improvisés de football au stade.

Nourredine venait en France très souvent, il résidait dans la banlieue nord, chez l'ex-mari de sa sœur. À sa majorité, il a travaillé dans un restaurant comme cuisinier et serveur.

À notre domicile, quel vrai plaisir de le voir cuisiner, un mélange de plats arabes et occidentaux, à l'image de sa culture mixte.

Je m'allonge, cela me permet de mieux me détendre, dans l'attente du sommeil qui tarde à venir. J'ai le cœur serré, mal à l'estomac, dans ma tête, nos souvenirs s'entrechoquent.

Des questions se posent. À quand la fin du coma ? Vais-je tenir ? Dans quel état va-t-il s'en sortir ? Quelles seront les séquelles durables ?

Jeudi soir, Patrice arrive le premier à la visite, Philippe le suit, un bonheur de les retrouver durant cette période difficile. Fatima ne vient pas, nous entrons, pliées sur une table, nous enfilons les blouses. Patrice, traumatisé, blêmit à la découverte de sa tête méconnaissable :

– Je suis impressionné par son physique, il te faut un sacré courage.

Ce matin, pour la première fois, Nono a été installé dans un fauteuil, pendant une heure. Après trois semaines, il a des escarres aux fesses dues à la position allongée et aux frottements sur les draps.

J'augmente la puissance du volume du walkman, heureusement, il entend ! Ma joie est grande.

Nono est calme, bien que sa déglutition se révèle difficile. Philippe me prévient :

– Les séquelles liées à un long coma s'annoncent toujours importantes. Heureusement, souligne notre ami médecin, il est dans un bon service spécialisé, et la neurochirurgie progresse. Il y a vingt ans, Nono n'aurait pas survécu.

Le lendemain, j'appelle le Docteur Muckensturn.

– L'opération est programmée jeudi 7 juin, espérons aucun problème d'ici là… Je vous communique l'heure, par la suite.

Le soir, outre les projections fréquentes de crachats, je note que la paupière gauche remue par intermittence.

Ces dernières semaines, ma vie a radicalement changé. Je ne m'occupe plus de ranger notre appartement, j'oublie de rappeler ma famille, mes proches, ne sors plus, mange peu, et me force à rester en forme.

Maintenant, impossible de regarder notre album de photos ni d'écouter nos cassettes de musique préférées.

Mon travail demeure un objectif prioritaire, j'y trouve la seule échappatoire à ma souffrance morale.

Une balade vers la gare de l'Est me permet de prendre l'air, de réfléchir. Devant l'église Saint-Laurent, je contemple l'architecture, et décide d'y entrer. Ce lieu incite à la méditation, la plénitude et la fraîcheur m'apaisent. Catholique de naissance, mais ne pratiquant plus depuis l'adolescence. Soudain, je fais le vœu que Nourredine soit sauvé, si Dieu existe, il entendra mon souhait.

Une fois dehors, j'ai le sentiment d'une bonne action, sereinement, par le boulevard de Magenta, je reviens à l'agence.

Aux visites du week-end, on m'informe, à nouveau, hélas, de la présence de klebsielles.

– Nono est resté environ deux heures, attaché au dossier du fauteuil afin d'éviter qu'il ne tombe, précise l'infirmière.

Son corps, dans cette position, est trop faible pour tenir longtemps. Il serre lentement ma main et répond une fois sur quatre aux ordres, avec retard.

Lundi, jour de l'entretien avec le Docteur Muckensturn, la réanimation est fermée aux visites. Comme je le redoutais, il m'annonce :

– L'opération est reportée à cause des germes tenaces, j'ai réactivé le traitement antibiotique. Nous ferons un bilan, fin de semaine, et prendrons une décision. Le maximum de chances doit être réuni pour réussir l'intervention, qui durera plusieurs heures, précise-t-il, toujours serein et sûr de lui.

Il estime que le coma demeure stationnaire, et me propose de téléphoner à son bureau jeudi.

Très déçu de ce nouveau report, j'ai le sentiment que Nono souffre. L'intervention chirurgicale l'aidera-t-il à sortir du coma et à remonter la pente ?

Au téléphone, l'après-midi, l'infirmière me dit :

– Nono est calme, mais ne répond pas à nos ordres.

Les évolutions, en dents de scie, d'une observation à l'autre, démontrent que rien n'est acquis.

Triste matin, le lit de la vieille dame est vide, après trois mois de coma, elle est morte, seule.

Les jours suivants, les réactions deviennent riches, je prends note.

À commencer par mardi, un tremblement de la tête m'inquiète, sans obtenir une explication de l'interne.

Mercredi, Nono ne pèse plus que 45,8 kg au lieu des 65 avant l'accident. L'infirmière constate le désir de retrouver son entourage, son environnement. Elle me recommande d'enregistrer nos voix, dans le but de lui faire écouter par intermittence.

– Nono est resté longuement sur le fauteuil, m'informe-t-elle, ravie.

Soudain, il bâille, cela m'étonne agréablement, puis plus aucune réaction jusqu'à la fin de la visite. Catherine, une infirmière, confirme que les analyses sont négatives, donc absente de germes.

Le soir, Nono tremble de nouveau de la tête, replié sur lui-même, le visage sous le drap.

Avec sa sœur, nous avons enregistré une cassette, d'une trentaine de minutes, où nous parlons à tour de rôle.

Jeudi, il est calme. Toujours couché sur le côté, à cause des escarres. Après plusieurs heures dans le fauteuil, l'aérateur a été supprimé. Pour le tremblement de tête, un médecin me répond que c'est fréquent :

– Nous l'observons dans les cas d'affections neurologiques de ce type.

À cause d'une longue intervention au bloc opératoire, je ne peux joindre le neurochirurgien qu'en fin de journée, il me communique un nouveau bilan :

– Plus de germes depuis 48 heures. Côté neurologique, nous observons une faible reprise de la conscience et de légers signes d'éveil. L'ophtalmologue l'a examiné, son pronostic penche vers l'optimisme, la réaction des pupilles est positive, toutefois, il y a un risque sur l'acuité de la vision. Nous aurons la réponse au réveil après un contrôle précis. L'opération des os du crâne sur les fractures et l'enfoncement, sera programmée lundi.

Ses paroles me mettent du baume au cœur, et me déterminent encore plus à continuer à me battre.

Le soir, Nono se gratte la tête, il cherche à défaire la lanière qui l'attache aux barrières, et me serre de sa main droite, elle répond aux pressions de la mienne, en revanche la gauche demeure hémiplégique.

En cette quatrième semaine de coma, chaque jour est un jour perdu, et l'aggravation des séquelles s'accentue.

Jusqu'au 11 juin, Nono va dans le fauteuil tous les jours, puis fait quelques pas soutenus par un kinésithérapeute et un aide-soignant. Selon l'infirmière, les escarres n'augmentent plus, mais nous voyons de petits saignements causés par la canule de la trachéotomie.

Samedi, il est détaché, les bras et les jambes libres, l'infirmière lui remet l'assistance-ventilation. Parfois, il a des tremblements de tête et semble dormir.

Dimanche, les mains sont à nouveau attachées. J'ai beaucoup de peine à le voir ainsi, malgré son cerveau infirme, il doit lutter avec ce qui lui reste de conscience et de volonté.

Nono ne répond toujours pas aux ordres, mais à un moment où je parle, je décèle sur son visage, l'expression d'un sourire.

J'ai le sentiment d'assister à sa seconde naissance.

Catherine, l'infirmière, s'approche de moi, regarde un instant mon ami d'un joli sourire, avant de dire gentiment :

– Il passe du coma à l'éveil, tout doucement, il va revenir.

Je repense à Nourredine à la piscine. Tous les dimanches matin, accompagné de Romain et Mathieu, âgés de quatre et six ans, les enfants de Michelle, ils prenaient beaucoup de plaisir à nager.

Nono, patient, adorait les enfants, toujours disponible et prêt à jouer avec eux.

Quel charme de le suivre dans le grand bassin, chaque mouvement était puissant, rythmé, harmonieux. J'étais si heureux, si fier de Nono.

Un jour où j'étais allongé au solarium, doucement il est arrivé, à pas de chat, secouant son corps, ses cheveux au-dessus de moi, m'a projeté de l'eau, tel un chien qui s'égoutte.

Lundi après-midi, le Docteur Muckensturn m'a donné rendez-vous.

– L'opération est confirmée le 14 juin, tôt le matin. Elle se déroulera en deux temps, d'abord à la base du crâne pour les os, ensuite le stomatologue interviendra sur les fractures diverses. Vu l'importance du travail, l'intervention durera de cinq à six heures, peut-être plus. L'état neurologique est globalement inchangé.

Visite du soir, Nono semble enrhumé, malgré mon insistance, ses mains ne répondent pas à mes sollicitations.

Un jeune homme de vingt ans occupe le second lit, il est également dans le coma après un accident de la circulation. Avec sa mobylette, il n'a pas respecté un feu rouge au carrefour et a percuté une voiture. Trois membres de sa famille, en sanglots, debout face à lui, les visages blêmes, restent pétrifiés, muets.

– Un cas désespéré, m'avoue une infirmière.

Ce jeune décédera dans la nuit.

Le lendemain, je cherche à joindre le stomatologue :

– Le Docteur E. est au bloc opératoire.

Je demande l'ophtalmo :
– Impossible, ce médecin ne passe que deux fois par semaine.
Au sein de tous les services hospitaliers, les informations sont compartimentées, je dois constamment justifier notre lien de parenté.
Mercredi, j'appelle à quatre reprises avant de joindre le neurochirurgien.
– J'ai une mauvaise nouvelle.
Panique dans ma tête, je respire profondément :
– Pour la deuxième fois, l'opération est reportée, car mon confrère l'ophtalmo sera absent. Donc, je ne pourrai intervenir.
J'ai du mal à comprendre ce changement de dernière minute.
Le Docteur poursuit par le bilan neurologique du matin :
– Meilleures réponses aux ordres pour la main droite et les paupières. Hélas, perte de la motricité de la main gauche. Nourredine ne coopère pas assez, pourtant, il semble plus présent. La dernière radio indique des fractures des parois extérieures des deux orbites, avec l'œil gauche enfoncé dans son orbite.
J'avais cette impression dès le début de son arrivée en réanimation.
Nous parlons plus librement, il ajoute :
– L'intervention esthétique sur les paupières se fera plus tard, votre ami restera longtemps en réanimation. Le coma se situe entre léger et peu profond.
À ma demande de précisions sur la technique opératoire envisagée, posément le chirurgien m'explique :
– J'ouvrirai l'avant du crâne à la scie électrique d'une oreille à l'autre, et passerai par la base du cuir chevelu, au-dessus du front.
La scie électrique me donne froid dans le dos.
Le jour d'après, l'infirmière confirme une amélioration des réactions aux niveaux des bras et de la main droite, de même la volonté d'ouvrir les paupières. Nono, attaché, est assisté par la ventilation d'oxygène.
Fatima, à son tour, rentre en Algérie par le premier vol d'Air-France.
Le jeudi, à l'heure du petit déjeuner, j'ai la visite surprise d'un représentant de la compagnie d'assurances du véhicule qui a percuté Nourredine.
Un homme d'une cinquantaine d'années, courtois, élégant, costume gris et cravate de soie marine. D'abord, il me demande des nouvelles, puis vérifie les coordonnées de notre avocate, et propose d'envoyer immédiatement une provision de vingt mille francs pour les frais divers. Il me pose quelques questions sur le travail de Nono à l'agence, ses projets et ses loisirs.
Sans entrer dans les détails, je l'informe de son souhait de stages d'informatique dès la rentrée, en vue d'une future carrière. Ensuite, j'évoque ses activités sportives dont son adhésion à un club de judo réputé et la pratique de la natation.

– D'accord, mais, je vous arrête, s'agit-il de votre fils adoptif ou simplement d'un ami ? demande-t-il, tout à coup.

À l'évocation de notre vie privée, son visage se fige, puis prend une expression étonnée, à la fin, embarrassé, il ajoute :

– Donc, euh… Vous êtes, en quelque sorte… un couple d'hommes ?

– Oui, exact, dis-je, l'air sérieux.

Précipitamment, il ferme sa sacoche, prend congé, avant de conclure :

– Courage à vous, et bon rétablissement pour ce monsieur.

Ce dossier se révélera très lourd et très long, heureusement, j'ai pris un avocat.

Mes angoisses remontent dans l'attente de l'opération. Nono a les bronches encombrées, peut-être dues à la fraîcheur humide de l'assistance respiratoire ? Son état demeure stationnaire, il ne collabore pas. Près de lui, j'entends un léger bruit de maxillaires ou un frottement de dents.

Dans mon carnet, je fais un tableau-bilan des séquelles actuelles.

Côté positif : il bouge la main droite, le bras, les jambes, le thorax, la tête. Il entend, ses pupilles réagissent, les fractures seront traitées, à confirmer après l'opération.

Côté négatif : la main, le bras gauche, le nez, l'odorat ; pourra-t-il sentir ? La vision ; risque de réduction. Le coma ; avec toutes les conséquences de sa durée sur la mémoire, la parole, la motricité, le goût et le caractère. Les blessures apparentes laisseront des traces.

Soit huit points positifs, contre dix négatifs.

Nous sommes au trente-cinquième jour de coma, soit cinq semaines de réanimation.

Vendredi, lors de mon appel quotidien, on m'annonce qu'il va changer de lit, et sera tout seul dans une chambre.

À la visite, la chambre est exigüe, près du bureau des infirmières, face aux boxes à plusieurs lits, où il était depuis son arrivée. Un cadre plus intime, avec la même équipe qui s'occupera de lui.

Au fil du temps, j'ai sympathisé avec le personnel, toujours aussi présent et efficace.

Encore une nouvelle désagréable, le retour des klebsielles. Malgré cela, Nono a marché dans le couloir soutenu par le kiné et un aide-soignant. Lorsque je pose ma main sur son visage, il me mord les doigts à plusieurs reprises, à ma demande, Nono me tire la langue une fois sur dix. Sa présence en hausse, me donne l'impression qu'il m'écoute.

L'anesthésiste passe, directe, madame s'exclame :

– Cela m'étonnerait qu'il puisse voir !

Déception, me voilà assommé. Pourvu qu'elle se trompe.

Catherine entre, et me rassure :

– Pas d'inquiétude, même si l'attitude déroutante de votre ami vous surprend, le refus de coopérer est normal.

L'après-midi, je joins le neurochirurgien :

– L'opération est reprogrammée en milieu de semaine prochaine. Finalement, cette chambre isolée évitera la contagion des klebsielles, nous aurons un obstacle en moins.

Bien que j'aie du mal à tout comprendre, je ne fais aucune remarque, malgré les deux semaines d'interventions repoussées, il conclut :

– Continuez d'être hyper présent.

Marie, ma collaboratrice, suit jour après jour l'évolution de son état, me prend à part. Elle pratique le bouddhisme depuis de nombreuses années.

– Je te propose de m'accompagner demain chez un ami à Fontenay-aux-Roses, de participer à une petite cérémonie réservée à Nono. Il doit sortir du coma, je veux que son opération se déroule le mieux possible.

Je trouve l'idée généreuse, belle, j'accepte.

Le samedi, après le déjeuner, je vais chercher Marie, puis nous nous rendons au domicile d'un pratiquant du mouvement bouddhiste Soka.

Dans une modeste villa, trois autres personnes se joignent à nous. Après les présentations, au petit salon, à genoux, face à un beau meuble de bois verni, l'hôte ouvre les deux portes et laisse apparaître la statuette du Gohonzon.

Les pratiquants, d'une même voix, commencent la récitation rythmée du Sûtra du Lotus : « *Nam myoho renge kyo* », plusieurs fois. Au deuxième passage, l'hôte frappe le gong à sept reprises, avant de poursuivre les récitations. La pratique dure une demi-heure, je pense très fort à Nono bercé par les chants.

Une méditation réconfortante de plénitude, d'une grande sagesse.

Avant de repartir, je remercie longuement les participants, je serre fort Marie, l'embrasse :

– J'apprécie énormément ton aide et ton dévouement.

De la maison, j'appelle la réanimation, la ligne est souvent occupée ; l'infirmière de permanence observe une lente évolution sans aucune sortie du coma.

D'une librairie à l'autre, je cherche un livre sur le coma ou un témoignage qui évoque un accident similaire, avec l'espoir de trouver des conseils et de me redonner du courage.

Un jour, je tombe sur un numéro de la revue - *La Recherche* - traitant des comas ; une étude approfondie que je lis avec attention.

J'y apprends que les séquelles sont toujours très importantes après des comas de plus d'un mois, provoquées par des accidents de la circulation, et qu'elles durent des années après le drame.

Le cerveau, l'organe le plus fantastique de notre corps, est d'une extrême complexité. Je cite :

« *Si la médecine comprend aujourd'hui l'origine et l'évolution des différentes formes de comas, il est encore bien souvent impuissant devant les lésions du cerveau qu'il sait pourtant diagnostiquer (…) Qu'advient-ils de ces patients qui autrefois seraient décédés en quelques jours ? (…) une bonne partie d'entre eux, environ 70 % peuvent quitter l'hôpital, capables de mener à nouveau une vie normale. »*

Dans l'article, je note encore :

« Une étude a montré que 7 % seulement des patients restant comateux un mois après l'accident pourront récupérer une certaine indépendance. »

Plus loin :

« Il est donc clair que, plus un coma se prolonge, moindres sont les chances de récupération. »

Perplexe, très inquiet, je reste incapable de penser à autre chose qu'à ce maudit coma.

Je téléphone à Fatima, sa famille et elle sont désespérées, dont le fils qui s'interroge à son tour :

– Olivier, tu crois qu'il va s'en sortir ?

Il pleure comme un gamin.

Avec Nono, nous cuisinions fréquemment. Depuis son arrivée, il faisait les achats au marché, alors, j'avais laissé tomber les boites de conserve. Bien plus doué que moi, grâce à l'expérience de sa mère, de ses sœurs, depuis son adolescence, il connaissait les temps de cuisson des plats, les assaisonnements, les bonnes recettes algériennes et méditerranéennes.

Un jour, chez Patrice et Jean-Jacques, il a improvisé un repas avec trois fois rien, juste après une fouille dans le réfrigérateur et les placards. J'étais agréablement étonné, et nos amis ravis.

Dimanche, aux deux visites, il est calme, apparemment détendu, mais ne répond pas à mes ordres. Il a eu le droit à une toilette grâce à l'infirmière, elle lui parle comme s'il allait répondre.

Le lendemain, j'ai rendez-vous avec le Docteur Muckensturn.

Droit dans les yeux, il m'annonce :

– L'opération fixée au 21 juin sera une double intervention. Nourredine évolue vers la sortie de coma, de niveau 1, léger. Attendez-vous à une longue période avant une reprise de sa conscience. Quant aux pronostics des séquelles, ils s'étaleront sur six mois à un an, additionnés à des troubles de la mémoire, des absences, des maux de tête, des crises de convulsions et certainement de l'agressivité. À analyser plus tard, selon son comportement. La motricité du côté gauche reste très faible. Sachez que, l'évolution globale aura lieu par paliers irréguliers.

À cet instant, j'imagine que les séquelles seront longues, néanmoins supportables. Et, dans un an, j'espère, Nono redeviendra le charmant jeune homme qu'il était.

– Docteur, pouvez-vous m'expliquer comment vous allez procéder lors de l'intervention ?

Il fait un succinct croquis sur la technique envisagée. J'écoute attentivement, je prends des notes et souligne cette réponse :

« *Ouverture à la scie électrique avec greffe des os.* »

Quittant le neurochirurgien, j'ai l'impression qu'il risque d'y avoir encore un changement de dernière minute.

Une nouvelle fois, l'angoisse va m'envahir, je vivrai accroché aux mauvaises et bonnes nouvelles de la réanimation.

Impatient, j'ai hâte d'être au 21 juin.

Aujourd'hui, après une séance fauteuil, Nono a marché avec les kinés.

Catherine, l'infirmière, m'annonce :

– Les analyses sont négatives !

Attaché des deux mains, du même côté, cela soulage la douleur de ses escarres.

Stop, c'est trop, j'en ai vraiment assez, il souffre tout le temps. Quelle injustice, Nono, innocent, était là au mauvais moment.

L'attitude du conducteur me révolte, il n'a même pas demandé de ses nouvelles. On conduit un véhicule comme on se comporte dans la vie.

Ce soir, il a des problèmes intestinaux. Après les soins, entendant ma voix, il tourne lentement le visage vers moi et sourit.

Cœur rempli de joie, d'un pur bonheur, une intense émotion me submerge. Un sourire radieux, d'une poignée de secondes, les yeux encore fermés.

Le sourire de mon ami, presque… celui d'avant.

Au bord des larmes, je prends sa main droite, progressivement, il me serre les doigts, aussitôt, je murmure à son oreille :

– Tu vas t'en sortir mon chéri, sois courageux, bats-toi encore, très fort, je serai constamment là… Je t'aime Nono.

Avant de le quitter, j'installe le walkman et enclenche une cassette de Cheb-Hasni.

Cette nuit, je m'endors plus vite que les autres soirs, pensant à ce premier lumineux sourire et à ces infimes évolutions.

Mardi, il a encore des diarrhées, sans fièvre.

Au quarantième jour de l'accident, le personnel soignant confirme qu'il serait en fin de coma.

Aidé d'une infirmière, il mange très lentement à la petite cuillère, tel un bébé, de la purée et un yaourt nature. Malgré ses réels efforts, Nono a beaucoup de mal à avaler.

Une kiné passe par hasard :

– Bonjour monsieur B. ! Vous allez bien ?

En guise de réponse, il fait juste un hochement de la tête, puis se tourne sur le côté et se repose.

L'infirmière, à cause des diarrhées, lui enfile une couche-culotte. Monsieur n'apprécie pas, donne des coups de pied, devenant nerveux, je parle à Nono, il se calme et passe son bras autour du mien.

Le lendemain, veille de l'opération, il refuse de manger un petit suisse, et continue d'avoir de fréquentes diarrhées.

Pendant la visite du soir, c'est à mon tour d'être nerveux, je ne tiens pas en place. Nono est rasé, le crâne recouvert d'un bandage.
Calme, tendre, peu à peu, je perçois son angoisse.

Se doutant qu'il se prépare quelque chose, je l'embrasse, me retiens pour ne pas pleurer, puis lui explique :
– Ils t'opèrent demain matin, après tu seras mieux. Cette intervention va te permettre de faire beaucoup de progrès. Je serai là quand ce sera fini. Bientôt, toi et moi, nous rentrerons à la maison. Nono, un jour, nous irons en Algérie. Tu me montreras Maquan E'chahid, le mémorial du Martyr, la basilique Notre-Dame d'Afrique, et à Tipaza après une visite du site Romain, nous marcherons pieds nus sur la plage de sable fin du Chenoua. À mon tour, je t'emmènerai en Égypte, voir les grandes Pyramides et la superbe vallée du Nil. Ne t'inquiète pas, Nono, je ne te quitterai jamais.
Sa main serrée dans la mienne, il ne bouge plus.

J'ai l'impression que notre monde lui paraît trop cruel. Il en a assez de souffrir, d'être tripoté, piqué, réanimé, troué, nettoyé, attaché, examiné, perfusé…
Il ne supporte plus ce cortège de douleurs.
Tout cela, et trop d'autres choses encore, sans pouvoir parler, plonger dans le silence, sans rien voir, seul avec le noir.

Usé moralement et psychologiquement, je rentre.
Je résiste, porté par l'unique espoir, la réussite de l'intervention. Qu'elle puisse le libérer, l'aider à progresser, à redevenir le séduisant Nourredine que j'aime profondément.

L'OPERATION
L'ESPOIR

Jusqu'au milieu de la nuit, impossible d'entrer dans le sommeil. Plus les heures passent, plus j'ai la sensation que je ne dormirai pas.
Toute mon espérance repose sur cette opération.

Seules les mains du chirurgien, son expérience, sa compétence, associées au talent de l'équipe médicale, sauveront celui que j'aime.

Je me tourne, me retourne dans notre lit, puis me relève boire un verre d'eau. Assis sur une chaise de la cuisine, je réfléchis encore.
L'appartement semble vide, froid.
Trop d'objets autour de moi évoquent son absence. Me voici face à une amère solitude.

De retour au lit, mes angoisses resurgissent, et le défilé incessant des questions sans réponses recommence.

Le cœur serré, je me souviens de nos jours heureux. Nourredine aimait les expositions et les musées, il s'intéressait à tout, des concerts de raï à la musique classique, de l'histoire de l'Égypte ancienne aux nouvelles technologies du Parc de la Villette.

L'automne dernier, nous étions dans une file d'attente à l'entrée du musée d'Orsay. Un homme d'un certain âge, d'allure bourgeoise passa près de nous, sur l'esplanade, il promenait un beau berger allemand, au bout d'une laisse.
Nono sourit à la vue du magnifique chien.
– Il est trop beau, ma race préférée.
Le propriétaire s'en rendit compte, à son tour, lui adressa un sourire. Mon ami sortit de la file afin d'aller caresser le chien, le prit dans ses bras, l'embrassa sur le museau. Le chien semblait apprécier, sous les yeux attendris du maître.

Nono n'avait jamais le regard fuyant, par certains traits de son caractère, il me ressemblait. Je suis convaincu que nous étions faits l'un pour l'autre, pour longtemps.

Cette nuit, tu me manques plus que jamais.
Si mes yeux se remplissent de larmes, c'est parce que tu souffres

physiquement, et moi, moralement.

Plongé dans l'obscurité, je pleure ma raison de vivre. L'essentiel, Nono, c'est l'immensité de mon amour envers toi. Notre amour me permet d'aller au bout de ma volonté, de te soutenir, d'utiliser toutes mes forces afin de t'aider.

Pourquoi n'existe-t-il pas un autre mot plus fort, plus intense, que le verbe aimer ? Te dire « Je t'aime » dans cette circonstance, me semble trop léger, quasiment futile.

Enfin, le 21 juin arrive, je me lève la tête lourde. J'ai si peu et très mal dormi à cause des réveils en sursaut. Malgré le bien-être d'une douche, l'idée de l'intervention me perturbe complètement.

Nerveux, devant un café, j'appelle la réanimation, l'infirmière paraît loquace :

– Il est parti au bloc opératoire, l'air apaisé, je vous conseille de téléphoner au début de l'après-midi, l'opération risque d'être délicate.

J'aurais tellement voulu être là, à côté de Nono et le réconforter.

Ce jour sera le plus long, pas une minute sans penser à lui.

Nourredine, un beau prénom arabe, traduit littéralement, veut dire :

Nour, lumière, et Dîn, religion.

Nourredine, lumière de religion.

Au bureau, je n'arrive pas à me concentrer sur les dossiers. Heureusement, Marie, attentive, positive, présente, s'approche et pose sa main sur la mienne.

– Je vais faire une pratique dans ma tête, avec le vœu que l'intervention se passe au mieux, sans incident.

Constamment, un œil sur ma montre, je ne peux contrôler sérieusement mes cotations ou mes programmes, ni avoir une conversation commerciale dynamique.

À l'heure du déjeuner, un sandwich à la main, je marche seul, le long du canal Saint-Martin, j'ai l'estomac bloqué, le cœur gris. Difficile de me détendre, je respire profondément sous le soleil de juin et, d'un seul coup, je comprends que nous sommes déjà en été.

Un été suspendu à mon ami, à l'hôpital, à la médecine, suspendu à l'espoir qu'il s'en sorte.

Une péniche touristique passe, des gamins jettent des cailloux sur les pigeons, un jeune, l'air paumé, me demande une cigarette.

– Désolé, je ne fume pas. Il poursuit son chemin.

Je m'arrête, m'assieds sur un banc, absent de ce qui m'entoure, peu m'importe ce qui se passe tout autour.

Nos meilleurs souvenirs me reviennent. Nous dînions tous les deux au restaurant, un cadre intime, dans le quartier du Châtelet-les-Halles, il m'avait invité le lendemain de sa paie. Face à face, seuls à une table, la musique romantique, l'ambiance conviviale et le menu excellent, incités à la tendresse, les yeux dans les yeux, à chaque parole, nous étions en harmonie.

Au dessert, il me propose :

– Si ça marche entre nous, on achètera ensemble une petite maison près de Paris, je m'occuperai du jardin et de l'entretien.

– Une bonne idée, tu sais, ça coûtera cher.

– Oui, on va faire des économies pendant plusieurs années, et tu arrêteras de dépenser l'argent comme tu le fais, sans réfléchir.

– Tu as raison. Ce projet me réjouit, tu t'occupes bien de moi.

Il donne des coups de fourchette dans l'assiette, et poursuit jovial :

– Il y aura le crédit, mais à deux c'est plus facile.

J'ajoute, enjoué :

– Après nous élèverons des poules, des canards et des lapins.

Dans un éclat de rire, sans nous occuper des autres clients, nous levons nos verres de vin pour trinquer.

De retour au bureau j'affronte à nouveau l'attente, je cherche à m'occuper l'esprit.

15 heures, je compose le numéro que je connais par cœur, et respire un grand coup.

– Encore au bloc. Rappelez plus tard.

À tour de rôle, mes collègues viennent demander des nouvelles.

16 h 30, impatient, je recommence.

– Il est toujours au bloc.

J'ouvre un dossier puis un autre. J'attends et m'efforce de rester calme. Jamais de ma vie un après-midi ne m'aura paru aussi interminable.

Je feuillette le carnet et dessine une tête, celle de mon ami. Je reproduis le schéma de l'opération avec les points d'intervention. J'imagine le travail admirablement guidé par la main expérimentée du neurochirurgien, assisté de son équipe, qui, avec une infime précision, répare les os de la boite crânienne.

Tout à coup, je réalise que son cerveau sera à l'air libre. Quelles seront les séquelles ? Ne restera-t-il pas d'air à l'intérieur de son crâne ? Autant de questions troublantes.

18 heures, tension extrême, troisième appel, les palpitations de mon cœur résonnent dans ma poitrine.

– L'opération est terminée depuis peu, me dit l'infirmière, ne quittez pas s'il vous plaît, le Docteur Muckensturn souhaite vous parler.

Elle me transfère vers son poste, je compte chaque seconde.

– Allo ! Bonsoir Monsieur Mayeux. Tout s'est bien passé. L'opération de Nourredine a été plus longue que prévu, environ huit heures, j'ai pu intervenir correctement par greffe sur les os. Le stomato a opéré les yeux et les orbites. C'est excellent à droite, en revanche, à gauche, il faudra une nouvelle intervention dans les semaines à venir. Heureusement, la réaction cardiaque a été bonne pendant toute la

durée de l'acte chirurgical. À lundi, pour un bilan-consultation.
Je le remercie de son travail et de ses explications détaillées.

Un poids disparaît, je souffle, puis quitte le bureau afin de rejoindre Nono au plus vite.

Tous les arrêts aux stations de métro sont trop longs jusqu'à celui de Saint-Marcel, je sors précipitamment, et cours dans les allées de l'hôpital. Essoufflé, d'une intense émotion, je retrouve mon ami.
Ce que je découvre m'impressionne fortement. Le choc !

Un imposant bandage, tel un casque, recouvre la tête et les yeux. Il a retrouvé une assistance respiratoire et cardiaque, un aérosol, deux perfusions aux bras, plus une sonde urinaire.
Au niveau de chaque oreille, sort un tuyau de plastique, ce drain permet d'éliminer le surplus de sang dans un réservoir transparent, accroché à la barrière du lit.

Une odeur dense d'éther, d'oxygène, d'alcool et de désinfectant a envahi la chambre. Son visage rouge est gonflé comme un ballon. Devant cette scène, je reste immobile, bloqué.

Au bout d'un moment, moins perturbé, je m'approche du lit.
– Nono, c'est moi... Tu vois, je suis là, mon amour. L'opération est réussie. Tiens bon, continue, je sais que tu es courageux.

Il ne peut pas réagir, l'anesthésie reste active. L'appareil cardiologique, accompagné du bruit régulier des "bip-bip", indique sur un écran, des chiffres rouges, variant de 74 à 77 et de 80 à 84.

La surveillance accrue oblige l'infirmière à faire plusieurs allers-retours, elle contrôle le moindre détail, et m'adresse un rassurant sourire.

Je m'assois à côté, prends sa main, me penche à son oreille :
– Je serai présent tous les jours, mon chéri. Maintenant, nous sommes inséparables, je te fais la promesse, que nous vivrons infiniment heureux. Je t'aime Nono, je serai toujours avec toi.

D'abord, il n'a pas de réaction, mais Nourredine ne tarde pas à sentir ma présence. Certainement d'une immense volonté, peu à peu, il bouge, tout doucement, un doigt puis un autre. Au ralenti, Nono caresse ses doigts contre les miens. Mon cœur s'emballe, l'émotion m'envahit, progressivement l'oppression libère ma poitrine.
Quel bonheur, j'évite de pleurer, juste mes yeux humides se troublent.

La vie reprend le dessus, il lutte, il résiste, il remonte. Malgré la lourde intervention, l'effet des médicaments, Nono a du courage et beaucoup d'endurance.
À présent, la preuve de sa détermination est indiscutable.

La fin de la visite s'écoule ainsi, sans une parole, l'un près de l'autre, enveloppés d'un immense espoir, au rythme des battements de nos cœurs.

Je sors de la réanimation, plus léger, presque rassuré, je respire profondément, et marche, décontracté, jusqu'au parking de l'hôpital pour retrouver la voiture.

Ce soir, l'air de Paris est doux, une belle lumière ocre embellit les bâtiments. À la radio, j'écoute, *Les quatre saisons de Vivaldi*, cette musique apaisante m'évade, une première depuis le 10 mai.

Ma vie renaît, je redécouvre la splendeur de la capitale.

Lunettes de soleil sur le nez, j'augmente le son, je baisse la vitre, bras à la portière, je sifflote. Aux jeunes filles enjouées qui traversent le passage clouté, je souris. La circulation fluide me donne l'effet de traverser Paris, comme si j'étais dans un film.

Chez nous, devant un verre de vin blanc sec, je tourne, page après page, l'album-photos de nos meilleurs souvenirs.

Peu à peu, une grande tristesse m'envahit, chagriné, je bois encore.

J'aimais tant sa démarche chaloupée, sa silhouette décontractée et son visage rieur, lorsque nous nous promenions, enthousiastes, dans le quartier de l'Opéra ou sur les Champs-Élysées. J'appréciais nos sorties à bord de la voiture, sa conduite prudente, souple, sans prise de risques.

J'ai beau chercher dans ma mémoire, à mes yeux, il n'avait aucun défaut. Nono était un ami de qualité.

L'amour, la souffrance, l'alcool, ce mélange idéalise, peut-être, mon opinion. Des membres de ma famille, des amis, des collègues ; eux aussi partageaient cet avis.

J'avais la chance d'avoir enfin rencontré un homme unique, fidèle, sincère. Même dans nos silences, nous étions heureux.

Je me rappelle du jour, où, au bout du fil, j'ai annoncé à ma mère :

– Quelqu'un de merveilleux est entré dans ma vie.

Allongé sur le canapé, je referme notre album, celui d'un bonheur écourté. Ensuite, j'ai le courage de visionner la cassette vidéo du dernier Nouvel An. Ce soir-là, Nono était magnifique, désirable.

Un costume bleu marine, chemise blanche et nœud papillon vert foncé, à la poche poitrine, une pochette de soie assortie, un ensemble de bon goût. Ses gestes laissaient transparaître une certaine éducation, d'une stature réconfortante, il dégageait un charme naturel.

Évidemment, j'étais fier.

Devant ces images, d'une joyeuse fête, mon émotion est à son comble.

Aujourd'hui, c'est une certitude, je suis tellement amoureux, que la vie sans lui, serait inimaginable.

Cet horrible accident m'a imposé une terrible solitude.

Au lieu de dîner, je grignote, puis j'ouvre une bouteille de whisky. J'ingurgite plusieurs verres, avec du jus d'orange et des glaçons.

En cocktail, comme Nono l'aimait.

LE REVEIL

Tard, dans la soirée, entre l'euphorie, la tristesse et la fatigue, j'appelle Fatima pour l'informer de la réussite de l'opération. Elle arrivera samedi à Paris, puis restera trois semaines chez une amie algérienne, de la banlieue nord.

Au moment d'aller dormir, pourvu que j'efface cette éprouvante journée. Je ne peux m'empêcher de songer continuellement à lui.

À celui qu'il était.

Nono avait la qualité d'être bon bricoleur, au contraire de moi qui ne sait à peine suspendre un cadre à l'aide d'un marteau et d'un clou sans m'énerver.

Un week-end de l'hiver dernier, il a décidé d'installer une bibliothèque dans le salon. Habilement, en moins de deux heures, il a monté le meuble, minutieusement. Les outils rangés, il m'a pris dans ses bras. Tendrement, nous nous sommes embrassés, avant de terminer allongés sur la moquette, l'un contre l'autre.

Le lendemain, les visites étant interdites, j'appelle la réanimation, Catherine décroche :

– Nono va bien, il a de bonnes réactions, nous supprimons l'assistance respiratoire.

Demain, pour son quarante-troisième jour à l'hôpital, j'apporterai des fleurs à toute l'équipe des infirmières.

L'après-midi, le Docteur N. a examiné l'œil droit, hélas, son pronostic est réservé.

– C'est trop tôt, a-t-il dit à l'infirmière.

J'insiste, à diverses reprises de joindre cet ophtalmo, sans succès, puis je laisse un message au secrétariat. Il ne me rappellera pas.

Le soir, Marie-Paule, une autre infirmière, sympathique, efficace, me répond :

– Son visage reste très enflé, il est tendu.

L'avocate m'appelle :

– Comment va-t-il ? Et toi, vas-tu tenir le coup ? Olivier, j'ai besoin de certains documents pour la préparation du dossier avant de le déposer au tribunal.

Samedi tôt le matin, pressé de le voir, je joins un interne qui me dit :
– Tout se passe normalement.

Sur le chemin de l'hôpital, j'achète une grande boite de chocolat et un beau bouquet de roses.

Surpris, je constate qu'il n'y a pas de cassure dans l'évolution comportementale. Malheureusement, la moitié du visage et les yeux sont extrêmement enflés, ses orbites, on dirait des œufs de pigeons.

Impressionnant, même si un léger pansement recouvre les paupières.

Calme, il me serre la main, soulève la tête, bouge les jambes.

Les diarrhées toujours présentes me tracassent, de plus, par la narine s'écoule un liquide brun. Je questionne une infirmière :
– Une suite post-opératoire, rien d'inquiétant. L'œdème traumatique devrait durer de huit à dix jours, les perfusions seront retirées rapidement.

À ce jour, il n'a toujours pas retrouvé la parole. Nono reste muet, normal, estiment les médecins, après un si long coma.

L'après-midi, je retrouve sa sœur à l'aéroport, nous irons ensemble à la visite du soir. Lors du trajet, Fatima, agitée, pose des questions sur l'évolution et les séquelles prévisibles.

– Pourquoi, ne retrouve-t-il pas la parole ? Que font les médecins ?

Sur conseil de notre avocate, je lui explique le procès que nous désirons faire. Elle me coupe :
– Combien d'argent il touchera ? Vous allez faire quoi de ces sommes ?

Surpris par de telles questions, vu l'état actuel de son frère, je réponds :
– Ce sera évidemment pour Nourredine, sa rééducation et tous les soins. Il est hors de question que quiconque touche à ses indemnités.

Vexée, Fatima change de sujet :
– Sa mère pleure tout le temps, son père, triste, ne mange plus.

Khaled, un neveu, âgé de dix-huit ans, malheureux, parle souvent de Nono avec lequel il s'entendait si bien.

Je gare la voiture au sein de l'hôpital, Fatima me parle, gentiment :
– Je sais Olivier ce que Nono représente pour toi, j'ai tout compris, mais cela restera entre nous, je ne dirai rien à notre famille.

La remerciant de sa compréhension, je préfère ne pas poursuivre cette conversation.

Nous le retrouvons dans sa chambre, une perfusion en moins et un tuyau d'alimentation qui passe par le nez. Fatima, la main devant la bouche, choquée, se fige, puis s'avance.

À la voix de sa sœur, il n'a aucune réaction visible, puis, doucement, elle le caresse pendant que des larmes glissent sur ses joues.

Très ému de les revoir ensemble, me rend heureux.

Quelques instants avant la fin de la visite, Nono, au ralenti, la prend dans ses bras, d'un geste plein de tendresse après un gros effort de sa part.

J'accompagne sa sœur en banlieue avant de rentrer chez nous.

Dimanche matin, un infirmier me dit :

– Situation stationnaire.

À la mi-journée, Fatima m'attend à la porte du bâtiment de neurologie. Plus présent, à notre demande, Nono montre ses cinq doigts, les compte l'un après l'autre. Calme, sûrement heureux de notre présence, il soulève la tête, nous profitons pour lui couper les ongles des mains et des pieds.

Sa sœur grimace, une chose lui déplaît :

– Pourquoi doit-il porter des couches-culottes ?

En soirée, je l'oblige à travailler la motricité de sa main gauche, toujours déficiente. L'assistance respiratoire a été supprimée, il n'a plus de pansements sur les paupières, des fils les maintiennent fermées.

L'œdème volumineux perturbe Fatima :

– C'est anormal qu'il soit dans cet état-là !

Lundi, onzième rendez-vous avec le neurochirurgien.

– Les évolutions sont bonnes, l'enflement diminuera progressivement. Les pupilles ne semblent pas touchées, mais nous verrons sa vision plus tard. L'intervention sur l'orbite et la paupière gauche se fera par la suite.

Il montre les dernières radios, puis me propose de lui téléphoner demain matin.

Marie et Michèle se joignent à nous pour la visite. Nono, les bras autour de notre cou, manifeste une grande tendresse.

Catherine, l'infirmière, m'informe :

– Sa motricité à droite s'améliore, la gauche reste faible. Suivant le personnel soignant, il réagit différemment, monsieur a ses préférences, ajoute-t-elle, souriante.

Effectivement, j'ai remarqué une ou deux fois qu'il ne répondait pas aux sollicitations de collègues lui parlant un peu sèchement.

À la seconde visite, il s'amuse à enlever la bague de sa sœur et à la remettre à son doigt. Son visage demeure encore très enflé ainsi que ses yeux aux contours violets. À ma demande de bouger les bras et les mains, il le fait volontiers.

Le lendemain matin, j'appelle le neurochirurgien :

– Bonne évolution par paliers, amélioration des réflexes côté gauche. Les ophtalmos envisagent une courte intervention à la paupière. Nono devrait revenir à une courbe montante d'ici une douzaine de jours, le temps d'effacer le traumatisme opératoire. Je vous propose un rendez-vous demain à mon bureau avec sa sœur.

9 h 30, nous sommes face au chirurgien, je pose diverses questions et prends des notes. Il nous explique la greffe des os sur la partie

fracassée et les greffes synthétiques autour de l'orbite. Sous la violence du choc, il confirme que les yeux se sont enfoncés dans leur orbite. Une fois le tube ôté, la trachéotomie se cicatrisera à l'aide d'un pansement.

– Votre ami parlera, soit prochainement, soit plus tard, on ne peut prévoir quand. Une rééducation sur divers plans est à envisager. Il ne se souviendra de rien, ni du coma ni de la réanimation, normalement, Nourredine doit vous reconnaître à l'ouverture des yeux.

Lors de la visite, un aide-soignant m'informe qu'il est resté dans le fauteuil, avant de marcher, soutenu des deux côtés.

Il a une bonne réaction affective avec Fatima, je le trouve plus éveillé.

Nous faisons travailler sa main gauche et, de la droite, il écrit deux ou trois mots. N'y voyant pas, Nono y parvient difficilement.

Je note son poids sur la fiche médicale, il ne pèse que 45 kilos.

Il a encore maigri, la déception se voit sur nos visages.

L'après-midi, un violent orage éclate sur Paris, le téléphone de la réanimation est coupé.

Le soir, il est d'accord pour écrire un mot avec le stylo, cela m'étonne, me fait plaisir, hélas, je ne peux pas lire son gribouillis.

Fatima arrive en retard, aussitôt, il la prend dans ses bras. Nous remarquons que son visage commence à désenfler.

Seul, chez moi, je récapitule mes notes, et ajoute un graphique sur une page du carnet, avec les évolutions diverses, partant d'un point zéro - le niveau du coma - jusqu'à deux points et demi, pour l'instant.

Tous les jours, je relève, les points positifs et les points négatifs de son comportement, des séquelles et de l'évolution.

À chaque fin de semaine, je totalise les changements positifs et négatifs. Par exemple, du 14 au 21 juin, j'arrive à un total de onze + et dix -.

Afin de mieux comprendre cette grave commotion, j'achète des livres médicaux, j'ai besoin de connaître le cerveau, les traumatismes crâniens, l'œil et la vision.

Dans notre appartement, vide, je demeure pensif, préoccupé, lorsque le large sourire en demi-lune de Nono surgit dans ma mémoire. Le temps d'un flash, je le revois, il est là, prêt à me parler.

Attendre, chaque jour, chaque nuit, vivre avec l'espérance. Combien de temps encore ? Après toute cette souffrance, comment va-t-il s'en sortir ?

Le cœur gonflé de peine, je m'allonge sur notre lit, les larmes noient mes yeux, s'écoulent sur mes joues, avant de mourir dans mon cou.

Jeudi, la réanimation fermée, m'oblige à téléphoner du travail :

– Rien à signaler me rassure Agnès, l'infirmière, et ajoute, Nono a marché, aidé du kiné, puis, à un moment, il a ouvert l'œil droit.

Je lui coupe la parole :

– Ouvert l'œil ! C'est vrai ? Vous croyez qu'il voit, Agnès ?

– Je ne sais pas, nous aurons la réponse bientôt, conclut-elle.

Tard, depuis l'agence, impatient, je compose encore le numéro.

– Il a ouvert les deux paupières, me confirme une autre infirmière, Nono a de bonnes réactions.

L'annonce de ces bonnes nouvelles me donne l'envie de le voir tout de suite. Vivement demain.

21 heures, une quatrième fois, je ne peux m'empêcher d'appeler :

– Nono est agité, note une aide-soignante.

– Et ses paupières, sont-elles ouvertes ?

– Non, fermées.

Malgré tout, ma nuit sera assez calme, grâce à l'espoir qui illumine un peu mes pensées.

Aujourd'hui, le cinquantième jour depuis l'accident, et le huitième après l'opération, il ouvre les paupières, une fois la canule ôtée, l'alimentation par la bouche sera tentée.

L'injoignable ophtalmo, sans avoir répondu à mon message, doit ausculter Nono dans la journée.

En guise de déjeuner, je dévore un sandwich, et fonce à la réanimation. Le pansement bonnet enlevé, je découvre, stupéfié, la longue cicatrice couture formée d'un arc de cercle, tenue par de multiples agrafes. Elle va d'un tympan à l'autre et épouse la ligne d'implantation des cheveux.

Une impressionnante intervention d'expert.

Il a de nouveau une canule, le visage, progressivement, désenfle. Au son de ma voix, il ouvre à demi les yeux, me donne la main et me prend doucement mais fortement dans ses bras.

Un homme, pressé, en blouse blanche, entre, son badge indique qu'il est médecin :

– Bonjour, Docteur X. ophtalmo.

– Enfin ! Vous voilà. Heureux de vous rencontrer.

– Je suis débordé de travail, j'exerce dans deux établissements.

Il veut l'examiner à l'aide d'instruments, hélas, Nono refuse d'ouvrir les yeux.

– Vous pensez qu'il va voir ?

– À gauche, je suis certain que non. Concernant l'œil droit, son champ de vision sera réduit, répond-il, froidement.

Je mets trois secondes à réagir :

– Comment le savez-vous Docteur ?

– Aux images des scanners, le nerf optique est très endommagé à l'arrière, la pupille gauche est réactive.

– Mais… Vous ne pourrez pas le réopérer par la suite ?

– Non, impossible.

Abasourdi, je m'assois.

Après la seconde tentative d'un test, l'ophtalmo range ses affaires, me serre la main et quitte la chambre. À l'idée que Nourredine perde une grande partie de la vue, mon moral s'écroule.

Au téléphone en milieu d'après-midi, l'infirmière de remplacement estime :

– Dommage, votre copain ne collabore pas.

Le soir, Nono m'accueille avec tendresse, l'œil droit est ouvert à moitié, l'iris fixe, orienté à gauche, il bave, sans avoir retrouvé la parole.

Le week-end, Martine, l'infirmière, pense qu'il voit à droite. Je remarque sur la partie gauche du front la présence d'un liquide sous-cutané. Nono, absent, n'arrive pas à avaler un petit suisse, sa sœur s'efforce de lui donner à la petite cuillère, aucun résultat.

Il n'a pas envie d'écrire. L'iris de l'œil droit n'est toujours pas au centre.

Dimanche, son attention est meilleure, il sourit, ouvre les yeux, mais toujours trop peu à gauche.

Par moments, il tremble de la tête, inquiet, j'interroge les infirmières :

– S'agit-il d'énervements ?

– Non, c'est cérébelleux.

L'alimentation difficile par voie buccale, l'empêche de déglutir, certainement à cause de la sonde ou de la trachéotomie. Cela me préoccupe. Peut-être une irritation ? Peut-être une infection ?

Ce soir, notre ami médecin vient le voir, Nono écrit son nom et prénom, Philippe donne un avis favorable sur l'évolution.

Il m'observe :

– Olivier, tu devrais te reposer, tu as maigri, je te sens angoissé, hyper nerveux.

– J'en suis conscient, mais refuse de prendre un traitement.

– Quelque chose de léger, juste pour calmer les nerfs et atténuer l'angoisse.

Heureusement, il y a peu de répercussions sur mon passionnant travail. La direction de l'agence a validé la suspension de mes fréquents déplacements professionnels à l'étranger.

Voici juillet, le mois de la détente, de la fête, des premiers départs en vacances. Ma notion du temps est perturbée, j'oublie nos proches, pourtant, ils me téléphonent souvent.

Ma mère, désemparée, malheureuse, ressent ma souffrance. Je ne pourrai pas venir cet été leur rendre visite et me reposer, mes vacances seront consacrées uniquement à lui.

Un matin, l'aide-soignante Véronique me téléphone :

– Le kiné va le faire marcher, puis Nono ira au fauteuil.

Sur place, je note la suppression de la canule et la pose d'une nouvelle perfusion au bras. Il ouvre l'œil gauche pas le droit.

J'installe de petites enceintes afin qu'il écoute de la musique raï.

Le lendemain, une fois de plus, j'entre dans le bureau du neurochirurgien.

– Cet après-midi, il sortira de la réanimation. Nous jugeons l'évolution bonne, la vision de l'œil droit est confirmée, pour l'œil gauche, il faut attendre, néanmoins, la réserve s'impose, l'intervention sur les paupières n'est plus nécessaire. À ce jour, nous envisageons une rééducation, soyez conscient que sur le plan neurologique, impossible de prévoir si votre ami redeviendra le même qu'avant.

Lorsque j'appelle, il vient d'être transféré à la salle Bourneville, dans le bâtiment contigu à la réanimation.

Le soir, je le retrouve seul dans une chambre, au premier étage, au début du couloir. Ce service de sortie de réanimation, se compose d'une dizaine de chambres d'un à quatre lits. Le couloir vitré donne sur le grand parc boisé, près de l'église Saint Louis.

Nono apparaît calme, une présence très faible, le tube d'alimentation est débranché, la fiche accrochée au lit indique 42,5 kg.

Je lui parle quelques instants, éteint, absent, il n'a pas de réaction, l'œil droit est ouvert, l'autre fermé. Une infirmière prend sa température.

– C'est votre fils ?

– Non, mon ami.

– Ah bon.

Quelque peu surpris, je comprends l'interrogation. Effectivement, Nourredine, actuellement, a l'apparence physique d'un adolescent.

Les points-agrafes enlevés, on voit encore mieux l'arc de cercle de la cicatrice. J'imagine qu'il gardera cette trace toute sa vie.

Une responsable du service se présente, m'informe du règlement et des horaires :

– Les visites sont autorisées tous les jours de 13 h 30 à 20 heures. Il peut avoir la télévision, un téléphone direct, et des vêtements tel un pyjama ou un survêtement.

Aussitôt, je demande l'installation du téléphone et de la télévision.

– Les repas sont servis à midi et à 18 h 30, avec trois plats principaux au choix, à réserver la veille au soir. Des questions ?

– Non, merci madame.

Hélas, Nono ne peut avaler correctement.

Quittant la salle Bourneville, je n'ai pas eu droit à une seule réaction positive de sa part, il donnait l'impression de dormir profondément.

Demain, j'apporterai ses vêtements, je ne veux plus voir ces blouses jaunes ou blanches qui recouvrent son corps nu depuis des mois.

Le lendemain, à l'heure du premier café, au téléphone :

– Rien à signaler.

Je rappelle au milieu de la journée.

– Après la marche, le fauteuil, sa présence reste fluctuante. Il refuse d'avaler, sa déglutition difficile lui fait mal, même pour la salive, précise l'infirmière.

Certains collègues s'étonnent de ma résistance et de mon obstination à me battre. Un autre attaché commercial avoue qu'il ne pourrait pas supporter cette situation :

– Tu as du courage, cela m'étonnerait qu'il s'en sorte et que tu le retrouves comme tu l'as connu, impossible, à mon avis. À toi de voir si cela vaut le coup de perdre toute ton énergie, de te perturber la santé.

– Moi, j'ai décidé de ne pas l'abandonner, parce que je l'aime, parce qu'il a été victime d'une injustice, je dois tout faire pour l'aider, le sauver. Nono reste mon ami, et le restera jusqu'au bout.

Face aux nombreux pessimistes, ce véritable défi est difficile à faire admettre.

Je quitte l'agence tôt, afin d'être plus longtemps auprès de lui. De nouveau, il ne réagit presque pas à ma présence. La sonde gastrique l'énerve, il tire dessus, cherche à l'enlever avec la main.

18 heures, l'orthophoniste passe, à son allure, j'ai cru que l'inspecteur Columbo venait d'entrer dans la chambre.

Une quarantaine d'années, débonnaire, un imperméable beige et un cartable en cuir marron sous le bras, l'homme s'exprime à voix haute, d'une articulation claire :

– Bonjour Nourredine ! Alors, on va parler aujourd'hui ?

Ce praticien l'estime conscient et capable de répondre aux questions.

Mains à plat sur le thorax, l'orthophoniste réalise d'énergiques pressions censées provoquer le retour de la parole.

Une courte pause, puis il répète les mêmes gestes synchronisés d'une intonation forte :

– Comment tu t'appelles ? Dis-moi ton prénom ? Tu t'appelles ?

L'orthophoniste, obstiné, poursuit la compression de la poitrine dans le but de l'aider à débloquer le réflexe du son et de la voix.

– Tu t'appelles… tu t'appelles… Nou… ré… Nou… ré…

Une technique impressionnante, fatigante, entrecoupée d'un temps de repos, celle-ci, s'avère stressante pour le patient et le praticien.

Cette séance se termine sans résultat, néanmoins, le travail de l'orthophoniste m'a agréablement surpris. Enthousiaste, passionné par ce qu'il fait, l'intervenant me communique des informations :

– Un choc d'une extrême violence, entraîne un profond coma et des séquelles durables. Au réveil, on assiste à un blocage de la parole, un mutisme sur une période plus ou moins longue. À force de travail, de stimulation, un jour, il reparlera.

Le praticien se tourne vers lui :

– Je reviendrai souvent, n'est-ce pas Nono ?

Je demande :

– Quel est votre nom ?

– Philippe Van Eek Hout, il me serre la main et nous quitte.

Exténué par ces efforts, Nono, immobile, reste d'apparence inerte.

Assis à côté du lit, je le regarde et déclare :

– Crois-moi, je vais te sortir de là, bientôt, tu pourras de nouveau me parler.

Une jeune femme apporte un plateau repas, j'insiste, il refuse de bouger et d'essayer de manger.

Satisfait d'avoir rencontré un orthophoniste compétent, je quitte l'hôpital avec l'espoir que Nono retrouve enfin la parole.

Plus tard, sur mon carnet, je fais un tableau de l'évolution de juin à juillet ; une synthèse des progrès et des séquelles.

Côté positif : motricité > jambes, pieds, bras, mains, thorax, tête. ORL, œil droit, oreilles, nez ? Fractures du crâne en voie de consolidation.

Neurologie, période d'éveil, réflexes et présence en hausse, comprend les injonctions et les exécute avec un temps de retard.

Côté négatif : déficit côté gauche. Perte de poids entre 12 et 14 kg.

Langage, œil gauche et vision réduite ? Paupière supérieure gauche, cicatrice frontale et déformation du front à gauche.

En attente : mémoire, intelligence, comportement.

Soit quinze + et onze - Selon mes observations, sans être un expert médical.

5 heures, un sursaut de peur me réveille, sûrement un cauchemar. Impossible de me rendormir, j'imagine comment Nono va progresser.

Tantôt l'optimisme l'emporte. Il a déjà réussi malgré des pronostics réservés, des jours sombres, à lutter contre la mort, à sortir du coma, à surmonter une lourde opération.

Tantôt le pessimisme prend le dessus. Nono restera handicapé, borgne, marchant difficilement, d'une mémoire limitée, d'un caractère différent, et ne pourra plus travailler.

Dans ce cas, je devrai apprendre à vivre avec un handicapé.

Après la douche, toujours pensif, je m'habille. Devant le miroir, je me coiffe, soudain, je pense à mes congés, je les avais complètement oubliés, dès que possible, je les prendrai.

Ces quatre semaines de repos lui seront réservées. Je resterai tous les jours à ses côtés, il a besoin de moi. Nono l'être le plus cher au monde, restera mon unique, mon seul amour.

Sa sœur vient moins régulièrement. Fatima, paraît plutôt découragée et résignée devant l'ampleur du malheur. Elle pensait, comme moi, que les premières semaines il s'en sortirait plus vite, même avec des complications et des séquelles.

Maintenant, trop souvent pessimiste, nerveuse, elle rend le premier venu responsable de sa souffrance.

Un soir, Fatima, me demande, anodine, si je peux lui avancer le prix du billet d'avion aller-retour pour Alger. Je réfléchis de longues secondes, mais refuse.

Je redoute le risque d'un engrenage qui deviendrait malsain.

– Nono te remboursera plus tard, insiste-t-elle.

Je précise mon désaccord :
– Dépenser l'argent de Nono sans son autorisation, je m'y oppose. Les nombreux frais que je règle sur mon compte, depuis l'accident, sont importants. Toi et Miloud, je vous héberge, vous offre l'hospitalité, tu dois comprendre que pour ton transport, ce n'est pas possible.
Fâchée, elle garde le silence et me fait la tête jusqu'à la fin de la soirée.
De chez nous, Fatima téléphone souvent aux siens pour leur donner des nouvelles.
– Bon, je rentrerai en Algérie dans deux semaines.
Au téléphone à l'heure d'un bon café au lait, l'aide-soignante me dit qu'il refuse de s'alimenter et qu'il ne collabore pas :
– Un médecin ORL passera dans la journée.
Fin d'après-midi, en compagnie de l'infirmière, laborieusement, nous lui enfilons un pyjama, je règle la télévision, même s'il ne la regarde pas. Ses réactions sont médiocres envers moi, il ne veut pas compter sur ses doigts ni écrire des mots, ou même s'asseoir sur le bord du lit.
J'installe le walkman, il écoute de la musique orientale.
Sa sœur déboule lors du dîner, le visage fermé. Elle saisit le plateau repas des mains de l'infirmière, retire les écouteurs des oreilles de son frère.
– Je vais le faire manger, moi !
Il ferme la bouche, serre les dents, en vain, son frère refuse d'avaler une cuillère de compote.
Peu à peu, Nono se détend, prend Fatima dans ses bras, devient gentil, affectueux.
– Il m'aime tellement, c'est mon frère préféré.
Elle lui parle algérien, comme à un jeune garçon, d'une grande tendresse. Il reste longtemps la tête contre sa poitrine, écoutant des souvenirs de son enfance et de sa famille.
Soudain, Fatima me dévisage :
– Pourquoi on ne l'opère pas de l'œil gauche afin qu'il puisse revoir ?
Je répète l'analyse-pronostic des médecins, elle me coupe la parole :
– Moi, je trouve qu'ils s'occupent mal de lui. Regarde, mon frère ne parle toujours pas, et n'évolue plus ! estime-t-elle, acerbe.
Je donne un avis différent du sien, sa sœur se met en colère :
– Tu devrais intervenir davantage auprès des médecins, il progresserait plus vite !
Quelques instants, nous nous disputons nerveusement devant Nono.
Au lieu d'insister sur cette conversation stérile, je sors prendre l'air.
Ses réflexions abusives déçoivent, ainsi que son comportement variable et ses jugements négatifs, surtout en présence de son frère.
Depuis peu, je me sens mal à l'aise avec elle.
À mon retour, les visites se terminent, nous l'embrassons et le quittons, sa sœur promet de revenir demain.

Au moment de se séparer, Fatima me fait les yeux doux :
– Olivier, peux-tu m'accompagner jusqu'à chez moi ?
Après hésitation, j'accepte, elle redevient gentille pendant le trajet.

Nous sommes à la huitième semaine d'hôpital. Ma direction m'accorde le droit de prendre mes vacances, dès ce week-end. Maintenant, je me sens extrêmement fatigué, usé par tant d'épreuves morales et nerveuses.

Plus fréquemment, je reçois des courriers, soit de la sécurité sociale qui réclame constamment des renseignements complémentaires, soit d'Isabelle l'avocate, afin de peaufiner le dossier de sa défense.

Le soir, dans sa chambre, avec Fatima, nous remarquons à nouveau un liquide sous la peau du côté gauche du front, à l'endroit de l'intervention. L'infirmière le signalera au neurochirurgien.

Immédiatement, sa sœur pique une grosse colère :
– Vous êtes tous incompétents dans cet hôpital ! Vous nous racontez des histoires, vos médecins ne l'ont pas correctement opéré, et voilà le résultat !
Je m'interpose :
– S'il te plaît, calme-toi, le personnel fait de son mieux.

La capote urinaire supprimée, il utilise un urinal, ses réactions sont faibles, et faute de déglutition, l'alimentation se fait par tube. Je lui propose d'écrire, il refuse, l'œil droit est bien ouvert, le gauche à demi.

Samedi, je passe l'après-midi auprès de lui.
– Ça va mieux, Nono était au fauteuil, m'informe l'infirmière, l'orthophoniste est venu, regardez dans le tiroir vous avez un petit mot.
Je le lis :

« *Petits progrès de Nourredine, vibrations vocales
et ébauche du mot : Arrêtez.* »

Je ressens un intense soulagement, un réel bonheur, longtemps, je l'entoure de mes bras.

À mon tour, j'essaie de le faire parler, c'est perdu d'avance. Plus tard, il attrape le pistolet, mais par manque de conscience urine à côté, dans le lit. J'aide l'aide-soignante à changer les draps, elle relève sa tension : 12-9.

Dimanche, au téléphone, on m'annonce une désagréable nouvelle.
– Sur l'avant gauche du front à l'endroit de la boursouflure, cette nuit, la peau a cédé, provoquant un écoulement de pus. Mon collègue a prélevé un échantillon pour le faire analyser, il n'a pas de température. Sur l'origine de l'infection, seul le neurochirurgien sera à même de vous répondre.

Une importante déception et trop d'ennuis pour Nono. Devra-t-il subir une autre intervention ? Des problèmes permanents, des interrogations, des suppositions et des angoisses.

Il faut attendre, encore attendre, je sens que cela va durer longtemps, ce que j'étais loin d'imaginer.

Lorsque je le retrouve, Nono est allongé dans le lit avec un nouveau bandage autour de la tête, après la prise d'un calmant, il dort, et journalièrement, trois bouteilles augmentent les protéines.

Soudain, je sens qu'il a déféqué. L'infirmière, occupée par une urgence dans une autre chambre, j'attends un moment, et décide de le nettoyer. Avec peine, j'arrive à le déplacer sur le fauteuil, à l'asseoir sur un drap usagé, puis à l'aide d'un gant, du savon et de l'eau chaude, je le lave.

Malgré la maigreur de ses membres, je trouve qu'il se tient mieux assis qu'auparavant. Un dernier effort, Nono s'accroche à moi, une fois les draps changés, je le recouche. L'infirmière arrive, agréablement surprise, me remercie.

– Sa tension est de 12-8, sa température de 37 ° C.

Les dernières minutes de ma visite du soir, il a des réactions de tendresse, me caresse la main, les doigts, avant de me prendre et de me serrer tendrement dans ses bras. Cela me redonne le moral, me fait chaud au cœur.

Lundi, au téléphone, l'infirmière me prévient :

– Il va passer un scanner dans l'attente du résultat du laboratoire.

En urgence, j'arrive à obtenir un quinzième rendez-vous avec le neurochirurgien, avant de rejoindre Nono dans sa chambre.

– L'écoulement est normal, rien de grave pour l'instant. Suite à l'opération, le scanner permettra de contrôler l'évolution des os. Le problème, il collabore toujours peu, ceci est un obstacle. Lorsqu'il parlera et mangera, nous ferons un bilan pour rechercher un centre de rééducation adapté.

Au manque de réactions, s'ajoute une gêne pour avaler la moindre nourriture. Nono se repose plusieurs heures, puis j'examine l'œil gauche, au lieu de l'axe central, l'iris reste orienté vers l'extérieur.

Le lendemain, mon téléphone sonne :

– Il a eu à nouveau un bénin écoulement infectieux. Vous savez, il ne collabore vraiment pas avec l'ensemble du personnel, cela complique notre travail, se plaint l'interne.

Dès l'ouverture des portes de Bourneville, je suis près de mon ami. J'apporte de nouvelles cassettes de musique, un petit magnétophone, du parfum et l'album photos de nos souvenirs.

Aussitôt, il a une attitude heureuse.

Lentement, d'un geste mesuré, il tourne les pages de l'album au ralenti, et scrute photo après photo.

Par moments, il tourne la tête, me regarde, d'un léger clignement des paupières. J'ai le pressentiment qu'il veut communiquer, me parler.

Il est si heureux de retrouver nos meilleurs moments de bonheur, sa mémoire s'éveille, ses pupilles s'illuminent.

Le moral remonte en flèche, notre horizon s'éclaircit, je lui propose mon aide dans le but de le faire marcher.

Le soutenant, il se lève doucement et, petit pas après petit pas, nous marchons le long des fenêtres du couloir sur une quinzaine de mètres. Il avance d'une démarche déséquilibrée, s'arrête deux fois pour se reposer, puis repart soutenu à mon bras.

L'infirmière note qu'il marche de mieux en mieux. Pourtant, son corps décharné repose sur des jambes aux muscles diminués, atrophiés. Nous sommes vraiment très loin du Nono sportif et robuste du printemps dernier.

Dans sa chambre, je l'installe sur le fauteuil, rapidement fatigué, il se recouche. Il ouvre bien l'œil droit, à peine le gauche, l'état de sa vision me préoccupe.

Je cherche à le faire parler, il me fixe, mais n'y arrive pas. Plusieurs fois, j'articule et pose cette question :
– Si tu vois de tes yeux, fais-moi un signe.
À force d'insister, Nono lève lentement le bras et ouvre deux doigts tendus. Content, je l'embrasse.

Sur fond de musique, les yeux grands ouverts, il regarde au ralenti notre album photos.

Au passage de l'infirmière, il vomit l'eau et les médicaments, puis s'allonge, à 20 heures, je le quitte endormi.

Mercredi, après deux mois d'hospitalisation, les analyses sont négatives, dans l'après-midi, il passera un scanner.
Je l'installe sur une chaise afin de le changer de position. Il se tient plutôt correctement pendant un quart d'heure, puis commence à s'affaler, alors je le recouche.

Aujourd'hui, déception, il n'ouvre presque pas les yeux. Avant le scanner, je l'oblige à marcher dans le couloir. Il montre moins de volonté qu'hier, au retour, il s'écroule directement sur le lit.

Plus tard, j'essaie de le faire écrire, il commence deux lettres et abandonne. Un interne passe pour contrôler sa respiration.
– Vous êtes qui pour ce monsieur ?
À voir sa tête, ma réponse lui semble étrange.

L'après-midi, l'interne administre un tranquillisant à Nono. Avec retard, une ambulance vient le chercher pour le transporter dans un autre bâtiment, où il passera un scanner.

Au retour, il s'endort jusqu'à mon départ, mon ami bouge, me retient dans ses bras, me serre fort, m'empêche de le quitter.

Le matin suivant, au bout du fil :
– Nouvel écoulement léger, mais il ouvre les yeux.
– Je souhaite rencontrer le Docteur Muckensturn.
– Il sera présent en cours d'après-midi dans le service, m'informe son assistante.

Le neurochirurgien me confirme l'existence de germes, et que le scanner montre un foyer infectieux.

– Je vais faire le nécessaire pour le nettoyer lors d'une petite intervention au bloc, demain.

Je demande :

– Quelles sont les origines de ces germes ?

– Cela arrive souvent, hélas, pendant les interventions dans les blocs opératoires, ces germes sont tenaces. Concernant les os que nous avons remis à leurs places, il n'y a rien à signaler d'après la vision du scanner. Je prescris de nouveaux antibiotiques.

Aujourd'hui, Nono, volontaire, décide de marcher dans le couloir. Plus tard, une psychologue lui rend visite, un doigt dans le chignon, d'emblée, elle me demande :

– Êtes-vous son oncle ?

La dame me pose diverses questions pendant qu'il me fait des câlins, collé contre moi. Observant furtivement cette scène de tendresse, la psychologue ajoute d'une voix douce :

– Avez-vous prévu un centre de rééducation pour sa sortie ?

– Madame, personne ne m'a rien dit. De plus, ce qui m'étonne, c'est que ce soit à moi de chercher un centre d'accueil.

– Monsieur, tout le monde doit s'y mettre, les places étant limitées, cela demande du temps, dit-elle, stylo à la main, avant d'ouvrir un agenda.

Elle m'interroge sur son vécu, sa famille, l'implication des siens dans la convalescence. La psychologue écrit des notes sans le moindre commentaire. Pour finir, elle me donne le numéro de son bureau, au cas où j'aurais besoin de ses services.

Je remarque que Nono commence, par moments, à bouger les lèvres. Obstiné, je cherche un moyen de le faire parler, en vain.

Le jour de la nouvelle intervention, l'infirmière m'appelle :

– Depuis cette nuit, sa respiration est bruyante, yeux fermés, il y a toujours un léger écoulement du foyer infectieux. Je raserai l'avant du crâne, puis il ira au bloc.

J'arrive à 14 heures, la chambre est vide, j'attends et ouvre un livre.

Une heure s'écoule, je m'avance au poste des infirmières :

– Aucune information, nous vous préviendrons.

16 h 15, on m'annonce la fin de l'intervention, il reviendra plus tard, après un passage dans la salle de réveil. Je plonge dans mon livre avant d'aller me détendre sous les arbres de l'agréable parc.

Le soir tombe, les brancardiers apparaissent. Nono, perfusé, complètement inconscient, porte des bandages en forme de bonnet.

Comme lors de la première opération, le surplus de sang est évacué par un petit tuyau à l'arrière du bonnet.

Juste avant mon départ, il me tend le bras et la main, je la serre, puis Nono ouvre l'œil droit pour me regarder.

Aussitôt, il bouge les jambes et les bras dans tous les sens, s'agite. L'infirmière remonte les barrières du lit et l'attache par les bras, cela ne me plaît pas, pourtant c'est la seule façon d'éviter qu'il ne tombe.

Le doute s'installe, la morosité s'empare de moi, je quitte sa chambre et ferme doucement la porte.

Chaque matin, depuis que je suis en vacances, je dors un peu plus, me repose, car j'ai la crainte de craquer. Tous les jours, je demeure fidèle à l'ouverture des visites.

Un interne aidé d'une infirmière enlève le drainage permettant l'écoulement du sang. Avec précaution, ils tirent progressivement le tuyau et nettoient le surplus de sang qui coule sur ses tempes. Impressionnant, pourtant, Nono reste calme.

Au tour de la perfusion d'être retirée, pour finalement lui installer la sonde alimentaire, en introduisant un fin tuyau par l'intérieur de la narine. Heureusement, il se laisse faire.

L'instant suivant, il s'endort, ne tarde pas à ronfler, je m'assois et reprend la lecture du livre.

À l'approche du dîner, il ouvre les yeux, le droit mieux que le gauche, et avale péniblement une cuillère de compote.

À l'aide d'une grosse seringue, l'infirmière ingurgite de l'eau par la bouche, dans le but de retrouver ses automatismes, tous les moyens sont employés.

– L'orthophoniste reviendra à quel moment ?

– Philippe passe n'importe quand, ce praticien est très demandé.

Le lendemain, Nono refuse d'être attaché, je le comprends. Sa literie est changée, dès qu'il retire le pyjama, je découvre la maigreur de son corps, ce constat m'attriste.

Coup de déprime, le cœur lourd, j'ouvre la fenêtre et soupire profondément.

Une fois couché, je redemande s'il voit des deux yeux, Nono me fait signe que oui. J'hésite à le croire, vu le niveau de sa conscience, la prudence s'impose face à ses réponses. À ma suggestion, sur une feuille, il écrit son nom correctement. Étonné, je l'embrasse très fort.

Fatima, radieuse, vêtue d'une jolie robe pourpre, nous rend visite avec un ami algérien. Nono, heureux, lui sourit à plusieurs reprises. Avant de partir, il prend les lunettes de soleil de sa sœur, les met sur son nez, puis les relève sur le bandage du crâne. Il fait de l'humour, nous rions, la première fois depuis si longtemps.

Au parking, je croise un jeune patient âgé d'une vingtaine d'années accompagné de ses parents, la grande trace de la cicatrice frontale sur son crâne rasé attire mon regard.

Je me permets de leur adresser la parole, d'autant plus qu'il semble avoir peu de séquelles neurologiques. Ils me racontent :

– Récemment, notre fils a eu un grave accident de moto. À grande vitesse pour une raison inconnue, il a percuté un arbre, heureusement, il n'est resté que deux jours dans le coma.

Le jeune homme marche sans problème et parle normalement :

– Je ne me souviens de rien, sinon de m'être retrouvé, ici, où j'ai été transporté par hélicoptère.

– De nouveau, ajoute sa mère, il va être opéré à cause de l'infection d'un os, à l'avant du crâne. Mon fils a perdu la vision de l'œil gauche, il a aussi des troubles respiratoires, sûrement dus à la trachéotomie.

À mon tour, j'explique l'accident de Nourredine.

La semaine suivante, de petites évolutions se produisent, au milieu de surprises désagréables.

D'abord, les antibiotiques provoquent des diarrhées et des maux au ventre. Il ouvre les yeux plus facilement et prétend voir des deux côtés. Tous les jours, en me soutenant, il marche dans le couloir.

Mardi, je rencontre le neurochirurgien pour une évaluation.

– Ces derniers temps, il collabore mieux avec notre équipe. À mon avis, l'évolution de Nono est lente mais positive. Les radios montrent que les os sont en place, à recontrôler dans quelques semaines. Au contraire, l'analyse du scanner révèle les séquelles restantes au niveau neurologique, comme la diminution ou la perte du champ de vision gauche, et une légère hémiplégie qui rend ses réflexes difficiles. À ce jour, pas d'intervention sur la paupière gauche. Veuillez noter qu'une année sera nécessaire, avant un bilan définitif des séquelles.

Un après-midi, j'ai l'idée de demander un fauteuil roulant pour sortir dans le parc. Hélas, ils sont tous réservés :

– Impossible, aujourd'hui, vous en aurez un demain.

Le pansement-bonnet est changé pour un modèle plus souple. Souvent, Nono regarde nos photos de l'album, plus affectueux à mon égard, il le manifeste par des baisers et des câlins.

Les jours passent, toujours pas de fauteuil libre, alors qu'il fait super beau, impossible de le sortir.

Encore une infection au même endroit du front, ostensiblement, cela coule. Déçu, je me plains au neurochirurgien.

– Une analyse sera faite au laboratoire, rien de grave, juste une infection de connexion.

Nono marche mieux, et mini surprise, il sort du lit quasiment tout seul. Irrité, il enlève souvent la sonde ou le pansement, ne les supportant plus, s'agite.

Le dernier jour de la semaine, la compresse du front est sèche, un réel soulagement. Au déjeuner, il refuse d'avaler quoi que ce soit, avec beaucoup de difficultés, je ruse. Résultat, il ingurgite un fromage blanc et boit un quart de verre de coca.

Je m'impatiente, impossible d'avoir un fauteuil roulant, pourtant, tous les jours, je le réserve.

– Monsieur, dans ce service d'une trentaine de patients, nous n'en avons que trois !

Dans la soirée, il cherche à me communiquer quelque chose par des gestes lents, je reste longtemps à essayer de deviner quoi... peine perdue, je n'arrive pas à comprendre.

Je téléphone à sa famille, Miloud répond, il me passe Ali, son grand frère, puis Khaled, son neveu. Tous, pensent que la médecine française va sauver Nourredine.

La semaine d'après est riche en événements positifs ou négatifs. Bonne nouvelle, la plaie ne coule plus, il mange quelques cuillères de couscous, apporté par sa sœur, puis boit un demi-verre de coca.

Après, nous marchons dans le couloir, ses pas sont plus assurés, ses réflexes meilleurs, ses réactions plus conscientes.

Parfois, à l'expression de son visage, à son regard accompagné de frémissements de ses lèvres, j'ai la sensation qu'il va me parler.

Lundi, il tousse, crache fréquemment, ajouté à une diarrhée.

Le neurochirurgien m'appelle :

– L'évolution paraît très lente mais va dans le bon sens. Ce matin, il s'est habillé tout seul, au front, plus d'infection, le scanner confirme des lésions définitives pour la vision gauche et réduite à droite.

– Définitif, Docteur ?... Cela n'évoluera pas avec le temps ?

– Non, désolé, impossible. Pour le retour de la parole et de la déglutition, actuellement, je ne fais aucun pronostic.

Le Docteur part en congés au mois d'août, il me propose de l'appeler vendredi pour un dix-neuvième bilan.

Le lendemain, Martine, l'infirmière, semble déçue :

– Hélas, il y a de nouveau un écoulement de la plaie.

Abattu, je perds confiance dans les affirmations des médecins. De plus, je pense que Nono peut infecter sa plaie au contact de ses mains sales lorsqu'il arrache le pansement en cachette ou la nuit.

Il monte sur la balance, je retrouve le sourire : 43 kg.

Martine retire les fils :

– Cela ne coule plus, je laisse sa cicatrice à l'air.

Elle nettoie la plaie à l'Hexomédine, soudain, Nono pousse un petit cri !

Étonné, je reste bouche bée, enfin, le premier son que j'entends, un bonheur inattendu.

Aussitôt, je pense à l'orthophoniste :

– Quand vient-il ?

– Depuis un moment, je ne le vois pas, Philippe est sans doute en vacances.

Jeudi, la cicatrice d'aspect normal rassure l'infirmière.

J'apporte la dernière cassette de Cheb Hasni, dès qu'il l'écoute, Nono sourit. Lorsque je parle, il me regarde fixement sans pouvoir répondre.

Un interne me conseille de demander - un décideur - dans le but de trouver un centre de rééducation. Le problème… personne ne sait où je peux contacter ce fameux décideur.

Vendredi, comme prévu, j'appelle le neurochirurgien, à cette occasion, je pose la question d'un centre d'accueil.

– On le cherche. Hélas, un centre adapté à son cas s'avère rare.

Le Docteur m'invite à le revoir en septembre :

– Je vous souhaite bon courage.

Assis l'un à côté de l'autre, nous regardons les photos de l'album. Attentif, il s'attarde sur certaines, et me les désigne du doigt.

À première vue, il ne se rend pas compte des transformations majeures de son physique. Au fil des pages de ces moments joyeux, j'entre dans une grande déprime, comparant les photos avec le visage de celui que j'ai à côté de moi.

D'abord, il y a le front déformé, disgracieux, bosselé, particulièrement à gauche, les paupières portent de multiples cicatrices dues à l'explosion de ses lunettes.

Ensuite, l'orbite et l'œil gauche paraissent enfoncés, avec l'iris obstinément désaxé.

Enfin, l'expression du visage est celle d'un enfant, accompagnée de grimaces, de moues, de bouderies, au regard souvent sombre, triste, inquiet, perturbé, parfois résigné.

L'instant d'après, il urine à côté du récipient. Je le stimule à se lever, enlève le pyjama, puis le change en le soutenant.

Nu, au cabinet de toilette, je le nettoie à l'eau chaude, du savon, quand je touche son pénis, il éclate de rire.

Au milieu de la nuit, l'infirmière l'a entendu pousser un grand hurlement :

– Un mauvais rêve, j'ai donné la main à Nono pour l'apaiser.

Je décide de le raser, il refuse à diverses reprises, soudain, d'un revers de main, projette la mousse à raser sur le mur.

Finalement, j'obtiens un fauteuil roulant, une casquette sur la tête, je l'installe et nous prenons l'ascenseur.

La première fois, depuis soixante-dix-neuf jours qu'il retrouve l'air, un soleil radieux, des arbres verdoyants aux massifs fleuris. Je le pousse pour des allers et retours dans l'allée centrale du parc.

Les yeux écarquillés, il observe tout ce qui se passe à proximité.

Sous un marronnier, nous profitons de l'ombre ; j'aperçois sa sœur, elle nous rejoint. Heureuse, souriante de le voir dehors, Fatima le serre dans ses bras.

Au retour, l'infirmière examine sa cicatrice.

– On est sur la bonne voie, n'est-ce pas Monsieur Nourredine X. ?

Il se force à avaler, un carré de chocolat et les gâteaux offerts par Michèle.

Dimanche matin, l'infirmière déclare au téléphone :

– De bonne humeur, Nono a mangé du chocolat sans toucher un seul biscuit. Lors des soins, j'ai entendu de faibles sons de sa voix.

L'après-midi, en fauteuil roulant, cette fois, je reste plus longtemps, et décide de le faire marcher, soutenu, d'un déplacement lent sur toute la longueur de l'allée arborée.

Je lui donne un chocolat, il le jette au sol. Hélas, un important blocage, il a carrément perdu l'automatisme de la déglutition.

Malgré mon incitation, Nono ne peut écrire un seul mot sur le cahier.

Voici le mois d'août, nos sorties en fauteuil deviennent quotidiennes, ainsi que nos marches au milieu de la verdure.

Le lendemain, le résultat d'un encéphalogramme est immédiat :

– En légère amélioration.

Je note qu'il saigne du nez, sûrement à cause de la présence continuelle de la sonde alimentaire accrochée par du sparadrap à sa narine. Lorsqu'il faut changer la sonde pour éviter l'infection, c'est un véritable supplice !

L'infirmière remonte le fin tuyau de plastique et le passe par la cloison nasale, puis le redescend à l'estomac, via la gorge, soit une cinquantaine de centimètres de tuyau, introduit par le nez et le larynx. Tenu par plusieurs infirmières, Nono hurle de douleur, se débat violemment.

Comme souhaité, je rencontre la psychologue, elle prévoit de déposer un dossier d'orientation vers un centre de rééducation. L'entretien permet de définir les différents intervenants d'une équipe pluridisciplinaire :

– Le centre où il pourra être admis dépend, d'abord, d'une place disponible.

Madame la psychologue met l'accent sur sa formation initiale :

– Je pense à un déficit caractériel, fréquemment observé dans les chocs frontaux, qui nécessitera une prise en charge adaptée.

Le jour suivant, je trouve un mot sur la table de nuit, de la part de l'employée de la société de location :

« Je suis passée pour le règlement de la télé, mais votre fils dormait.
Merci de remettre le chèque à l'infirmière. »

Fatima arrive de bonne humeur, elle m'embrasse et prend tendrement son frère dans ses bras. À un moment inattendu, Nono regarde sa sœur, et dit lentement :

– FA-TI-MA.

Sa sœur ébahie, reste muette.

Interloqué, de joie, je m'exclame :

– Nono, tu parles !

Enfin, il vient de prononcer un mot, nous sommes stupéfaits.

Un grand bonheur, je le serre contre ma poitrine, les yeux humides, l'embrasse très fort. Fatima remercie Dieu, jubile, et laisse couler des larmes d'émotion. Ce retour de la parole, quelle grande victoire.

Le seul mot de cette journée, le premier depuis le 10 mai.

Le lendemain, malgré de nombreuses tentatives de ma part, il ne parle pas. Néanmoins, il répond volontiers aux questions des aides-soignantes par des signes de la tête. Maintenant, prenant appui de ses mains, il se déplace tout seul du lit au fauteuil et au lavabo.

Après la promenade, une sieste s'impose, au réveil, il se retrouve dans ses excréments sans réagir. Je le change et prends la décision de le conduire sous la douche, la première depuis l'accident.

La salle des douches est située au même étage, mais dans un bâtiment contigu. Devant la cabine, je l'encourage, me déshabille également, et nous entrons ensemble.

À peine l'eau chaude ouverte, il hurle, me pousse vers l'extérieur. J'insiste fermement, il crie fort, refuse, bloque l'entrée.

Pour le stimuler, je m'asperge le corps, parle gentiment, mouille ses pieds, ses jambes et son dos, il proteste. J'use de beaucoup de patience, peu à peu il se calme, et finit par se doucher, collé l'un à l'autre. Sa tête entre mes mains, tendrement, je le fixe des yeux, Nono écoute mes paroles. À travers cette attitude, j'ai le sentiment d'être face à un enfant, à un jeune frère, je ne reconnais plus celui qui partageait ma vie.

Une fois de retour à la chambre, il prend un air boudeur, ne veut rien faire. Avant la fin des visites, je le sors dans le fauteuil roulant, il crache partout, rejette l'idée de se lever et de marcher.

Le lendemain, direction la douche, Nono fait moins de caprices, pourtant, une fois la porte de la cabine fermée, il se fige, ne prend aucun plaisir au contact de l'eau. Obligé de le stimuler, de jouer, tels des gamins, avant que monsieur se lave correctement.

Nouvelle contrariété, j'observe un léger enflement sous-cutané à gauche du front, et le signale à l'infirmière.

Au parc, je l'installe sur un banc, il se tient droit, puis progressivement, s'affaisse.

Le jour d'après, je constate que le gonflement d'hier a diminué.

– Rien de grave, prétend l'interne.

Retour à la douche, cette fois-ci, je lui fais un shampoing, il se laisse faire, se savonne seul, puis ne veut plus sortir.

Dimanche, il pèse 44 kilos, boit un verre d'eau presque entier, avale trois cuillères de mousse au chocolat. À deux reprises, il marche, appuyé sur mon épaule, je perçois un net déséquilibre marqué à gauche. Fréquemment, il me montre ses doigts, un à un. Veut-il communiquer, me dire quelque chose ? Je cherche à comprendre, mais ne trouve pas.

La semaine qui suit, j'ai un doute, aurait-il une sinusite ? À la consultation, l'examen ORL du nez est négatif.

Fatima, plutôt lasse, rentre en Algérie rejoindre ses enfants, sa famille, je l'accompagne à Orly.

Désormais, je sors Nono sans le fauteuil, le soutiens avec d'infinies précautions, il descend les marches de l'escalier, du premier étage au rez-de-chaussée.

J'ai l'idée d'aller jusqu'à notre voiture, de le faire monter, Nono semble si heureux que nous faisons le tour de l'hôpital. Il caresse le tableau de bord, touche les essuie-glaces, ouvre la boite à gants, l'air de tout redécouvrir. Muet, il continue, en guise de réponse à me montrer un ou deux doigts.

L'ophtalmo vient effectuer quelques tests, j'ose espérer une évolution. Lampe fixée à l'avant du front, il examine l'œil droit :
– D'après moi, sa vision est faible.
Le praticien se penche à gauche, répète le même geste, et confirme :
– Il ne voit pas, la pupille reste éteinte.
Me voyant contrarié, le médecin m'explique :
– Le choc extrême de l'accident a entraîné de sévères lésions dans la boite crânienne, conséquence, le nerf optique gauche a été grièvement endommagé. Dans deux ou trois mois, le diagnostic sera définitif, une évolution est possible, toutefois, il ne faut pas espérer de miracle.

Aujourd'hui, il répond à chaque question par des gestes, sa présence est meilleure. Sur son cahier, à ma demande, il écrit mon nom de famille, sans faute.

Jeudi, il marche environ trois cents mètres, dans le parc, s'arrête moins, se tient mieux malgré le déficit aux membres gauches.
Lors des repas, il n'arrive pas à manger correctement et refuse souvent de boire.

Bonne surprise, Philippe, l'orthophoniste, passe par hasard.
– Content de vous revoir.
– Bonjour Nono ! Allez, Olivier veut t'entendre !
La séance dure près d'une demi-heure, entre pressions sur la poitrine et divers mouvements afin de déclencher l'automatisme du langage. Hélas, aucune parole ne sort de sa bouche.
Philippe reviendra demain, il sent le moment proche où Nono va parler.

Avant mon départ, il reprend des gestes avec ses doigts, d'un à cinq, dans un sens et dans l'autre.

Le 10 août, soit trois mois après l'accident, l'infirmière remarque qu'il regarde, concentré, fréquemment, l'album-photos.
– L'éveil de sa mémoire lui procure un intense plaisir, considère-t-elle.

Patiemment, je l'incite à avaler de la bouillie, suivie de gâteaux et d'un demi-verre d'eau. À pied, je note qu'il se repère aux arbres et aux panneaux du parc. Dans le local des infirmières, il monte sur la balance, graduellement, il grossit et pèse 44,5 kg.

Comme promis, l'orthophoniste arrive. La séance commence à peine,

Philippe, déterminé, demande à Nono de prononcer trois mots :
– Ro-se… O-li-vier… Fa-ti-ma…
Sa voix aiguë me paraît étrange.

Une joie intense s'installe, j'assiste à une renaissance, mon ami me redonne le courage de l'aider du mieux que je peux.
Je constate l'excellent travail de Philippe et le remercie.

Désillusion, au dîner, la déglutition est impossible, j'ai la conviction que sa gorge est irritée.

Lorsque je quitte la Pitié-Salpêtrière, le moral en hausse, je mesure la satisfaction de mes efforts. Grâce à ma patience, progressivement, je récolte les fruits de mon obstination. Une persévérance quotidienne qui permet à Nourredine de progresser, de rester suspendu à la vie.

À la maison, j'ouvre le carnet, dresse un bilan des évolutions positives et des points négatifs. Certaines séquelles disparaissent, comme la voix, la motricité, d'autres restent ou apparaissent, comme la déglutition et la vision gauche.

Samedi matin, le téléphone sonne :
– Olivier…
C'est la voix de Nono !
Il a prononcé mon prénom d'un trait.

Sa voix a résonné dans ma tête, époustouflé, mon bonheur est immense. L'orthophoniste l'a incité à me téléphoner, je raccroche le combiné, et éclate en sanglots.

Pressé de le voir, je galope jusqu'à l'hôpital. Assis sur le bord du lit, je l'embrasse, Nono mange du chocolat, il s'en est mis partout : le visage, les mains, les bras, le survêtement, le drap, avec ses lèvres couleur cacao, on dirait un bébé.
Qu'importe, j'enfile un gant de toilette, le lave et le change de tenue, avant de sortir. Dehors, en boucle, il prononce ce mot :
– Va-ou-liké ?
J'ai beau réfléchir, je ne comprends rien.

Ensuite, à la douche, il hésite, râle, se crispe. Sous le jet d'eau chaude, progressivement, Nono se détend, se savonne seul. Au bout de quelques instants, il entre en érection, commence à se masturber et me regarde. Mal à l'aise, je le laisse faire, alors, j'attends devant la porte.
Peut-être une première depuis son accident ? Une question me traverse l'esprit, parmi toutes les séquelles à venir, sa sexualité sera-t-elle modifiée ?

Nous retournons à la chambre, il s'étend sur le lit et tourne une à une, les pages de l'album.

Le soir, l'orthophoniste revient. Nono prononce deux, trois mots, ensuite, Philippe lui propose de dessiner, un résultat peu concluant.
Claudine suivie par Patrice et Jean-Jacques, rendent visite à Nono,

instantanément, il rayonne de plaisir.

Dimanche matin, je téléphone.

– Il a avalé de la crème fraîche, me dit Babette, l'infirmière. En ce moment, il marche et se lève souvent, s'intéresse à tout.

Au parc, ne pouvant pas se retenir, il défèque dans le pantalon. Mesurant une fois de plus l'ampleur de son inconscience, nous filons à la chambre, je le change immédiatement et l'emmène à la douche.

Au retour, nerveux, agité, il crache n'importe où, et ne supporte plus d'être allongé. L'infirmière lui donne un calmant sous forme d'une piqûre, il refuse, accompagné de gestes brusques, incontrôlés, limite violent. Cette situation m'oblige à aider l'infirmière, puis le découragement me gagne.

Lundi matin, mes vacances terminées, je reprends le travail. Milieu de journée, grâce à Agnès, la responsable du service neurologie, on s'occupe, par téléphone de son dossier de placement au sein de la rééducation.

Je le retrouve installé dans le fauteuil, le visage caché par l'album de photos, plongé dans nos souvenirs. Nous sortons plus longtemps, marchons de trottoir en trottoir, entre les bâtiments, il se déplace avec assurance.

Aujourd'hui, la douche est un plaisir, il reste sous l'eau, une dizaine de minutes, parle davantage, mais d'une toute petite voix.

Le lendemain, Nono au téléphone avec Agnès, d'un dialogue limité :

– Bonjour.

– Ça va ?

– Bien.

– Merci !

– Moi aussi.

Après le bureau, je cours le retrouver. Refus de la douche, il jette la serviette, le savon et le shampoing au milieu du couloir.

Nono me parle sans suite dans les idées, mélange tout :

– Ton nom ?

– Ma sœur, où ?

– Pourquoi ?

– On y va !

Les jours suivants, à mon arrivée, il m'embrasse affectueusement :

– Bonjour.

Il parle d'une voix plus grave, hélas, c'est confus.

– Là-bas !

– Non, où ?

– Pourquoi ?

– Oui ! Non ! Rien !

À diverses reprises, il urine sur lui, montre de l'agressivité, dans l'espoir de reprendre des forces, j'apporte du pain d'épices au miel et du chocolat noir. À la moindre occasion, je le promène à l'extérieur pour le faire marcher le plus souvent possible.

Cette fin de semaine, fatigué, il ne veut plus se doucher et parle avec difficulté, rien de positif ne se passe, sauf la visite de l'orthophoniste qui réveille de nouveaux mots.

Les réponses à mes questions sont inexactes, trop souvent erronées.

Le week-end, je le retrouve pendant l'absence d'aide-soignant, il a uriné dans son bermuda, je dois m'en occuper. Refusant de se changer, il me hurle dessus, j'ai beaucoup de mal à le convaincre.

Soudain, Nono est d'accord pour la douche. Une fois sur place, monsieur change d'avis, abandonne ses affaires de toilette et repart dans l'autre sens.

Mon bonhomme ne veut plus manger ni boire, chocolat, biscuits, jus de fruits, petits filous, c'est :

– NON !

Nono baisse la tête, se renfrogne.

Le soir, je joins sa sœur en Algérie, pour les dernières nouvelles. Une conversation brève, quasiment laconique.

Le lendemain, je pose dix questions précises sur notre vécu, il répond correctement à huit d'entre elles, ensuite, pour la première fois, Nono va seul aux toilettes.

Fin août, j'ai rendez-vous avec le Docteur Pradat-Diehl, du service de neurologie afin d'envisager sa rééducation. Une femme brune, de caractère, la trentaine, de taille moyenne, plutôt souriante, m'accueille.

Elle m'informe de la possibilité d'un début de rééducation dans son équipe, au sein de la Pitié-Salpêtrière, et m'explique :

– J'attends une place de libre d'ici huit à quinze jours, prévoyez un maximum de quatre mois de rééducation, suivis de week-ends à la maison. Il sera dans une chambre double, entouré d'intervenants spécialisés : kiné, ergothérapeute, orthophoniste, gymnaste, plusieurs séances par jour. La présence de son entourage est indispensable, les résultats seront variables, en fonction de son intégration et de sa volonté ou non de participation. Néanmoins, dans son cas, il faut s'attendre à des séquelles toujours importantes chez les frontaux. Pendant un ou deux ans, voire plus, après un traumatisme de cette ampleur, il va falloir faire face.

Nous nous séparons, espérant se revoir très bientôt.

De jour en jour, vu qu'il marche volontiers, j'organise quatre parcours distincts dans l'enceinte hospitalière.

Fréquemment, lors des promenades, il me questionne :

– On va où ?

Philippe, notre ami médecin, estime qu'il a fait de réels progrès :

– Prudence, son autonomie n'est pas pour demain.

La séquelle primordiale, reste que Nono ne peut avaler, il régurgite ou vomit les liquides et les solides.

– L'estomac lui fait mal, réagit un interne, je demande une fibroscopie.

Certains matins, au téléphone, il prononce quelques mots supplémentaires :

– Bien dormi, cela va bien, je t'embrasse.

Son imprévisible comportement provoque des moments de bonne présence, de gentillesse, et d'autres, de somnolences, d'absences, d'endormissements, ou pire, des périodes d'irritation et d'agressivité.

Nouvel examen, un encéphalogramme ; d'après le médecin, il constate une évolution notoire, par rapport à celui de fin juillet.

L'infirmière le rase presque tous les matins, il mange des quartiers de melon, puis boit un verre d'eau avec un antiépileptique : la Dépakine.

Ses réactions et ses réflexes vont de médiocre à moyen, entrecoupés d'instants d'assoupissements, et outre son caractère variable, je décèle une tendance à la colère.

Cette semaine, Nono parle moins, regarde vaguement la télévision et fixe brièvement les images.

Le Docteur Muckensturn rentre de vacances et l'examine :

– Jeudi, j'ai réservé un scanner.

Pendant l'heure du déjeuner, je croise le Docteur Pradat-Diehl :

– Votre ami a l'air déprimé, triste, je pense que son transfert en rééducation pourrait avoir lieu dans les jours à venir.

Après une longue promenade autour de l'hôpital, lors du coucher, d'une humeur exécrable, il crache sur l'infirmière et la bouscule, j'interviens aussitôt.

Un matin, il fait sa toilette, monsieur, ne prend pas le petit-déjeuner et, chaussons aux pieds, décide de revenir au lit sans prononcer un mot, ni faire la séance de kiné.

Un soir, il veut sortir, la marche ne dure que quelques mètres, avant de rebrousser chemin et, en guise de repas, Nono avale du pain d'épices et la moitié d'une pêche.

À l'heure du café au lait, l'infirmière me prévient :

– Cette nuit, il a vomi, je pense à un problème au niveau de l'estomac.

Le Docteur Pradat-Diehl m'appelle à l'agence :

– Nourredine sera transféré avant midi dans notre service de rééducation neurologique, salle Racine, à la Pitié-Salpêtrière.

J'appelle le secrétariat du neurochirurgien :

– Il a fait une bonne évolution ces quatre dernières semaines, cela permet un passage au centre de rééducation, encadré par une excellente collègue et son équipe. L'estomac étant atrophié, à la reprise de la nourriture, les vomissements sont normaux. Cette perturbation restera sur une longue période, après une alimentation liquide par sonde.

Le neurochirurgien marque une pause :

– De même, son caractère agressif, sa mémoire effacée, troublée, demeurent très fréquents chez les traumatisés frontaux. Un scanner aura lieu et d'autres examens programmés au fur et à mesure. Régulièrement, je le verrai en consultation, continuez ce que vous faites, et vous souhaite bon courage.

Avant de raccrocher, je le remercie sincèrement.

Midi pile, je quitte le bureau, j'avale un sandwich, et fonce rejoindre mon ami dans son nouvel environnement.

Aujourd'hui, cent onzième jour depuis ce drame, le premier carnet de notes de cent soixante pages se termine.

Progressivement, l'été va s'éteindre, la rentrée approche.

Suspendu à son évolution, j'ai perdu la notion du rythme des saisons, je vis sans lui, je vis uniquement pour lui.

Nono, trop souvent seul, se retrouve face à de multiples angoisses, à un monde de souffrances, à un labyrinthe d'incompréhensions.

LA REEDUCATION

La salle Racine du professeur Pierrot-Deseilligny, située du côté du boulevard Auriol, est un bâtiment plus récent consacré essentiellement à la rééducation neurologique.

Au second étage, des locaux bien aménagés, avec de grands ascenseurs, dans une chambre lumineuse, à deux lits, Nono rayonne.

Un certain confort adapté au handicap de la quinzaine de patients, de ce service. Le personnel plus nombreux qu'à la salle Bourneville, donne une rassurante impression d'efficacité et de compétence.

Dans ce cadre, Nourredine a l'air plus présent, semble apprécier le nouveau décor, où il partage sa chambre avec un paraplégique d'une cinquantaine d'années.

Je règle le forfait de la télévision, la caution d'ouverture d'une ligne téléphonique. La rééducation se déroule au rez-de-chaussée dans des salles spécialement équipées. Nourredine ne prononce pas une seule parole, mais il écrit quelques mots correctement.

Plus tard, le Docteur Pradat me téléphone :

– Il participe aux premiers tests. Vous êtes autorisé à venir tous les après-midis, sauf lors de la rééducation.

Le soir, j'appelle sa famille et l'informe des changements bénéfiques.

Le second jour, après un scanner, vu que Nono s'alimente péniblement, il a une sonde alimentaire aux protéines, ma présence l'incite à dire quelques mots.

Dans la salle à manger commune, il avale une gorgée de potage, ça me fait bizarre de le voir installé à une table, seul, devant les couverts.

De retour à la chambre, je remarque sur la table de nuit, une boite plastique compartimentée à médicaments.

Un intervenant l'estime très instable, irrégulier dans sa participation :

– Ce matin, d'une violente protestation, il a refusé de se lever. Constamment, il expectore et parle peu.

Lors de ma venue, Nono est couché, son voisin me dit d'une voix caverneuse :

– Votre fils n'est vraiment pas facile, il n'a pas le moral.

Puis, s'adressant à Nono, ce monsieur hausse la voix :

– Allez ! Fais plaisir à ton père. Espèce de fainéant, lève-toi !
Je préfère ne rien dire et éviter les explications.

Au bout d'un quart d'heure, je l'encourage à s'habiller et partons marcher, à notre retour, heureux, il me sourit, avale lentement une banane.
L'infirmière branche la sonde, l'accroche à sa narine, puis m'avoue :
– La toilette ce matin, le bonhomme, pas commode, il était agressif.

Le lendemain, Nono s'habille seul, survêtement, polo, chaussures de sport, avant de descendre par l'escalier. À la fin de la promenade, il monte dans notre voiture garée au parking.
Lorsque je lui demande de sortir, il râle, s'énerve, hurle et, obstinément, bloque la porte un long moment.

Sur une chaise de la chambre, il ouvre l'album, le contemple avec intérêt, page après page, attentivement, photo après photo.
Tout à coup, il urine dans le jogging, malgré son opposition, je le change.

À la maison, j'ouvre le carnet et rédige un bilan général :
Interventions chirurgicales : 3 Services différents à l'hôpital : 3
Scanners : 4 Une dizaine de radios Encéphalogrammes : 4.
38 jours environ de coma (de -3 à -1), 54 jours en réanimation, perte de 20 kilos, 20 consultations de neurochirurgie, 200 visites à l'hôpital et au moins 400 appels téléphoniques, dont une trentaine en Algérie.

Vis-à-vis de ces calculs, je mesure l'ampleur de ma patience, de ma volonté et de ma mobilisation. Mais, également, le coût que cela représente à la sécurité sociale, aux assurances, bref, à la société, sachant qu'une chambre en réanimation revient à plusieurs milliers de francs par jour.

Je débute un graphique, trace une courbe des évolutions, ajoutée à mes observations depuis mai ; la graduation ira de 0 à 10.
Le zéro représente la période de coma, le dix, le retour à une autonomie complète. À ce jour, j'évalue Nono au niveau quatre.
Ce graphique n'a rien de médical, il me permet d'avoir une vision des repères, de mieux suivre et comprendre ses réactions.

Sa vie est maintenant dépendante du milieu médical et de son entourage dont je suis un des moteurs.

Dimanche, il est attaché au fauteuil, la sonde des protéines est branchée, silencieux, ses réflexes médiocres déçoivent.

Le lundi, au cours de la toilette, les infirmières aidées d'un jeune aide-soignant, sont obligés de le tenir fermement, il se montre belliqueux, et bouscule tout le monde.

Dès qu'il sort, Nono devient caractériel, désagréable, me repousse, me pince, m'agrippe, me mord, secoue la tête, et rejette l'idée de faire quoi que soit. À peine, l'infirmière tourne le dos, il arrache sa sonde, pourtant délicate à remettre.

Les jours s'enchaînent, il garde les mêmes attitudes déplaisantes à l'égard des internes lors de la douche, du rasage et de l'habillage.

Il demande à se rendre aux toilettes, la seule bonne réaction.

Un soir, au centre de rééducation, je le questionne :

– Où es-tu en ce moment ?

Il ne répond pas.

– Nono, ici, tu es où ?

Pas de réponse, j'insiste :

– Tu es à l'hôp…, à l'hôp… à l'hôp…

Soudain, il répond :

– À l'Opéra !

Jeudi, Nono me parle au téléphone. Pendant la visite, il prétend voir un peu de l'œil gauche. Convenablement, au dîner, il s'installe à une table de la salle à manger, accroche sa serviette autour du cou, regarde défiler les plats, sans rien avaler.

Lors de la promenade, nous rencontrons des gamins qui jouent au football. Nono les rejoint, tape spontanément dans le ballon avec eux, ses réflexes agiles me surprennent.

Le lendemain, son voisin, le monsieur handicapé des membres inférieurs, très fâché, m'annonce :

– C'est le bordel ! En pleine sieste, votre fiston a uriné dans le tiroir de ma table de nuit. Mes affaires étaient pleines de pisse ! J'ai dû tout nettoyer, regardez, le sol est dégueulasse.

Confus, je présente des excuses, et file chercher une employée de ménage.

Au repas, il mange le riz, le poisson, repousse la salade de fruits et préfère grignoter toute la plaque de chocolat aux noisettes.

Le jour d'après, la sonde est enfin supprimée, dans l'espoir qu'il mange normalement. Au téléphone, il ne me parle presque pas, mais ne perd pas la tête :

– Apporte du chocolat !

Lorsque nous allons dehors, je lui dis :

– Il est beau le parc Nono.

– Parc zoologique, réplique-t-il.

Le soir, après une longue marche, il dîne étonnamment bien, déguste tout le menu. Mon moral est meilleur, néanmoins, face à l'incompréhensible, à la déstabilisation, à ces bouleversements, son avenir me préoccupe au plus haut point.

Au fil du temps, malgré la complexité et la lourdeur des séquelles, je m'attache au nouveau personnage qu'il est devenu.

10 septembre, quatre mois après l'accident, soudain, il pose une question pertinente :

– Qui travaille comme coursier à l'agence ?

Étonné de cette phrase correcte, je réponds. Malgré ça, la conversation s'arrête, il replonge dans le mutisme.

La semaine s'écoule, il prend ses repas normalement, se douche seul, sans agressivité. Je m'aperçois qu'il ne peut pas écouter une conversation au-delà d'une minute avant de tourner la tête.

Mercredi, les antibiotiques sont suspendus. J'espère, faute d'arguments, que cela contribuera à une meilleure évolution.

Il continue à manger correctement, va de lui-même aux toilettes, mais urine toutes les nuits au lit.

Jeudi, je le trouve allongé sur le ventre, en travers du lit, les bras écartés, le visage enfoui dans l'oreiller, avec le survêtement et les chaussures de sport aux pieds.
– Nono, tu dors ?... C'est Olivier. Ça va ? Que fais-tu ?...
Pas de réponse, monsieur demeure immobile.

D'un coup d'œil panoramique, je découvre, navré, le sol semé de morceaux de gâteaux, de projections de chocolat sur les draps, le fauteuil, la table de nuit, les murs, les vitres, et même au plafond !
Stupéfait, je reste planté là. Pour quelle raison a-t-il fait ça ?

Heureusement, il est seul, son voisin est parti à la rééducation. L'infirmière, résignée, constate les dégâts, je l'aide au nettoyage.
– À mon avis, il a été contrarié, estime-t-elle.

Tôt le matin, Nono au téléphone me demande :
– Tu es où ? À Paris ? Tu viens ?

J'ai rendez-vous en présence de l'équipe médicale, du Docteur Pradat et de Monsieur Blais, le surveillant du service.
Je sors le stylo et le carnet.
– Évolution très lente, il demeure encore en éveil, parle peu et n'est pas coopérant, commente Madame la neurologue. Sa vision est nulle à gauche, à droite, baisse de l'acuité visuelle de 2 ou 3/10°. Sa motricité gauche demeure déficiente. Selon ses progrès, il restera deux à trois mois, minimum, à l'internat. Rien n'est gagné, il faut l'aider sans cesse à se battre, qu'il soit déterminé.

À cause des problèmes avec son voisin, Nono change de chambre, il se retrouve de nouveau seul. Un matin, une aide-soignante le force à se lever, hélas, elle reçoit un coup de poing.
Une autre jeune infirmière, choquée, m'avoue :
– Quelquefois, il cherche à me tripoter les seins et les fesses.

Au cours d'un séminaire d'entreprise, je rencontre une participante, une belle femme distinguée d'une quarantaine d'années, actuellement déléguée médicale. Cette dame me révèle un vrai drame, sa propre histoire :
– Il y a quinze ans, j'ai été victime d'un très grave accident de la circulation. N'ayant pas respecté un feu rouge, le conducteur d'un véhicule m'a percutée violemment, j'ai traversé le pare-brise, avant d'être projetée contre la vitrine d'un magasin. Grièvement blessée à la

tête, mon coma a duré trois mois.

Pensive, elle marque une pause et poursuit :

– Le seul souvenir à l'ouverture de mes yeux, restera l'image de la poupée apportée par ma famille. Impossible de parler, néanmoins, je comprenais ce qui se disait autour de moi. Je devais accomplir un effort surhumain afin de surmonter les séquelles. Grâce à la détermination et à l'entourage de mon mari et de mes enfants, au fil des ans, j'ai réussi une inattendue progression. Différente, d'un caractère pénible à vivre, il m'a fallu une bonne dose de volonté, pour me sauver et me permettre de m'en sortir.

Très attentif, j'ai écouté son vécu similaire, exemplaire et réconfortant. Ce témoignage me réchauffe le cœur.

J'oblige Nono à faire de la marche, tous les jours, et doit répondre à des séries de dix à vingt questions sur son passé. Le doigt sur les lèvres, il fronce les sourcils, réfléchit longuement.

Aujourd'hui, nous arrivons à : treize + et sept -.

J'aide sa mémoire à s'éveiller :

– Pourquoi es-tu à l'hôpital ?

– Accident.

– Où, l'accident ?

– À côté de l'agence.

Peut-être répète-t-il ce qu'il entend fréquemment autour de lui, sans souvenir précis.

Je téléphone du bureau, il me parle, puis, dit quelques mots à Marie et raccroche.

Le soir, désagréable surprise, une petite fluctuation à la partie gauche du front, l'apparence d'une rougeur sous forme de bouton.

L'interne l'examine :

– Je pense qu'il s'agit soit d'un choc, soit d'une brûlure ?

– Bien que ce soit possible, lors de ses balades incontrôlées, je suis quand même sceptique.

Mercredi, arrivée inattendue de Miloud, il restera quelques jours à Paris. Nono très heureux de le revoir, parle longtemps en algérien avec son frère.

– Il n'a pas perdu sa langue maternelle ni ses souvenirs, me dit Miloud, et les réponses à mes questions sont exactes.

Patrice, notre ami, arrive au centre :

– Combien tu gagnes ? demande Nono.

– Sept mille cinq cents francs, répond, rieur, Patrice, surpris.

– C'est très bien ! conclut-il.

Accompagné de Miloud, ils sortent, Nono se souvient des numéros de téléphone de sa famille ; son frère remarque des attitudes semblables à celles de son enfance.

Le responsable de la salle Racine m'annonce une excellente

nouvelle :

– Le Docteur Pradat vous confirme son accord pour une sortie dimanche prochain, à la maison.

Son frère et moi, sommes très heureux. Je l'annonce à Nono, son visage s'illumine de bonheur.

Je compte beaucoup sur ce week-end chez nous. Va-t-il provoquer des déclics et le faire progresser ?

Vendredi à la fin du dîner, il interroge Miloud :

– Combien coûte le billet sur Air-Algérie ?

Il annonce le prix, Nono ne réagit pas.

Les informations à la télévision évoquent le conflit entre l'Irak et le Koweït. À la fin, je teste sa compréhension :

– En Irak, que se passe-t-il ?

– Il y a des problèmes, répond-il aussitôt.

Au passage de l'orthophoniste, sans gêne, Nono prend sa canette de Coca, la boit d'un trait. Philippe s'en amuse, et sort une feuille :

– Écris-moi ce que tu penses.

Stylo à la main, il rédige une phrase de travers, aux lettres déformées :

« *Je suis incroyable de toutes ces choses.* »

– Peux-tu me préciser de quelles choses s'agit-il ? insiste Philippe.

Nono hésite puis reprend l'écriture :

« *Je suis impossible de vivre de faire des choses.* »

Soudain, il arrête et pose le stylo.

– Il exprime son ressenti intérieur, estime Philippe, son angoisse est à la limite de la déprime.

Samedi, aux questions en arabe de Miloud, les réponses s'avèrent exactes. Aux événements vécus ensemble, il me répond juste à quatorze questions et faux à dix.

Claudine et son petit-fils, Fabien, viennent le voir, Nono, d'un geste déplacé, passe sa main sous la robe de Claudine.

Très gêné, Miloud se fâche.

– Je vous demande pardon, madame.

Dimanche matin, nous venons le chercher, l'événement sera-t-il à la hauteur de mon attente ?

Nourredine sous la douche, se lave, chaussures aux pieds, Miloud le raisonne, capricieux, il s'agite.

Lors du trajet, installé à l'avant de la voiture, Nono semble indifférent.

À la maison, il regarde partout, touche à tout : les portes, les meubles, les clefs, ouvre les placards, les tiroirs, le réfrigérateur, allume la télévision, branche la chaine hi-fi.

Nono retrouve son espace, ses repères, son cadre habituel de vie.

En ligne avec le pays, sa maman dialogue brièvement, car son fils, d'une conversation limitée, répète trois fois les mêmes questions. Doucement, sa mère pleure, il paraît ne pas prendre conscience de la souffrance de ses proches. Est-il insensible à nos angoisses ?

Michelle, brune cheveux mi-longs, énergique, le cœur sur la main, nous invite à déjeuner, Nono, heureux de retrouver Mathieu et Romain, joue aux cartes. Tout d'un coup, il arrête, ne veut plus jouer.

À table, il repose la fourchette, saisit la fricassée de viande avec la main, suce ses doigts, la sauce dégouline des lèvres au menton, les fils de Michelle grimacent de dégoût.

Nous rentrons pour la sieste, chez nous, calme, il ne parle plus. Très amaigri, sa tête m'apparaît plus grosse que le reste du corps. Regard vide, qui n'exprime rien, d'une grande mélancolie, je perçois une profonde dépression.

Le cafard me gagne, je détourne les yeux, avant de les fermer. Quelle tristesse, je voudrais tant que tout redevienne normal. Inutile d'espérer un miracle, l'insoutenable réalité est là.

J'ai trop de peine, profondément éprouvé, je me sers un verre d'alcool.

Pourquoi lui ? Un jeune homme si innocent, tellement bon ?

Nono et Miloud font une promenade dans le quartier afin d'observer s'il reconnaît les magasins, les rues et le square.

Indifférent, pas une seule réaction.

19 heures 30, nous repartons à la Pitié-Salpêtrière, il enclenche sa ceinture, ne dit aucun mot, même si la rééducation est nécessaire, cela me rend très triste de le raccompagner.

L'automne est là, l'une de mes saisons préférées, hélas, je n'en profite plus. Au bureau, je l'appelle :

– Comment vas-tu ?

– Bien ! Tu es où ? Ma sœur où elle est ? À ce soir, dit-il, avant de me passer Marie-Jeanne, une des responsables du service, pour un résumé de la sortie d'hier.

À la visite, de nouveau, déçu, je constate que la fluctuation à gauche demeure rouge, avec la formation d'une croûte.

Je l'indique au surveillant :

– Ah, effectivement, je le note sur le registre.

Miloud nous rejoint, et ensemble, ils évoquent le bled, leur adolescence à la plage, au marché, les belles virées à Alger à bord de la Peugeot 404 bâchée, et les joyeuses parties de pétanque, à la fraîche.

Aux questions sur la sortie de dimanche, Nono répond assez clairement.

Le lendemain, je joins le Docteur Pradat :

– Aujourd'hui, je le trouve agressif. Une canne à la main, il a menacé l'infirmière. Peut-être à cause d'une déprime ? Bon, je propose que votre ami revienne à la maison à partir du samedi midi.

– Merci Docteur, cela fait énormément plaisir.

Le médecin me passe Nourredine qui prononce mieux les mots,

ensuite, il parle à Marie, et raccroche au nez.

Le jour d'après, je lui offre une barre de chocolat noisettes, aussitôt, il me donne un coup poing au visage.

Sous le choc, je ne comprends pas la raison.

Jusqu'à la fin de la semaine, il devient capricieux et irascible. Revenant d'une balade, nous croisons la voiture sur le parking.

Devant mon refus de le faire monter, il se fâche, trépigne, grogne, tape du pied, s'assoit sur le bitume et refuse de se lever. Je l'incite fermement à remonter dans sa chambre, peine perdue, Nono persiste, fait celui qui a mal au ventre, puis se couche et crie :

– Aie ! Aie !

Miloud court à ma rescousse et, de force, sous les yeux incrédules de promeneurs, nous l'emmenons à l'ascenseur.

Tendresse le vendredi soir, à mon départ, il m'embrasse et m'entoure de ses bras.

Samedi midi, je viens le chercher, il est douché, habillé, rasé, coiffé et sent bon.

– Après le petit-déjeuner, impatient, m'informe l'infirmière, il vous attendait déjà dans le hall, en pyjama et chaussons, assis près de l'entrée.

À la maison, Nono, en catimini, jette derrière le réfrigérateur un de ses médicaments. Et, maintenant, l'abcès du front suppure légèrement, je le nettoie à l'Hexomédine.

Pendant la sieste, il téléphone expéditivement à sa famille, nous sortons à pied, dans la rue, il aperçoit la voiture et désire monter :

– Non, marchons, c'est mieux.

Monsieur se cramponne à la poignée, s'énerve, tape du poing sur le toit et sur la vitre. Embarrassé, de colère, je le pousse :

– Arrête, maintenant, ça suffit !

Il tourne, face à la voiture, s'allonge carrément sur le capot, les mains accrochées à la base du pare-brise et des essuie-glaces. Les passants s'interrogent, se retournent, je le tire par les mollets, il résiste et hurle. Déconcerté, je le lâche.

Une minute s'écoule, il demeure immobile agrippé au capot, me fixe du regard, comme je ne cède pas, doucement, Nono se lève et nous reprenons la promenade.

Au retour, son frère arrive, Nourredine, souriant, le serre contre lui. L'instant suivant, au salon, inconscient, il urine dans le pantalon.

– Il est complètement handicapé, trop bizarre, constate Miloud, amer.

Ce soir, nos amis Patrice et Jean-Jacques viennent dîner, l'ambiance est détendue, malgré mon stress incessant. Allègre, son frère, participe à la préparation des plats, sert les arachides de l'apéritif, puis aide au service à table. En cuisine, entre deux plats, Miloud à voix basse, me dit :

– Vos copains sont bien gentils. Loin de se douter qu'il est en présence de deux couples d'hommes.

Nono, une serviette attachée autour du cou, mange presque normalement, sauf devant le plateau de fromages, il prend une portion de La Vache qui rit, incognito, la malaxe tranquillement et, me la jette à la figure :
– Pof !
Décontenancé, sans broncher, j'encaisse. Nos amis éclatent de rire, vexé, son grand frère se fâche.

La soirée se poursuit, nous bavardons, quand, tout d'un coup, Nono appelle Jean-Jacques :
– Jacqueline.
Nous rions aux éclats. Miloud, s'excuse et ajoute :
– Mon frère dit n'importe quoi, s'il est devenu différent, c'est la faute aux médicaments.

Tôt le matin, il urine au lit, aussitôt, je l'accompagne à la douche, avant que son frère le rase, le coiffe et coupe ses ongles. Nono, docile, se laisse faire.

Ma mère appelle, pour la première fois, elle parle à Nourredine, au bout de dix secondes, je reprends le combiné :
– Quel charabia, je n'ai rien compris ! dit-elle, inquiète.

Nous sortons dans un agréable parc, proche de notre quartier, et après le dîner, sur le trajet de l'hôpital, je remarque qu'il observe avec attention l'animation des rues.

Nono monte à l'étage, dit bonsoir à l'infirmière d'un généreux sourire, nullement démoralisé, il se met au lit et regarde la télévision, alors, sur la pointe des pieds, nous fermons la porte.

Ce second week-end à domicile me paraît globalement positif, malgré l'amnésie totale vis-à-vis de son passé en France, ainsi que de notre vécu. À ce jour, seuls ses souvenirs d'Algérie, de l'enfance, de l'adolescence, semblent relativement intacts.

La semaine qui suit, je m'occupe des lettres à l'assurance, à l'avocate et à la sécurité sociale. Selon le service concerné, il manque toujours un document ou la photocopie du volet n° 1 de l'accident du travail.

Je retrouve Isabelle, notre avocate, à son cabinet, pour constituer le dossier le plus complet possible, ensuite, je passe aux admissions de l'hôpital, remplir les formulaires.

Jour après jour, je prends l'habitude de répéter :
– Courage et moral, Nono.

Monsieur Blais le trouve passablement agité :
– Je me renseigne afin de modifier le traitement, et j'estime qu'il serait bénéfique que la sortie se fasse du vendredi soir au dimanche soir.

Je joins le Docteur Pradat, elle me résume les conclusions du psychiatre :

– Nourredine, déprimé, par moments en pleurs, a confié au médecin qu'il était malheureux, donc, j'ai prescrit un antidépresseur. Vu que cela se passe bien, j'autorise une sortie dès le vendredi soir et, concernant l'infection persistante, j'ai prévenu le Docteur Muckensturn.

À la pensée d'une nouvelle intervention, moralement, tout s'éteint, savoir que mon ami face à son désarroi, pleure, qu'il est souvent malheureux, m'attriste.

Mercredi, la radiographie révèle encore la présence de pus qui s'écoule, obligeant les infirmières à refaire les pansements.

Le matin, Nono s'adresse à Marie-Jeanne :

– Appelle-moi Olivier.

L'après-midi, j'apprends qu'il a cassé son téléphone, et de colère Nono a jeté ses vêtements par la fenêtre.

Le soir, muet comme une carpe, triste, démoralisé, je cherche à le faire rire, me force à être dynamique, en vain.

Jeudi, coléreux, par refus de prendre ses médicaments, il les lance aux quatre coins de sa chambre.

Je l'appelle sur le nouveau combiné :

– Nono, comment vas-tu ? Es-tu là ?

– *Bonzour*. Non… oui… non… oui.

Répond-il à mes questions sans faire de phrases.

– Surtout, n'oublie pas, moral et courage, dis-je avant de raccrocher.

Vendredi, second bilan avec l'équipe médicale, un tour de table où le Docteur Pradat dresse une conclusion alarmante.

– Il pose un problème d'agressivité envers le personnel, et crache où bon lui semble. Le traitement administré est axé sur l'humeur et les troubles du comportement. Il rejette catégoriquement l'ergothérapie qu'il acceptait au début, et les autres activités, de même. Alors, deux solutions, soit cela s'arrange et il s'adapte, dans ce cas, Nono reste, soit cela n'évolue pas, il quittera le service dans les huit jours.

Anxieux, carnet et stylo à la main, j'interromps le Docteur :

– Pour aller où ?

– Si ce blocage et les troubles continuent, il faut envisager de le mettre dans une structure psychiatrique, en internat.

Cette éventualité me fait blêmir.

– Donnons-nous une semaine d'observation pour prendre une décision, précise Monsieur Blais, espérant me tranquilliser.

Nono, nerveux, entre et sort à deux reprises de la salle de réunion, pendant la discussion, d'un geste, il me fait signe de partir.

On se donne rendez-vous vendredi prochain. Très déçu à l'idée qu'il puisse ne pas rester ici, pour moi ce serait un échec. Mais, par-dessus tout, l'image d'une structure psychiatrique me semble lourde et fermée au monde extérieur.

Préoccupé, au plus haut point, nous quittons la rééducation Racine.

Nono, content de revenir à la maison, marche vite jusqu'à la voiture.

Coincés dans les embouteillages, je parle avec conviction et insistance à mon ami :

– Écoute-moi, c'est très sérieux, tu crées trop de problèmes. Nono, je le sais, tu comprends, arrête d'être méchant envers le personnel. Contrôle-toi, ils sont là pour t'aider à évoluer. Je fais le maximum pour que tu t'en sortes, à toi de trouver la volonté et le courage de progresser. Désormais, je te demande de redevenir gentil, calme, sympathique, sinon, ils ne te garderont pas. Impossible que tu partes dans un centre où tu seras malheureux et encore plus triste. Si tu m'aimes, surmonte cet effort, pour toi et moi, pour nous deux. Montre que tu peux gagner ce défi et tu resteras dans cet excellent service.

Il m'écoute, silencieux.

Au dîner, monsieur ne termine pas son assiette, et par la ruse, il avale ses médicaments.

Samedi, réveil à l'aube, à cause des urines, Nourredine prend une douche, mange du raisin, et revient s'endormir à côté de moi.

Plus tard, je change son pansement ; léger écoulement sous la formation d'une croûte.

Déterminé, il dresse la table du déjeuner, pose la nappe, retrouve le tiroir des couverts et le placard des assiettes.

Un doux soleil brille sur l'île de France, je le conduis en forêt de Fontainebleau. Agrippé à mon bras, il marche quelques kilomètres sur un chemin isolé, au cœur de la verdure. En direction de la voiture, pris de vertiges, je l'allonge sur l'herbe le temps de retrouver ses esprits.

Captivé par le paysage, il reste éveillé, silencieux, jusqu'à la capitale.

Ma sœur Sophie, pour la première fois nous rend visite, aussitôt, elle est très choquée :

– Olivier, son important handicap est lourd, je te souhaite du courage. Ce sera difficile, moi, je ne pourrais pas, m'avoue-t-elle, perturbée.

Tôt le dimanche, après une nuit calme sans miction, il va aux toilettes. J'en profite pour m'assurer de la prise de ses médicaments : une Dépakine 500, un Tranxène et un Prozac.

Le rasage terminé, je désinfecte l'abcès suintant, avant de refaire le pansement, et par prudence, je ferme la porte à clef.

L'après-midi, je le promène à bord de la voiture, de Châtelet à la Concorde jusqu'aux Champs-Élysées, il se souvient de certains monuments, malgré l'absence de commentaires.

Aux Tuileries, je m'aperçois qu'il marche en crabe, pas étonnant, ses baskets sont inversées.

– Nono, assieds-toi et change-les.

– Non, rien !

Il s'entête, refuse d'intervertir les chaussures et, vexé, pour m'empêcher de regarder, il pose ses pieds l'un sur l'autre.

Aux questions sur les événements récents, il se rappelle notre sortie à Fontainebleau et la visite de ma sœur. Nono visionne un film avec Louis de Funès, les séquences comiques le font sourire.

Ses bronches continuellement encombrées provoquent un léger ronflement. Tout à coup, un nouveau vertige l'oblige à s'allonger.

Avant de regagner la Pitié, nous dînons à la maison, il avale volontiers ses médicaments et mange avec appétit. Je range les vêtements de rechange dans le sac de sport, Nono le prend, et quittons l'appartement. Au pied de l'immeuble, devant les poubelles, Nono soulève un couvercle, y jette son sac.

Ce geste de rébellion m'interpelle.

Dans la voiture, je demande :

– Ça va ?...

– Un peu, dit-il, l'air accablé.

Salle Racine, angoissé, il veut ressortir ; je comprends sa lassitude et décide d'aller faire un tour à pied, tous les deux. Au retour, à la porte de sa chambre, il me regarde droit dans les yeux, m'attrape la main :

– Je reste avec toi.

L'enserrant, la gorge nouée, je murmure à son oreille :

– Non, Nono, ce n'est pas encore possible. Tu sais qu'il faut continuer la rééducation. Je viens tous les jours auprès de toi et, bientôt nous serons toujours ensemble. Surtout, n'oublie pas ce que je t'ai demandé, de rester gentil avec le personnel. Tu dois fournir ce changement, révèle-leur le Nourredine apprécié que tu étais et montre que tu es un homme courageux, plein de volonté. Je t'en prie, fais-le pour toi et moi.

Son regard ne me quitte pas, il ne bouge plus.

– Allez, maintenant, déshabille-toi, mets ton pyjama et j'allume la télé.

D'une vilaine moue, il secoue la tête, refuse d'accomplir quoi que ce soit. Calmement, j'attends, mais ne cède pas.

Enfin, monsieur s'assoit au bord du lit et ôte ses vêtements.

En douce, la boule au ventre, je pars et préviens l'infirmière de garde :

– S'il vous plaît, surveillez-le.

De la maison, histoire de me rassurer, je téléphone :

– À trois reprises, il a essayé de descendre, je l'ai trouvé pieds nus, en pyjama, le doigt appuyé sur le bouton de l'ascenseur, maintenant, il dort.

S'agit-il d'un éveil de sa conscience ? Les jours à venir m'inquiètent.

Ce soir, par manque de sommeil, je rédige un nouveau bilan.

Côté négatif : agressivité persistante avec le personnel,
qui l'obligerait à quitter ce service.
Ne participe plus aux activités, troubles importants du comportement.
Absence de vision gauche, et infection frontale durable. Vertiges,
instabilité constante et incontinence urinaire.
Côté positif : langage, articule davantage. Lente évolution de sa

présence.
Sorties motivantes à la maison.
Mange davantage, fixe mieux les événements, et réponses plus
précises aux questions.

Sur le graphique, il est actuellement au niveau 4.

Lundi, Monsieur Blais, succinctement, me rassure :
– Nono, après le petit-déjeuner, prends ses médicaments, m'a l'air bien calme.

Début d'après-midi, second appel au surveillant :
– Avec son accord, il est allé en ergothérapie.

À ces bonnes nouvelles, j'ose espérer qu'il veut aussi me faire plaisir et ne pas me décevoir.

Cette attitude se confirme le soir, les infirmières le trouvent agréable et d'une bonne présence. Le dîner terminé, mon drôle de bonhomme siffle, tel un gamin, ce qui le fait rire, et lorsque j'attrape ma sacoche, il m'embrasse puis s'exclame :
– Au revoir, Olivier !

Mardi, Monsieur Blais répond au téléphone :
– Nono a participé à la rééducation, de bonne humeur avec le kiné, il ira ensuite au scanner.

Midi, mon ami décroche :
– Bonjour... ça va bien... merci... des bananes !

Plus tard, le Docteur Pradat m'appelle sur ma ligne directe.
– Son comportement est en net progrès depuis hier matin. Nous aurons le résultat du scanner dans quarante-huit heures. Comme l'écoulement persiste, le neurochirurgien passera dès que possible.

En fin de journée, j'apporte des bananes, je le trouve éveillé, plus présent, et parle mieux.

Le lendemain, les responsables, Marie-Jeanne et Monsieur Blais s'accordent à dire qu'il participe normalement aux activités. Hélas, le pus s'écoule, je m'attends à une nouvelle intervention, bien que personne ne l'évoque devant moi.

Aux questions, Nono me donne quinze réponses positives et cinq négatives.

Notre amie Claudine arrive :
– Je remarque qu'il progresse et parle plus distinctement.

Jeudi, d'après Monsieur Blais :
– Il se montre agréable, aucun problème. Le Docteur Muckensturn a décidé d'une intervention dès demain, sous anesthésie locale. Cet après-midi, il sera transféré en neurochirurgie, pour vingt-quatre heures. La situation exacte de l'infection sera évaluée lors de l'opération.

Le soir, je le rejoins dans l'ancien bâtiment pour cette troisième intervention, il paraît détendu, mais intérieurement très inquiet.

Il prend une douche antiseptique, un coup de tondeuse sur l'avant du crâne pour les cheveux, et s'en suit, une prise de sang, une radio des poumons. Réticent envers les infirmières, je partage son exaspération, et l'encourage en restant le plus longtemps possible.

Vendredi, j'apprends qu'il a été agité toute la nuit.

– Et, pour l'opération ?

– Monsieur, on ne sait pas quand elle sera programmée.

   Midi, j'appelle de l'agence :

– Il ira au bloc dans une ou deux heures.

Impatient, je téléphone vers 14 h 30 :

– Opération en cours.

Je me plonge dans le travail, et rappelle en fin de journée :

– Tout va bien, pas de déficit, il est réveillé, mais restera la nuit sous surveillance.

   Je fonce le retrouver. Une perfusion au bras et un bandage autour du crâne, monsieur se cache, il me tend la main qui dépasse du drap.

– Bonsoir, Nono.

 Silence, et à mes questions, il marmonne :

– Heum… heum…

Un moment s'écoule, je lis un bouquin, soudain, Nono devient bavard :

  – Comment s'appelle ma sœur ?

  Ses attitudes enfantines, presque de bébé, quelquefois me désarçonnent. Il urine dans le lit, j'aide l'infirmière à le changer, les écouteurs sur les oreilles, je le laisse en compagnie de son chanteur préféré, Cheb Khaled.

   Je supporte de moins en moins ces allers-retours de la neurochirurgie, pourvu que ce soit le dernier.

   Samedi, je joins la rééducation, avant de venir.

– Feu vert, il sortira pour le week-end, après l'accord du chirurgien.

   Chez nous, la nuit, il se lève pour uriner. Le dimanche après la douche, je le rase, l'oblige à se brosser les dents et, sans choisir ses vêtements, Nono s'habille seul.

   Au bout du fil, sa famille l'interroge, à la seconde question, il dit juste :

  – Au revoir ! Nourredine raccroche.

   Claudine, Patrice et Jean-Jacques arrivent au déjeuner. Nono est heureux, sauf qu'il raconte toujours les mêmes choses.

   Lundi matin, je refais le pansement, la plaie apparaît propre, puis le raccompagne à Racine, il sourit devant le bureau de Marie-Jeanne :

– Allez, mon grand garçon, viens m'embrasser.

Je raconte notre week-end et précise l'absence de mictions.

– Il faudra beaucoup de temps, me confie-t-elle. Je revois d'anciens malades, trois ou cinq ans après, ils sont devenus presque tous autonomes, au fil des années. Vous savez pour les crâniens, c'est très long, vraiment long.

   Fin de journée, je vois le casque du walkman cassé avec des

morceaux de cartons éparpillés au sol de la chambre.
– Nono, pourquoi ton casque est-il cassé ?
– *Je sais pas…* dit-il, d'un haussement d'épaules.

L'aide-soignante pousse un chariot rempli à ras bord :
– Cet après-midi, votre bonhomme a uriné au lit, bien que les toilettes soient à côté. Préparant les soins, elle poursuit, sinon, moi, franchement, je le trouve sympathique.

Elle change son pansement, du liquide sous-cutané coule avec ténacité, puis direction notre promenade quotidienne.

De bon matin, sur le chemin du bureau, je passe apporter des vêtements propres. Il prend son petit-déjeuner, l'air bien réveillé, l'interne confirme que la plaie suinte constamment.

Je file aux admissions remplir un autre dossier avec sa nouvelle carte de sécurité sociale. Les nombreux courriers exigent beaucoup de temps et d'attention : photocopies, recherche d'un document, attestations, explications par lettres séparées, plus les multiples appels téléphoniques et les rendez-vous.

Plus tard, de l'agence, j'ai le neurochirurgien en ligne :
– L'intervention a montré que l'os n'était pas atteint. Néanmoins, il y avait un foyer infectieux avec filaments sous-cutané, qui ne sera plus purulent. J'attends quelques jours avant de contrôler et d'enlever les points de suture. Le dernier scanner confirme la diminution du champ de vision gauche, à cause des fibres optiques abimées ou détruites. L'évolution neuro progresse et se poursuivra lors des prochains mois.

Sur place, j'examine sa plaie, elle est nette.
Drôle de surprise, au fond de la cuvette des w.c., je découvre son slip qui bouche l'évacuation.
– Pourquoi l'as-tu jeté ?
– *Je sais pas.*

Ces derniers jours, toute l'équipe le trouve rieur et agréable. Après stimulation, Nourredine se rase parfois que les joues, parle, articule davantage, prend ses repas en compagnie d'autres polytraumatisés, dans la salle à manger.
Mon souci, la cicatrice enfle un peu et coule continuellement.
Nono m'écrit :

« *Je t'aime beaucoup.* »

Vendredi, le Docteur Pradat constate de nets progrès :
– Les activités marchent mieux, il est plus coopératif, volontaire, plaisant. Le bon de sortie pour un cinquième week-end est signé.

Petite surprise à la maison, à la fin du dîner, il attrape la balayette et la mini pelle, et décide de nettoyer la table :
– Bravo Nono, cela me fait plaisir.
Il ramasse soigneusement les miettes une à une, ouvre le réfrigérateur, et les jette à l'intérieur, puis referme la porte.

Il participe aux courses du supermarché, aux caisses, impossible d'attendre, monsieur double les autres clients, trottine le long de la galerie marchande, entre dans un salon de coiffure et s'assoit sur le fauteuil réservé aux shampoings.

Dimanche, j'observe son absence, elle dure une demi-heure, rivé sur le canapé, les yeux fixes, sans bouger et dire un mot, mon ami devenu un autre homme, demeure complètement dépendant de l'entourage.
Quand il se sent moins mal, Nono répète :
– Courage et moral.

Fin d'octobre, le Docteur estime les évolutions vraiment positives :
– Je propose une permission de quatre jours, à l'occasion du 1er novembre. Venez le chercher mercredi soir et il rentrera lundi matin.

À présent, je constate une petite bosse à droite du front. Se serait-il cogné la tête à cause de sa vision réduite ? Personne n'a la réponse. Côté cicatrice, toujours pas d'amélioration, elle coule légèrement.

Lors du trajet du domicile, nous passons faire les courses à Casino, il pousse le chariot, m'aide à ranger les achats, porte les sacs, de la voiture à l'appartement.

Le jour de la Toussaint, Nourredine dort à mes côtés, se réveille, m'embrasse affectueusement, puis ne bouge plus, l'air ailleurs, il boude. Je caresse sa tête, soudain, il me donne un violent coup de poing sur le visage.
Choqué, je saigne de la lèvre supérieure :
– Pourquoi as-tu fait ça ?

Après cette agressivité, Nono, muet, n'a aucun remord, ni de regret, ni de satisfaction. Difficile d'en connaître la raison, je me soigne à l'aide d'un désinfectant, il me dévisage, indifférent.
Je le laisse seul, et de nouveau, s'endort.

À son réveil, il a uriné. Après la douche, je refais le pansement, l'infection persiste. Démoralisé, je m'interroge ; combien d'interventions il faudra, avant de régler ce problème de germes ?
Je veux savoir s'il se souvient des endroits de rangement :
– Où se trouve l'aspirateur ?
Du doigt, il montre le buffet du salon.
– Non, Nono, il est là-bas, dans le placard du couloir.
– Oh ! J'ai oublié, répond-il, étonné.

De courts instants un flash jaillit, puis plus rien. Impuissant, il retombe dans des attitudes imprévisibles à chaque déconnection du cerveau.

Occupé à lire un magazine qui me passionne, il ouvre la porte de l'appartement silencieusement, et sort, je le rattrape dans l'escalier, remonte puis ferme la porte à clef.

La nuit suivante, après un cauchemar, il a déféqué, refusant la douche, je le tire par le bras, les épaules, Nourredine proteste, crie fort :

– Aïe ! Aïe !

Finalement, il accepte.

À la sortie de la douche, je le rase.

Soudain, il m'annonce :

– Roger est mieux que toi.

– Quel Roger ?

Il se tait, puis répond :

– Ton frère.

– Je n'ai pas de frère prénommé, Roger.

Désinfectant la cicatrice, j'enlève le liquide jaune, j'ai l'impression d'apercevoir l'os du front. Inquiet, à l'idée d'une intervention supplémentaire, j'ajoute un antibiotique à ses médicaments.

À la fin de la sieste, je décide de l'emmener à l'agence LVR pour une visite à mes collègues, sa joie l'incite à se coiffer et à mettre du gel.

Depuis la douloureuse journée du 10 mai, Nono est très heureux de retrouver le cadre de son travail, ses collègues, Francy, Marie, Christine, Albane et Michel.

Il fume sa première cigarette, après cent soixante-seize jours.

Les employés, surpris, sont peinés, mal à l'aise ou affectés.

– Je ne m'attendais pas à le retrouver dans cet état, me glisse à l'oreille une commerciale.

L'impressionnant changement physique, ajouté au comportement et au langage limité, perturbe l'ensemble du personnel.

De retour à la maison, alors que je suis aux toilettes, il prend les clefs et ouvre la porte d'entrée. Une minute passe, le salon est vide :

– Nono ? Où es-tu ?...

Au fond du couloir, la porte est ouverte, les clefs dans la serrure.

Je regarde depuis le haut de l'escalier :

– Nono ? Nono ?

Il a disparu !

Pas le temps de réfléchir, tourmenté, je descends à sa recherche. La rue commerçante est pleine de monde, je cours, mais ne le retrouve ni à droite ni à gauche, ne sachant quelle direction il a pris.

La panique s'installe.

Je saute dans la voiture afin de me rendre dans les rues voisines et la grande avenue, méticuleusement, je scrute les trottoirs, rien, pas de Nourredine. Par ce temps frais, il porte juste un pantalon de survêtement et un léger pull de laine.

Sans papier, sans argent.

Je commence à imaginer le pire. Un instant, j'ose croire qu'il peut revenir seul, je rentre chez nous, personne.

Non, son retour est impossible. Trop inconscient, trop désorienté, d'une vision réduite, il va se perdre, sans pouvoir retrouver son chemin. L'angoisse m'envahit.

Au téléphone, je préviens Michèle :

– Nono a fait une fugue.

– J'arrive rapidement.

J'appelle la police afin de signaler sa disparition :

– Monsieur, il est majeur, on ne peut pas intervenir, d'après la loi, je vous informe, qu'il est responsable.

Claudine et son fils, Fabien, arrivent pour la soirée que nous devions passer ensemble. L'inquiétude se lit sur leur visage, aussitôt, ils décident d'aller voir avec leur voiture jusqu'à la Place d'Italie.

20 heures, la nuit est tombée, toujours rien. Nouvel appel à la police, personne ne correspond à son signalement.

Je téléphone à la Pitié-Salpêtrière pour les prévenir, puis au centre de recherche des hôpitaux de Paris :

– Aucun individu ne coïncide à votre description.

Cette fugue me rend nerveux, tourmenté, car Nono est sans médicaments. À l'idée qu'il voit mal, qu'il est légèrement habillé, qu'il parle trop peu, et la peur qu'il ne tombe sur n'importe qui.

22 heures, pas de nouvelles, le téléphone ne sonne pas. Claudine et Michèle restent à l'appartement, Fabien et moi, allons à sa recherche une troisième fois, en voiture. On s'arrête près des squares, des résidences, on regarde les parkings, on visite les caves de certains immeubles… Rien.

Continuellement, nous l'appelons aux pieds des bâtiments et des lieux sombres. Pas de réponse.

Nous demandons à des jeunes, s'ils n'auraient pas vu quelqu'un ressemblant à Nono. Nous poursuivons le XIIIe arrondissement, prenant une multitude de petites rues, et rentrons vers minuit.

Pas un seul appel.

Mes amies me quittent, néanmoins, je décide de repartir dans d'autres quartiers. Au retour, à 2 heures du matin, pas de message sur le répondeur. Allongé sur le canapé près du téléphone, impossible de dormir. Le reste de la nuit s'écoule trop lentement, j'envisage tous les scénarios possibles, d'une extrême angoisse.

8 heures, je sursaute, Patrice et Jean-Jacques me réveillent, ils viendront dans la matinée. Je recompose le numéro des hôpitaux de Paris où précédemment, j'ai laissé mes coordonnées, ils n'ont personne au nom de Nourredine X.

Et, à la police, même réponse.

J'ai l'idée de contacter des radios FM, Solidarité et Radio Beur, ils acceptent de passer un message après les informations.

Claudine revient suivie de Patrice et Jean-Jacques. Depuis hier, je n'ai rien mangé et n'ai pas faim.

11 heures, le téléphone sonne, je retiens mon souffle :

– Ici l'hôpital Rothschild, connaissez-vous un nommé Nono ?

– Oui madame ! Comment va-t-il ?

Mon corps frissonne de partout.

– Il est chez nous aux urgences, des examens sont en cours.

Nous nous embrassons, se serrons dans les bras, des uns des autres, les sourires éclairent nos visages. Avec Claudine et Michèle, nous partons immédiatement le chercher dans le XIIe.

Un infirmier nous conduit dans une chambre, et m'informe :

– Un automobiliste l'a retrouvé à l'aube, errant, épuisé, sur le boulevard périphérique Est.

Au hasard, dans le froid, il a parcouru quatre à cinq kilomètres à pied. Nono dort, replié sur lui-même, les mains sales, le pansement arraché, les vêtements tachés. Réveillé, il se lève progressivement, hagard, exténué, mon bonhomme me serre fort contre sa poitrine.

Je l'embrasse, des larmes troublent mes yeux.

Aux admissions, je montre ses papiers, signe un document, avant de revenir à la maison entourés de nos amis. Je donne ses médicaments accompagnés d'un grand verre de lait, il prend une douche, je nettoie la cicatrice très infectée.

Claudine et Michelle préparent le repas, tous ensemble nous déjeunons dans une ambiance amicale. Nono dévore son assiette, épuisé, il s'endort jusqu'au soir. Pendant son sommeil agité, il prononce à plusieurs reprises des mots incompréhensibles.

Plongé dans un profond sommeil, vers 3 heures du matin, un long cri rauque suivi par de violentes convulsions, me réveille brutalement.

Son corps s'agite avec des mouvements saccadés de tous les membres, accompagnés d'une rotation de la tête et des yeux.

Quel choc ! Jamais je n'avais été témoin d'une crise épileptique.

D'après mes lectures, je veille à ce que sa langue ne soit pas coincée entre ses dents, pour qu'elle ne l'étouffe pas. La crise dure, peut-être une minute, avant de graduellement s'arrêter. Et, s'en suit une forte respiration désordonnée, des vibrations nasales et des mâchoires bloquées où la bave coule de la bouche avec les yeux révulsés.

Aux relâchements des nerfs et des muscles, il urine.

Sans être informé sur ce traumatisme, je reste désemparé, désarmé.

Pendant un moment, trop long, sa respiration reste soutenue, il demeure inconscient, recroquevillé, le teint blanc, le regard paralysé.

Le retour à une conscience minimale se fait très lentement, un quart d'heure après la crise.

Peu à peu, il bouge les yeux, je lui parle, le remets péniblement en position allongée sur le dos. Il tente de s'asseoir mais ne peut pas. J'apporte un verre d'eau et le médicament, Nono est dans l'incapacité d'attraper le verre. Difficilement, j'introduis le comprimé dans sa bouche, il le croque au lieu de l'avaler, ensuite, ses gestes sont désorganisés, incontrôlés, et prononce des mots incohérents.

Une crise perturbante qui résulte de la fugue d'hier, ajoutée à l'absence de médicaments, l'effort physique et le froid.

Laborieusement, je le lave, le change, ses jambes faibles l'empêchent de se lever, de marcher. Nono s'agite, parle, tantôt en arabe, tantôt en français. Après réflexion, je décide de l'amener à l'hôpital le plus proche, pour un contrôle. Confus, il mélange ses mots :
– *Toi, qui* ?
– *Donne-moi.*
– *Là-bas.*
Désorienté, il n'a aucun souvenir.

4 heures, arrivés aux urgences médecine, l'accueil est plutôt méfiant :
– Monsieur, bonjour, vous êtes un membre de sa famille ? Avez-vous ses papiers ?

Après quelques examens, l'interne ne décèle aucune anomalie :
– D'après moi, je doute que ce soit une crise épileptique, alors, vu son bilan, je le laisse repartir.
À la maison, redevenu calme, muet, il s'endort immédiatement.

Dimanche, Nono prend ses médicaments, sa douche, son petit déjeuner et, comme d'habitude, je nettoie la purulente cicatrice, l'os frontal est visible. Évidemment, rien n'est réglé !

Brusquement, le visage blême, pris d'un vertige, je le transporte jusqu'au lit, l'allonge. Au bout d'un court moment, il va déjà mieux.

Lundi, retour à Racine, le centre neurologique. Je résume ce long week-end mouvementé, puis confie mon exaspération concernant l'infection tenace, et détaille l'histoire angoissante de sa fugue suivie d'une crise que je crois épileptique, cela n'étonne personne :
– Il faut apprendre à gérer, normal, vous devez vivre avec, conclut un intervenant.

De l'agence, je téléphone à Monsieur Blais :
– Il a cherché à partir, le Docteur l'a examiné pour un check-up, son langage évolue régulièrement, le chirurgien doit le revoir au sujet de sa cicatrisation. Ne quittez pas, je vous passe Nono.
– Chocolat et banane ! Et coupe la conversation.

Près du bureau, j'achète un clip en plastique, j'y inscris ses nom et prénom, avec les numéros de téléphones de l'hôpital et de la maison. Constamment, il le portera accroché au cou.

Fatima, sans prévenir, vient d'atterrir à Paris, accompagnée du plus jeune fils.

Le soir, Nono ravi de revoir sa sœur et son petit neveu âgé de quatre ans, ne prononce que trois mots. Je relate à Fatima les événements de la semaine passée, catastrophée, elle lève les yeux au ciel :
– Toutes ses opérations ratées ont modifié le cerveau de mon frère.
Sans s'occuper de nous, Nono mange une banane, et jusqu'au dernier carré de la plaque de chocolat.

Mardi, j'ai trente-sept ans. Avec Nourredine à l'hôpital, je n'ai aucune envie de faire la fête, l'anniversaire sera sobre en compagnie de mes collègues.

Maintenant, il faut s'occuper des bulletins de situation pour la sécurité sociale, des éternels documents à remplir, car de service en service, le volet n° 1 s'égare facilement.

Le surveillant me donne des nouvelles quotidiennes :
— Nono dort beaucoup, à mon avis, il cherche des mots plus élaborés, d'autre part, le chirurgien doit venir incessamment.

L'avocate reprend contact :
— Toujours pas de réponse du Parquet de Paris, me dit Isabelle, l'assurance envoie une deuxième provision de vingt mille francs. Je rédigerai un exposé complet afin de préparer sa défense.

À la visite du lendemain, sa sœur et son fils sont déjà là, une certaine tension est palpable :
— Olivier, pourquoi n'as-tu pas encore demandé de l'argent au conducteur ?
— Fatima, cela ne se passe pas de cette façon. Il y aura un procès, en bonne et due forme, Nono sera défendu par notre avocate.

L'infirmière m'apprend :
— Dans l'après-midi, Nourredine, en bas du bâtiment, est monté dans la première ambulance venue, puis a demandé au chauffeur de partir.
— Inadmissible ! s'emporte Fatima, si vous continuez à ne pas surveiller mon frère, je porterai plainte contre vous.
— Calme-toi, rien de grave, jusqu'à présent. Occupons-nous de l'évolution de ton frère, c'est le seul objectif.

Je teste la mémoire de Nono :
— Quel est mon âge ?
— Trente-sept ans ! s'exclame-t-il, souriant.
Qu'il se souvienne, j'en suis heureux.

Après le dîner, il joue avec le téléphone, son petit neveu veut également s'amuser et saisit le combiné. Nourredine, dérangé, donne à l'enfant un coup de coude suivi d'une gifle. Le petit neveu pleure.
Surpris de son attitude, on se fâche, Fatima, furieuse, lui fait la morale. Nono est indifférent à sa colère, alors, elle crie :
— Il a changé, ce n'est plus le frère d'avant ! Mon Dieu, pourquoi est-il devenu bizarre ? Le responsable, c'est l'autre médecin !
— Arrête Fatima, les docteurs et l'ensemble du personnel médical, font de leurs mieux, le coupable de ce drame ce n'est pas un médecin.

Le matin suivant, le neurochirurgien examine sa cicatrice, il décide un nouveau passage au bloc, dès que possible.

Jeudi, on attend l'intervention, en fonction du planning. Au dernier appel, un interne finit par me dire :
— Faute de place, il sera opéré demain dans la journée.

Le soir, à la lumière d'une lampe, j'examine l'œil gauche, il prétend voir un peu flou, sa réponse oblige à la réserve.

Vendredi, ce sera la troisième intervention chirurgicale, pour cette infection persistante frontale. L'opération de trop à cause d'un germe certainement contracté dès le début.

– Olivier, vous avez Marie-Jeanne au téléphone, m'informe la standardiste de l'agence.

– J'attends son transfert de notre rééducation en cours de matinée, mon petit Nono semble avoir le moral.

Le Docteur Muckensturn annonce qu'il est programmé cet après-midi.

Une heure s'écoule, Monsieur Blais m'appelle :

– Terminé, Nourredine revient bientôt dans mon service.

Plus tard, je compose le numéro du poste des infirmières.

– On ne sait pas où il est ! Dans l'ambulance ? En neurologie ?

Une fois de retour, Nono ne prononce que ces mots :

– Bien… Oui… et clac ! Raccroche au nez.

En soirée, prêt pour le week-end, Nourredine se lève du fauteuil, me fait la bise. Après l'intervention, un simple bandage recouvre sa tête, avec sa sœur, nous préparons ses affaires, et rentrons à la maison.

Un samedi de novembre, lors des achats au supermarché, rapidement, il est instable. Soupçonneux, les clients nous regardent de travers, la caissière, anxieuse, enregistre nos articles à la va vite.

Déception lors du changement de pansement, la plaie suinte abondamment. L'intervention, serait-elle inefficace ?

Alarmiste, j'aperçois l'os, la peau n'arrive pas à le recouvrir.

Lors du dîner chez Claudine, Nourredine ne participe pas, ne mange pas, finalement, il va dormir.

La semaine commence, Nono raconte au surveillant de la salle Racine, qu'il est allé à la mer ce week-end à Honfleur, accompagné de Michèle et ses enfants. Étonnant qu'il relate cette sortie, aujourd'hui, effectivement l'an dernier, avec des amis nous étions à Honfleur.

Concernant la cicatrice, enfin, un interne rejoint mon avis :

– Très préoccupant de voir l'os du volet, malgré les pansements gras, il n'y a guère de chance que la peau bourgeonne.

Il me conseille de parler au neurochirurgien, je le sens frileux d'intervenir lui-même, directement.

Le soir, j'apporte du raisin, ravi, il mange toutes les grappes. Sa sœur, passe en coup de vent :

– Désolée, je suis pressée. Comment va mon petit frère chéri ?

Quand je pars, une première, il ferme la porte et éteint la lumière.

Le lendemain, l'assistante sociale me reçoit :

– Dans un proche avenir, il faudra envisager son retour au domicile, si vous êtes d'accord.

– Oui, madame, ma décision est prise.

– N'étant pas autonome, il devra être assisté d'une tierce personne, poursuit-elle. Dans son cas, d'un accident de travail, la prise en charge à domicile doit être étudiée avec la sécurité sociale, à vous de voir le côté juridique et de remplir toutes les déclarations.

Je prends note, et demanderai l'avis à notre avocate. Ma question sur l'existence d'associations d'aide aux handicapés la dérange, l'assistance sociale, réfléchit, cherche un numéro de téléphone, mais ne le trouve pas :

– Dès que je l'ai, promis, je le transmets au neurologue.

L'infirmière change le pansement par un tissu gras, espérant favoriser la cicatrisation.

– Pensez-vous que cette prescription sera efficace ?

– Parfois, cela marche, répond-elle, guère enthousiaste.

À peine sommes-nous seuls, il me couvre de câlins et de bisous. Une fiche indique, un poids de 63 kilos et la réservation d'un encéphalogramme.

Jeudi, Marie-Jeanne découvre sa chambre couverte de grains et de peaux de raisin, éparpillés partout, y compris sous le lit.

Vendredi, Nono demande de m'appeler au bureau :

– Olivier, ça va ? À ce soir !

L'après-midi, je téléphone, il décroche :

– Nono, c'est moi.

Silence, pas un mot, je poursuis :

– Je viens te chercher tout à l'heure, nous irons à la maison.

– Pfeuut…, il souffle dans le micro, puis plus rien.

– Nono ?

– Oui ! Et monsieur raccroche.

Je passe le prendre en début de soirée, il dort, un réveil laborieux, je prépare son sac. À l'appartement, au lieu de dîner, Nono se couche et, plus tard, se réveille, mange du chocolat, revient au lit, se relève vers minuit pour fumer une cigarette. Après tant de malheurs, tant de souffrances, j'endure, et n'ose rien dire.

Samedi, outre l'écoulement, hélas, l'os se voit davantage !

Allongé sur le ventre, il me questionne :

– Tu m'as rencontré où ?

J'engage la conversation, cependant, en trois secondes, il replonge dans le mutisme.

J'écris mes dernières observations : il vide les déchets dans la poubelle, ouvre le réfrigérateur, prend un yaourt et une Vache qui rit, puis les mange avec plaisir.

Dimanche, pendant la sieste, il s'approche, se colle à moi, commence des câlineries suivies de tendres caresses. Complètement bloqué, je ressens une gêne, un vrai malaise.

Doucement, je retire sa main, et me limite aux simples baisers.

Ne serais-je pas encore prêt ?

Fréquemment, je lui répète :

– Courage et moral.

Début de semaine, le neurochirurgien conseille de poursuivre les compresses grasses :

– Cela permet à la fibre de germer.

Je l'informe, sans le nommer, de l'avis sceptique d'un interne.

– Je préfère agir à l'aide du tulle gras, il permet de régénérer le tissu cutané et d'obtenir une réparation efficace.

Ma perplexité demeure, même s'il veut éviter une autre intervention.

Au fil des jours, la cicatrice semble germer, néanmoins, l'écoulement reste présent.

Soudain, Nono, l'air triste, m'avoue :

– Je suis malheureux.

– Pourquoi, mon chéri ?

– De la faute de l'accident.

Un matin, sa sœur me prévient à la dernière minute :

– À midi, on rentre vite à Alger, embrasse Nono très fort pour moi.

L'infirmière ne constate aucun progrès de bourgeonnement :

– L'ouverture de la peau sur l'os est toujours aussi importante, elle suinte autant qu'avant.

Plusieurs mois que ce problème d'infection perdure, je m'impatiente.

Pendant la visite, allongé sur le lit, il effectue des mouvements de gymnastique avec ses jambes. L'interne m'informe :

– Votre copain a trouvé la clef de l'armoire des médicaments dans le bureau du surveillant, avant de fouiner dans les boites et d'ouvrir les tubes. Il a foutu un sacré bazar !

Le jour d'après, un intervenant remarque :

– Pour Marie-Jeanne, Nono est l'enfant du service. Il se balade et raconte sa vie à tout le monde.

Un médecin examine la plaie :

– Je demande le changement des pansements gras trois fois par jour, nous verrons les résultats. Si, pas d'amélioration dans quinze jours, nous interviendrons à nouveau.

Chez nous, Nourredine est calme, plus doux, seul, par moments, attend assis, regard immobile. Samedi, au supermarché, nos achats terminés, les caisses sont bondées, il prend les paquets de mes mains, et au lieu de faire la queue, passe devant tout le monde. Les clients protestent, je précise son handicap et présente des excuses.

Dimanche, Philippe, notre ami médecin, vient déjeuner et l'examine :

– Ce traitement au front ne marchera pas, ils devront encore intervenir. Pour l'œil gauche, la pupille est faiblement réactive, cela ne veut pas dire qu'il voit.

L'après-midi, assoupi sur le canapé, il urine et, encouragé, se douche,

enfile un survêtement propre, puis cherche les clefs de l'appartement :
– On y va ! s'exclame-t-il, avec l'envie de partir.

Au retour d'une promenade, j'allume la télévision, Nono joue avec la télécommande, change de chaîne, une, deux, trois fois. Je la prends de ses mains, et reviens à l'émission précédente.

De colère, il me donne un coup de poing dans la mâchoire.

Sous le choc, perturbé, je m'interroge : va-t-il rester agressif durablement ? Sa personnalité serait-elle définitivement modifiée ?

Un laps de temps s'écoule, il s'endort. J'ouvre le carnet :

« Évolution en dents de scie, avec des résultats opposés d'une heure à l'autre ou d'un jour à l'autre. À ce rythme-là, je pense sérieusement qu'il ne retrouvera pas une autonomie suffisante. Ses facultés (avec ou sans séquelles) ne pourront être évaluées avant au moins un an.

À ce jour, aucun pronostic optimiste ne peut être sûr. »

Lundi, le Docteur Pradat, au bout du fil, donne son opinion :

– De petites évolutions neuro du caractère, les activités d'une rééducation plus intense commenceront sous huitaine. Seulement, s'il fixe mieux et si sa présence remonte. Vision gauche, peu de chance qu'il ne la récupère. Son avenir ainsi que le retour au domicile seront à envisager début 1991.

Dans sa chambre, Nourredine veut jouer avec moi, à l'aide de ses mains, tel un enfant, devenu un grand gamin, totalement imprévisible, il me déstabilise.

Malgré un handicap complexe, je l'aime autant, même si je l'aime autrement. Nono, différent, se révèle toujours aussi attachant.

La dernière semaine de novembre, je me renseigne dans le but d'envisager le retour à la maison. L'avocate envoie un courrier à l'assurance où elle sollicite le paiement d'un salaire d'une tierce personne, à temps plein, plus les frais divers que cela entraînera.

De mon côté, je demande une aide à la Cotorep. Je retrouve l'assistance sociale, elle me communique enfin les contacts d'associations de personnes handicapées.

Vis-à-vis d'une tierce personne, elle est dubitative :

– Très délicat de trouver quelqu'un d'honnête, de compétent, de confiance, surtout, capable de gérer ce jeune homme à votre domicile.

J'écoute l'appréciation de Monsieur Blais :

– Nourredine, d'une meilleure présence, parle d'une voix plus grave. La cicatrice coule peu, bourgeonne hyper lentement, à peine un ou deux millimètres en quinze jours.

En cuisine, il réalise un gâteau et explique la recette à Marie-Jeanne :

– Avec des pommes, de la farine, des œufs, du beurre, euh… c'est tout.

Le soir, j'évalue sa mémoire et son talent de pâtissier :

– Tu as mis quoi dans ton gâteau ?

Il réfléchit :

– Des oignons !

Claudine remarque qu'il progresse et qu'il se souvient :

– De la soirée avec nos amis, et de Caroline, ma chatte angora.

Je croise le kiné, il me confie ses impressions :

– Avec le recul, les séquelles de la motricité gauche diminuent, le handicap sérieux restera la diminution de sa vision.

Samedi, nous sortons d'une papeterie du quartier, lorsqu'il voit une dame âgée prendre une cigarette pour l'allumer. Nono s'approche, prend la cigarette de sa bouche, comme un voleur, et la fume.

– Mais ! Ça ne va pas ! Vous êtes cinglé ! s'exclame-t-elle, affolée. Instantanément, j'explique le pourquoi de son geste, la dame l'excuse.

Décembre, la froidure de l'hiver s'installe, le septième mois de sa vie suspendu, d'une vie basculée, déchirée ; un changement irrémédiable de nos vies.

Des souvenirs de nos belles soirées au centre de Paris resurgissent. Quelle chance d'avoir vécu ces moments d'insouciance ; nostalgique, je décide de l'emmener revoir les magiques monuments illuminés.

Rapidement, coincés dans un embouteillage important, au bout de dix minutes sur place, il s'agite. Malgré mes paroles apaisantes, monsieur détache sa ceinture, descend de la voiture, laisse la portière ouverte, avant de filer sur le trottoir.

– Non, Nono ! Non !... Nono reviens !

Il se dirige vers un salon de coiffure et entre, consterné, je laisse la voiture en double file et cours le récupérer. Déjà installé dans un fauteuil, Nono joue avec un séchoir, sous le regard abasourdi du coiffeur.

Le dimanche, encore agité, il ne tient pas en place, répète sans arrêt :

– *On y va… Je reviens… Rien, c'est fini.*

D'autre part, il fume trop, de douze à quinze cigarettes par jour.

J'améliore mes graphiques, gradués de 0 à 10. Au-dessus, dans chaque petit carreau, j'indique le jour du mois, suivant les évolutions, il oscille entre 5 et 5 ½, une moyenne de 5,1 sur la semaine.

Lundi, je l'appelle du bureau, il décroche sans parler et raccroche, la seconde fois, Nono recommence. À la troisième, c'est occupé, à la quatrième, il décroche et raccroche aussitôt, monsieur m'énerve, j'arrête cette comédie. Lorsqu'il est éteint, en semi-éveil, Nourredine émet des gémissements, au lieu de répondre à mes questions.

Le soir, Nourredine déborde d'énergie :

– Tu fais quoi ?

– Quand ?

– Aujourd'hui, on va dans une discothèque ?

Il passe du coq à l'âne.

Le lendemain, le médecin me convoque pour faire le point.

– Ici, votre ami s'ennuie, ce n'est plus bénéfique. Soit il peut aller dans une structure psychiatrique afin d'améliorer son comportement, soit vous décidez de le reprendre, avec un suivi à l'hôpital de jour en présence d'une tierce personne. Attention, ce sera très lourd pour vous, mais l'affectif qui vous unit me semble un atout primordial.

– Docteur, sans hésiter, je maintiens mon accord du retour à domicile.

Nous examinons la prise en charge envisageable de l'allocation compensatrice.

Je souhaite l'avis de Philippe :

– Attends-toi à un vécu perturbant, ses séquelles resteront contraignantes, inattendues, sur un an à dix-huit mois. Incontestablement, le retour à la maison sera positif. Trouve quelqu'un proche de ses origines, car l'absence de sa famille est un point négatif. Ton avocate négociera avec l'assurance adverse une rente à vie, à la place d'une grosse somme, versée d'un coup.

Je réceptionne une lettre recommandée de l'assurance, nous sommes convoqués à une expertise médicale, la veille de Noël, au cabinet parisien du Docteur C. expert-médical.

– Transmettez le maximum d'informations médicales, prévient sa secrétaire.

Aujourd'hui, la cicatrice-ouverture ne coule plus. Très capricieux, têtu, obsédé par la cigarette, il ne peut prolonger son attention, avant de rejeter l'effort d'un geste de la main.

Je rencontre l'orthophoniste :

– Quel est votre avis sur son comportement ?

– Aux dernières séances, hausse de l'évolution, il devient plus cohérent, néanmoins, son déracinement reste profond. Nourredine parle surtout de l'Algérie, de sa mère, de ses frères, un peu de la France, mais pas du tout de ses dernières années.

J'appelle Jean-Jacques, l'ergothérapeute :

– Il se déconcentre vite, sa mémoire progresse, parsemée d'énormément de trous, impossible d'imposer des directives.

Ce vendredi soir, au rez-de-chaussée de la rééducation, derrière la porte vitrée, il m'attend. Nono est là, en blouson noir, survêtement vert, chaussures de sport, sous une lumineuse clarté, il est si beau, que je m'arrête un bref instant pour l'admirer. Dès qu'il me voit, Nourredine prononce mon prénom et m'accueille d'un généreux sourire.

À l'appartement, concentré, il regarde une vidéo de Louis de Funès. Au milieu de la nuit, de retour des toilettes, il veut fumer, je refuse, Nono, boude puis se recouche.

Samedi, lors de la sieste, il fait un cauchemar, parle l'arabe, se réveille illico, les yeux gonflés, s'exclame :

– Khaled est en bas !

– Non, Nono, ton neveu n'est pas là.

– Je descends le chercher, reprend-il, persuadé que son neveu est dans la cour.

Déstabilisé, il émerge de son rêve, avant de revenir à la triste réalité.

Chez Michèle et ses enfants, il joue aux jeux vidéo, malgré un manque de précision, sa compréhension est assez bonne. Rapidement, Nourredine abandonne, s'avachit sur le canapé, incapable de poursuivre, il se mure dans le silence.

Plus tard, à la maison, je le questionne sur la dernière séance d'orthophonie, agacé, il m'interrompt :

– Laisse-moi tranquille, je regarde la télé.

Début de soirée, à l'hôpital, au moment de le quitter, il se glisse sous les draps, l'air apaisé :

– Bonsoir, Olivier, à demain.

Rassuré, je l'embrasse et ferme la porte.

Avec Marie-Jeanne, je résume ce onzième week-end.

– Au fil du temps, je m'attache à Nono, me confie-t-elle. C'est un garçon vraiment mignon et tellement gentil avec moi.

L'après-midi, il neige à gros flocons sur Paris, lorsqu'une infirmière m'annonce au téléphone :

– Nono est sorti faire un tour, il vient de rentrer de lui-même avec de la neige plein les cheveux.

– Quoi ? Il est sorti tout seul ?

– Euh… Oui, je crois.

Ce soir, à nouveau, je constate qu'il a cassé le téléphone en voulant l'ouvrir, des morceaux et des bouts de câbles sont étalés sur la table :

– Quel désordre dans ta chambre, en plus, tu as jeté de la nourriture au sol !

Moralement, ses réactions de rejet m'épuisent.

Le jour d'après, j'ouvre la porte, il n'est pas là… seul son blouson est abandonné sur le lit. Au fond du couloir, j'interpelle l'interne :

– Où est Nono, s'il vous plaît ?

– Sorti se balader, répond-il, d'un ton naturel.

Étonné de cette liberté, la peur qu'il se perde ou d'une fugue, m'envahit. Aussitôt, je prends l'ascenseur, au niveau du palier, je vois arriver Nourredine, tête nue, pansement frontal enlevé, habillé seulement d'un pull par ce temps très froid.

– D'où viens-tu ?

– *Je sais pas !*

Stupéfait de sa balade solitaire, et qu'il puisse revenir, malgré ça, je ne reste nullement convaincu d'un retour spontané après chaque sortie.

Les jours passent, il téléphone plus fréquemment à l'agence, parle quelques mots à Marie ou à mes collègues.

Jeudi, j'appelle à l'heure de sa sieste :

– Olivier, tu es où ?

– À l'agence.

– Je vais à Barbès.

– Comment ? Tu vas... *Clac !* Et monsieur raccroche.

Une fois à Racine, l'infirmière m'annonce, sans état d'âme :

– Nono a certainement fait une fugue.

Grande déception, à l'idée qu'on le laisse sortir sans surveillance, je fais le dos rond et contiens ma colère.

– Nous manquons de personnel, admet l'aide-soignant, la porte du bas n'est jamais surveillée.

Au volant de la voiture, à vitesse réduite, je pars à sa recherche, d'abord dans l'hôpital puis sur le boulevard Vincent Auriol. L'obscurité, m'oblige à ouvrir grand les yeux : trottoirs, portes cochères, impasses, arrêts de bus, places, carrefours, aucun Nono en vue.

De retour à la rééducation, un interne habitué à ce que des malades fuguent, se charge de prévenir la police. Encore heureux, il a un blouson, un jean, et la fiche plastique autour du cou.

À l'angoisse, s'ajoute l'impatience, avant l'énervement. J'attends dans le hall de la rééducation jusqu'à 21 heures ; il ne revient pas.

Direction la maison, j'imagine qu'il retourne seul à notre domicile, reconnaîtrait-il le chemin ?

Je roule doucement, espérant l'apercevoir, soudain, je repense à ce qu'il m'a dit au téléphone ; il voulait aller à Barbès.

Dans l'appartement, anxieux, faute de nouvelles, je tourne en rond.

Je compose le numéro de Racine :

– Désolé, toujours absent.

Impossible de tenir en place. Au cœur d'une nuit noire, je reprends la voiture, passe par Place d'Italie, Austerlitz, Bastille, République, jusqu'au quartier de Barbès.

Même pas une silhouette ni une ombre qui ressemble à mon Nono.

Une heure du matin, abattu, je change de parcours et rentre via Stalingrad, gare de l'Est, Belleville, Gare de Lyon, Bercy, puis traversant la Seine, je longe les quais et remonte le XIIIe.

Un dernier appel à l'infirmière de garde :

– Il n'est pas revenu, bon courage.

Cette seconde fugue me tourmente davantage, ma fin de nuit sera blanche.

Vendredi, 7 heures, l'attente se prolonge, je téléphone à la police au service dans l'intérêt des familles :

– Non, personne ne correspond.

Avec l'accord de ma direction, exténué par une courte nuit, je prends la journée, reporte mes rendez-vous, Marie me préviendra si Nono appelle au bureau.

Constamment, je téléphone un peu partout : au centre de recherche de la police, qui envoie un télex interne aux hôpitaux de Paris, aux pompiers, au SAMU... Aucune trace.

Milieu d'après-midi, Alice, une infirmière de Racine, au bout du fil :
– On a retrouvé Nono ! Les urgences de l'hôpital Bichat viennent de nous prévenir, il est en route pour la Salpêtrière à bord d'une ambulance.
Je raccroche, et de soulagement, hurle au mur de l'appartement.
La fugue aura duré vingt-deux heures, il a traversé tout Paris à pied !

Dans quel état sera-t-il ? Pourvu qu'aucun individu malfaisant n'ait croisé son chemin ?

Apaisé, je respire. De joie, je saute dans la voiture et fonce à l'hôpital, il arrive en même temps que moi, inerte, sur un brancard.
– Nono, c'est Olivier, comment vas-tu ?
Les yeux fermés, il ne me répond pas. Je prends sa main, l'œil droit s'ouvre.
– Où as-tu dormi, la nuit dernière ?
Il réfléchit, avant de me dire d'une voix faible :
– Dans une charrette.

Avec l'aide-soignant, nous le déshabillons, un médecin l'examine :
– Rien à signaler. Nous le gardons en observation jusqu'à demain matin.
Sous perfusion, mon ami s'endort sur-le-champ.

Plus tard, j'ai rendez-vous pour un bilan avec le professeur B., chef de service de neurologie. J'exprime mon inquiétude et comment faire face aux risques de fugues, elle feuillette le dossier et, sérieusement, me répond :
– Eh bien, lorsqu'il fugue, vous prévenez la police.

Devant ma perplexité, le professeur enchaîne :
– Le trauma crânien grave du lobe frontal gauche entraîne de lourdes conséquences, dont une personnalité déroutante. Le concernant, les évolutions s'accélèrent, mais toujours instable, il traverse une longue phase d'éveil. Les urines diminuent, un jour sur trois, le langage s'élabore petit à petit, pour le reste… en dents de scie. Un retour au domicile semble possible début janvier, évidemment, il y aura des risques, ma collègue vous a averti. Ce retour se fera conjointement à la rééducation, ici, en hôpital de jour. Outre l'antiépileptique, les autres médicaments prescrits sont le Prozac et le Tranxène, pendant au moins deux ans. L'alcool, le surmenage, les efforts physiques et l'absence de prise régulière de Dépakine, déclencheront des crises épileptiques. Un encéphalogramme ainsi qu'un rendez-vous avec le neurochirurgien seront programmés bientôt. Régulièrement, vous ferez le point à la consultation du Docteur Pradat, conclut-elle, avant de refermer le dossier.

L'interne me croise :
– Tôt, ce matin, Nourredine a été récupéré par les pompiers du XVIIIe. Dans un magasin, il a déclaré : « *j'ai froid.* » D'après le rapport, il aura

fallu sept heures avant que nous soyons prévenus, déplore-t-il.

J'ouvre la boite aux lettres et trouve un télégramme du ministère de l'intérieur, direction de la police :

« *Appelez d'urgence l'hôpital Bichat 75018* »

Suivi du numéro de téléphone du poste, et en dessous :

« *Motif : indentification de la victime.* »

À la réception de ce douloureux message, il vaut mieux ne pas être cardiaque.

Le samedi, je joins la rééducation et tombe sur un autre médecin :

– Nuit calme, il dort encore. Tout à l'heure, après un examen médical approfondi, votre copain pourra sortir.

Midi, Nono, pansement au front, s'habille et nous partons.

Installé à l'avant de la voiture, Place d'Italie, je l'interroge :

– Ici, nous sommes où Nono ?

– Au Sénégal.

Plus que jamais, je ferme constamment la porte et garde la clef sur moi, chaque détail compte. Dans un souci de ne pas l'énerver, au lieu de boire un café, je propose un chocolat au lait, il râle, pour finalement accepter.

La sieste terminée, il me parle en arabe puis s'arrête, réfléchit, avant de me demander une cigarette, en français.

Au dîner, j'apporte le dessert, d'un visage expressif, il dit :

– Merci, *j'ai plus faim*.

Justificatifs en mains, je m'occupe de ses comptes, prépare une lettre recommandée à l'attention de l'assurance adverse que je soumettrai à Isabelle, l'avocate.

La semaine débute par la recherche d'une tierce personne de confiance, je décide de passer une annonce, ce qui me laisse quasiment un mois, le temps d'une bonne sélection.

Marie semble sceptique :

– Délicat de laisser la clef de son domicile à un inconnu.

Il faudra quelqu'un de sérieux, patient, honnête, sachant un peu cuisiner et, surtout, comprenant le handicap de Nono. Je penche plutôt pour un jeune homme originaire du Maghreb, qui lui rappellera ses traditions, sa langue maternelle, sa religion.

L'accompagnant, avec l'accord du personnel de la rééducation Racine, recevra une formation sur place. Aidée de l'avocate, nous étudions le montant du salaire à temps plein, majoré de tous les frais que cela entraînera.

Au coût de cette rémunération, supérieure au SMIC, s'ajouteront des heures supplémentaires, une partie prise en charge, grâce à l'aide de l'allocation compensatrice. Déclaré à l'Urssaf, sous contrat à durée déterminée, l'engagement commencera après une période d'essai.

Les déjeuners, les boissons, la carte orange et les sorties seront à notre charge. Pendant mes absences, les horaires de travail de la tierce personne, de 8 h 30 à 19 heures, incluront des pauses.

Je rédige l'annonce, la publication est prévue mercredi dans *Le Parisien*, à la rubrique : Employés de maison.

Recherche JH, sérieux, pour s'occuper à temps plein, lundi-vendredi, d'un JH handicapé (Maghrébin). Salaire net : 6000 F/mois plus heures supplémentaires et avantages. Tél : 01 42 ... Demander Olivier.

Depuis le dernier week-end, Nono ouvre davantage l'œil gauche, répond plus précisément aux questions.

Le Docteur Pradat propose de prendre rendez-vous avec un excellent chirurgien-plasticien, le Docteur Fournier. Contact pris, j'obtiens une consultation mi-janvier.

Mercredi, toute la journée, je reçois de nombreux appels pour l'annonce. Sur des fiches, je note les références, cela va me permettre de sélectionner les candidats à un ultime entretien.

Certains lisent mal l'annonce :

– Allo, bonjour, la société Olivier ?

Un autre, plus ambitieux :

– Vous ne pouvez pas augmenter le salaire ?

Enfin, la meilleure :

– La voiture, est-elle fournie ?

Les jours suivants, alors que les appels se poursuivent, je fais une présélection dans la salle de réunion de l'agence, et reçois une dizaine de personnes, de jeunes beurs, de dix-huit à trente ans.

Deux d'entre eux retiennent mon attention, par leur présentation, leurs références et leurs qualités.

Le premier, Smaïl, vingt-deux ans, a déjà une expérience auprès des handicapés ; il s'occupe également de jeunes à problèmes dans son quartier, comme animateur. De plus, pendant ses études, il a effectué un stage au sein d'une pharmacie, et cuisine avec sa sœur ainée.

Je contacte son ancien employeur, les appréciations sont bonnes.

Le second, Malik, vient accompagné de sa mère, infirmière dans une clinique. Il a dix-huit ans, sportif, pratique le judo, la natation, habitué aux enfants et aux adolescents ; moniteur de colonies avec un brevet de secourisme. Le week-end, il s'occupe d'un membre de sa famille, handicapé moteur, et aime cuisiner. Cependant, il n'a aucune référence de travail.

Français, de parents originaires d'Algérie, je leur propose de rencontrer Nono, chez nous, samedi prochain, l'un à 14 heures, l'autre à 16 heures.

Je réfléchirai, avant de prendre une décision vers Noël. J'en parle à Nono :

– Une personne va bientôt s'occuper de toi, chez nous, à la maison.

Il m'interrompt :

– Un Algérien ?

Subitement, il s'allonge et s'endort.

Heureux à l'idée d'une imminente nouvelle vie, je l'embrasse. Instantanément, il me donne un coup de poing sur la tête !

Désarçonné, vexé, je réalise l'avoir dérangé en pré-sommeil.

Vendredi, j'appelle le surveillant de Racine :

– Merci de préparer son dossier pour le rendez-vous de cet après-midi, chez le médecin expert de la compagnie d'assurance adverse.

Avec la voiture, je passe prendre Nono et le volumineux dossier médical.

– Donne-moi le sac, dit-il, spontanément.

Nous pénétrons dans un très beau cabinet du XVIe. Durant dix minutes, assis sur de confortables fauteuils, Nono attend calmement.

Le Docteur C., un homme assez âgé, costume gris anthracite, d'allure bourgeoise, est distant, froid, à la voix grave. Les yeux rivés à la conclusion du neurologue, silencieux, il termine sa lecture avant d'examiner les radios et les scanners.

Au préalable, l'expert me pose différentes questions sur les évolutions, les interventions et la rééducation.

Le Docteur observe Nono puis demande :

– Vous habitez où monsieur X. ?

– Au Sri-Lanka !

– Il a dit quoi ?

– Sri-Lanka, le pays de Ceylan, en Asie, dis-je, amusé.

– Ah, je n'avais pas compris.

L'expert, droit dans le fauteuil, poursuit :

– Vous faites quoi de vos journées ?

Nono réfléchit, le doigt enfoncé dans le nez :

– *Je sais pas.*

Le Docteur remarque l'œil gauche orienté vers l'extérieur. Nourredine se gratte la tête, remet sa casquette de travers, l'air d'un rappeur.

– Cigarette !

– Interdit de fumer, ici.

Nono trépigne :

– Toilettes !

Je l'accompagne et nous revenons vite.

Le Docteur parcourt les résultats médicaux, Nono touche les objets minutieusement posés sur le bureau, dont une belle boite à cigares.

Agacé, je le réprimande :

– Arrête, s'il te plait.

– Cigarette, Olivier.

L'expert fronce les sourcils :

– Vu son état, je ne vais pas l'examiner.

Nous évoquons le retour à domicile et l'emploi d'un accompagnant dès janvier, le Docteur téléphone à l'assurance afin d'accélérer la prise en charge de sa sortie. Ensuite, l'expert chausse une paire de lunettes, prend des notes destinées à son rapport, range les documents, me remet le dossier, et quittons le cabinet.

Le lendemain, aux caisses du supermarché, soudainement, il fouille dans la poche d'un client :

– Non, mais ça ne va pas ! proteste celui-ci.

– Cigarette, lâche Nono.

– Excusez-le.

J'explique le handicap, malgré ça, l'homme, furieux, s'en moque.

Comme prévu, je reçois le premier candidat ; Smaïl arrive à l'heure. Nous sympathisons brièvement, il fait connaissance avec Nono et propose de développer sa mémoire, l'écriture, le dessin.

Peu après son départ, Malik sonne. Tout de suite, complices, ils jouent aux jeux de mains, de cartes, après des questions, Malik pense plutôt à des activités extérieures, telles la piscine et la gymnastique.

Nous nous séparons sur le palier :

– Je donnerai ma décision à la fin du mois.

Dimanche matin, après avoir terminé nos bagages, nous partons chez mes parents dans le Sud-Ouest, passer Noël en famille. Notre grand voyage depuis l'accident, un véritable événement.

Nono ne semble pas réagir, parle peu. Heureux à l'idée de retrouver mes parents, leurs réactions m'inquiètent face à son handicap. Tellement différent, incontrôlable, instable, ils retrouveront un personnage déroutant.

Je m'arrête souvent sur les aires de repos de l'autoroute Aquitaine, dans une cafétéria à la hauteur de Poitiers, il mange un steak haché et des frites.

Malgré le terrible accident, Nono aime toujours l'automobile, sans manifester d'impatience, au contraire, il reste éveillé. Après chaque arrêt, je remarque qu'il remet systématiquement sa ceinture.

Nous arrivons l'après-midi dans le nord de la Gironde. Ma mère sort, contente de nous accueillir, m'embrasse et me serre contre sa poitrine :

– Tu as l'air fatigué.

Nourredine, d'un léger sourire, tend la main, semble la reconnaître.

Ma mère découvre l'importante diminution physique, le langage sommaire et les séquelles visibles. Bouche cousue, regard désapprobateur, elle paraît choquée.

Mon père nous rejoint, aimable, ravi de nous revoir.

Nono boit un bol de chocolat accompagné de quelques gâteaux. Le voyant absent, perturbé, je lui donne un Tranxène, il ne tarde pas à faire une sieste dans la chambre de mon enfance.

Je reste avec mes parents, ma mère, pensive, ferme la porte :

– Tu dois vraiment t'ennuyer, il est dans un triste état. Quel malheur, un garçon si jeune, ce doit être très difficile pour toi, il va te falloir un sacré courage, sincèrement, je te plains, dit-elle, affligée.

– Pourtant, c'était quelqu'un de bien, ajoute mon père.

Le soir, malgré un bon dîner, il mange difficilement. Face à mon père, au salon, Nono joue aux cartes, ses réflexes sont très lents. Après l'effort, il abandonne à la seconde partie et jette les cartes sur la table.

La première nuit, afin d'éviter qu'il urine, je me réveille et l'accompagne aux toilettes.

Dans la journée, grâce au temps ensoleillé mais froid, nous pouvons faire une belle promenade dans les environs, à la lisière de la forêt de la Double. L'air pur, la verdure et le calme s'avèrent bénéfiques.

Nous visitons notre amie Nadine et sa fille Gaëlle, à chaque fois, nos retrouvailles sont un vrai plaisir. Nadine qui connaissait mon ami avant l'accident, l'observe, évidemment, surprise :

– Je ne m'attendais pas à un changement aussi important de son caractère. Il a un comportement d'un jeune gamin perturbé.

De retour à la maison, en compagnie de mon père, nous jouons à des jeux de société auxquels Nono participe, avant d'avoir des vertiges qui l'obligent à s'allonger sur le canapé.

Le soir du réveillon, mon jeune frère Jean-Luc, son épouse Patricia, leurs deux enfants, Julien et Romain nous rejoignent. À leur tour, les attitudes caractérielles de Nourredine les déconcertent.

La soirée se déroule dans l'agitation, Nono refuse de mettre une serviette, de dîner correctement, puis, sciemment, mange avec les doigts.

Au fromage, il quitte la table, s'assoupit sur un fauteuil et file se coucher, lors de la remise des cadeaux, le sien reste abandonné au pied du sapin.

Le jour de Noël, constamment, je l'aide, le surveille et le stimule pour tout : à la douche, à le raser, à choisir ses vêtements, et j'évite qu'il mange uniquement des omelettes-frites.

De nouveau, chez Nadine, Gaëlle, âgée de onze ans, joue avec Nourredine aux jeux vidéo. Au bout de deux minutes, sa présence s'estompe, il abandonne pour s'endormir sur le canapé.

Samedi, avant le trajet pour Paris, pendant la toilette, Nono me dit subitement :

– Gaëlle va mourir demain.

Cette réflexion me déconcerte.

– Pourquoi dis-tu cela ? Sans répondre, il continue de se savonner dans la baignoire.

La plaie frontale laisse apparaître l'os du volet, elle a une forme légèrement ovale, un centimètre de haut sur deux de long.

En permanence, je la désinfecte délicatement, pose un bout de tissu gras recouvert d'un pansement.

Régulièrement, je lui répète :
– Courage, moral, volonté.
Dans le but qu'il enregistre ce message.

Nous quittons mes parents, ma mère, pour le voyage, nous a préparé des sandwichs accompagnés de fruits. Une tension importante a régné pendant ce court séjour, hier soir, ma mère était très soucieuse :
– Tu crois que tu vas pouvoir tenir, mon fils ? Étant très handicapé, je ne veux pas te décourager, je sais que tu fais le maximum, mais il ne reviendra jamais comme tu l'as connu, même les médecins ne peuvent prédire son avenir. La charge pour toi me semble trop lourde, surtout quand tu seras plus âgé, tu ne pourras pas compter sur ton ami.
– Je te comprends, maman, toutefois, je rejette l'idée de le laisser dans cette situation, il a progressé et progressera encore. Les Docteurs estiment que ce sera très long, mais, il y a l'espoir que Nourredine s'en sorte. Il doit être stimulé, entouré, un immense défi, je veux me battre pour que Nono redevienne l'homme qu'il était. Même si des séquelles subsistent, je resterai toujours auprès de lui.

Le retour, grâce à des arrêts à Ruffec, Tours et Orléans, se déroule sans encombre, à l'heure du dîner, nous arrivons à Paris.

J'ai pris ma décision, je choisis Smaïl, il paraît avoir plus de maturité et d'expérience.

Comme promis, je téléphone d'abord à Malik pour l'informer.
– J'ai été enchanté de vous connaître, réagit-il, compréhensif.

Smaïl me remercie pour ma confiance, puis, j'ajoute :
– Je te donne rendez-vous le 2 janvier, salle Racine, tu suivras les conseils de rééducation des intervenants, des internes et des infirmières.

Je raccroche et découvre Nono assis sur le parquet, devant la porte d'entrée fermée à clef, monsieur s'est habillé et veut sortir.

Le 31 décembre, je le conduis chez le coiffeur, une première. Il ne bouge pas, observe tout ce qui se passe autour, le coiffeur réalise une coupe en harmonie avec sa cicatrice, et la masque.

Plus tard, il m'écrit un mot :

« *Je t'aime beaucoup Olivier.* »

Heureux, je l'embrasse.

Nous allons réveillonner au domicile de Claudine, une agréable soirée s'annonce. Sous la douche, content, je sifflote, me détend.

Nono, malin, trouve la clef dans un tiroir, la prend et ouvre la porte de l'appartement. Par chance, instantanément, je constate son absence.
Illico, j'enfile vite mes vêtements et fonce à sa recherche.

Je cours sur le trottoir, le long des commerces, jusqu'à Monoprix. Hélas, je ne le trouve pas, je reviens, zigzague entre les passants et prends la voiture où j'ai l'idée d'aller au centre de Paris.

J'essaie de ne pas perdre mon sang-froid, d'éviter un accident.

Un sens unique m'oblige à un demi-tour devant de la BNP, et parmi les gens, je l'aperçois, Nono marche droit, tel un robot.

Seul, dans son monde impénétrable, il a oublié Olivier, la maison, la soirée, la fête avec nos amis. L'amour de ma vie veut aller ailleurs... là où son cerveau déconnecté et son double intérieur l'incitent à se diriger. J'arrive à son niveau et baisse la vitre :

– Où vas-tu ?

Il tourne la tête, l'air absent.

– Allez, viens Nono, on rentre.

Une fois dans la voiture, il ne peut donner aucune explication, répond seulement à mes questions, par :

– *Je sais pas*.

Chez Claudine, Fabien, Michèle, Jean-Jacques, Patrice, Philippe et Christiane, sont déjà là. Instable, malgré une excellente ambiance, brusquement, Nourredine veut partir.

À l'occasion de la nouvelle année, au milieu du repas, nous nous embrassons et émettons nos vœux, de mes bras, j'entoure Nono :

– Bonne année chéri, qu'elle nous apporte enfin le bonheur de te retrouver comme tu étais.

Sans regret ni pour l'un ni pour l'autre, de quitter l'année 1990, source de drame, de malheur et de souffrance.

Au Nouvel An, après une grasse matinée, mon ami téléphone à sa famille, parle à sa mère, à sa sœur puis à son frère. Quelquefois, Nono exprime mieux ce qu'il veut.

À Paris, au Sacré-Cœur, il marche beaucoup, mange des merguez-frites, le plaisir se lit sur son visage.

Mercredi, les trois jours derniers jours d'internat, la rééducation se termine, Nono, en forme, l'a bien compris.

Sur place, je retrouve Smaïl qui m'annonce :

– L'encéphalogramme de l'après-midi s'est mal passé, il a arraché les fils de connexion. Sinon, nous parlons du bled, de sa région natale et de musique raï.

L'infirmière s'approche pour me dire à voix basse :

– Une intervention sera nécessaire pour régler l'infection de l'os frontal, j'en suis convaincue.

Smaïl, satisfait, estime sa journée positive :

– J'ai pris connaissance de la fonction de mon travail, et j'ai observé les caractéristiques du comportement de Nono. Tout me semble clair.

Jeudi matin, Monsieur Blais cherche Nourredine partout :

– Impossible de le retrouver, c'est l'heure de la rééducation, il a disparu, en plus, l'accompagnateur est absent.

Vingt minutes s'écoulent, le responsable du service me rappelle :

– Nono est allé tout seul à la rééducation, mais votre accompagnant vient d'arriver avec une heure de retard.

– Cela commence mal pour Smaïl, surtout sans nous prévenir.

Puis, Monsieur Blais me passe Marie-Jeanne :

– L'encéphalogramme montre une bonne évolution, tout est normal.

Entre les dossiers de conceptions de voyages, je joins le Docteur Pradat :

– Évolution favorable du comportement, étant donné qu'il fixe mal, nous n'augmenterons pas les activités. Concernant l'infection frontale, j'attends l'avis du Docteur Fournier, un excellent spécialiste de la chirurgie plastique réparatrice. Une dernière chose Monsieur Mayeux, si Nono progresse, c'est en grande partie grâce à vous.

Le soir, j'exige fermement que Smaïl arrête ses retards, il s'excuse, évoque une raison quelconque, avant une synthèse de la journée.

Vendredi, la rééducation se déroule normalement sous les yeux de Smaïl, avant que le neurologue, le Docteur B., conclut :

– Ce jeune homme, à son rythme, s'améliore.

Cette dernière nuit à Racine me soulage, et mon ami aussi.

Samedi matin, Monsieur Blais me remet le dossier médical.

– Continuez ce combat, de le soutenir obstinément, et je suis sûr que vos sentiments envers Nono porteront leurs fruits.

Tranquille, il m'attend à la porte de la chambre, déjà habillé, coiffé, le bagage prêt, conscient de partir définitivement.

Nourredine prend son bagage, je le suis. D'une démarche détendue, il va dire au revoir à toute l'équipe, sourire radieux, yeux brillants, l'une après l'autre, Nono embrasse les infirmières.

À mon tour, je remercie l'ensemble du personnel pour leur dévouement.

Sa trop longue hospitalisation aura duré deux cent quarante jours, presque huit mois.

Les portes de l'ascenseur se referment, Nono, heureux, langue à la commissure des lèvres, appuie sur le bouton du rez-de-chaussée, pour une dernière descente.

LE RETOUR AU DOMICILE

Pendant les déjeuners à la maison, il se tient mieux, mange sans bruits permanents. Après la sieste, cigarette au bec, il se met à me parler un instant, presque correctement, de brèves phrases désordonnées, par exemple :
– Ma famille me manque.
– Nous irons en Algérie, tous les deux.
– Francy, je l'aime bien.
– Quel jour nous sommes, Olivier ?
Étonné, à chaque occasion, je veux poursuivre la conversation, peine perdue, un mutisme momentané l'empêche de continuer. Il ne s'occupe plus de moi, feuillette des magazines, plonge dans les albums photos.
Ce soir, à une série de trente questions sur divers événements antérieurs : vingt-trois réponses sont justes. Nono est ravi :
– Bien comme ça !
Je relève des traces brunes dans ses urines, j'appelle Philippe :
– Il y a évidemment une infection, si elle persiste, je te conseille de faire un examen auprès d'un confrère.
Nourredine s'étonne de mon attitude :
– Olivier, pourquoi tu fermes la porte ?
– Pour que tu ne sortes pas tout seul.
L'air de ne pas comprendre, Nono n'ajoute rien d'autre.
Fréquemment, la politesse est de mise :
– Merci.
– S'il te plaît.
– Pardon.
Avant d'aller dormir, j'écris un bilan.
Points positifs : évolution lente par paliers. Sortie de l'hospitalisation. Meilleure motricité. Parle un peu plus et un peu mieux. Vision droite assez bonne. Amélioration de la mémoire. Plus de présence et de conscience. Diminution de l'agressivité.
Mictions nocturnes moins fréquentes.
Points négatifs : vision gauche. Morphologie du front et d'une partie du visage. Infection frontale gauche. Langage limité. Risques de crise

épileptique. Stimulation incessante. Fugues imprévisibles et dangereuses. Attitudes contradictoires. Manque d'autonomie.
Comportement de gamin. Présence d'une tierce personne nécessaire.
Sur l'échelle du graphique, il oscille entre 5 et 5,5.
J'établis un plan de travail pour Smaïl.

Jeux : cartes, chevaux, dames, Monopoly et vidéo.
Mémoire : des listes de vingt à trente questions sur le vécu, les événements récents et la rééducation.
Lecture et écriture : journaux, dessins animés, faire des phrases, écrire des lettres et de courtes histoires.
Le dessin, plusieurs fois par semaine.
Vie quotidienne : l'encourager à la cuisine et à ranger ses affaires.
Sorties avec le métro : Châtelet, Opéra, Barbès, visites à prévoir.

Je recherche toutes les solutions et toutes les idées, dans le but qu'il évolue et progresse le plus rapidement possible.

Après cette tragédie, jamais, je n'aurais imaginé que ce serait si long, si accaparant et, qu'il me faudrait tout reprendre à zéro.

Ma vie tellement différente a modifié ma vision des choses. Nono mobilise toute mon énergie et mon assistance. Je sors rarement sauf chez certains amis que sa présence ne dérange pas.

Souvent très fatigué, moralement usé, je ne peux plus lire ni prendre plaisir à suivre un reportage ni d'aller au cinéma ou au concert.

Heureusement, ce travail dans le tourisme me passionne pleinement, l'entreprise humaine génère une ambiance sympathique. Ailleurs, pour cause d'absences répétées, j'aurais sûrement perdu mon travail.

Lundi, Smaïl arrive à huit-heures pile, une fois un double des clefs de l'appartement en poche, je lui indique les emplacements des ustensils de la cuisine, de la nourriture et l'armoire de ses vêtements.

Nous partons à Racine faire des analyses urinaires et une prise de sang. Je le laisse en compagnie de Smaïl, pars au bureau et, plus tard, l'accompagnateur m'appelle de la maison :

– Nous sommes de retour, les résultats des examens seront rapides. Le surveillant chef, Blais, m'a remis le planning des activités de la semaine : mardi et vendredi, ergothérapie, mercredi kiné et jeudi orthophonie.

En rentrant d'une promenade dans le quartier, Nourredine téléphone à deux reprises, la première fois, j'étais en ligne :

– *J'ai pas* attendu, c'était occupé, me dit-il d'un trait.

Le soir, à l'absence de l'accompagnant, je remarque de légers progrès, Nono range son blouson, attrape une poêle, dépose les déchets dans la poubelle.

Après le dîner, je l'incite à écrire un mot.

– Quoi, par exemple ?

– Ce que tu veux.

Il prend le bloc-notes, réfléchit, le stylo à la bouche, commence à écrire lentement :

> *« Je ne resterai pas avec toi, je ne suis pas homosexuel.*
> *Merci pour tout. »*

Vexé, contrarié, désagréablement surpris, je relis, encore et encore, à voix haute. Nono m'écoute, de marbre, ne dit rien.

Perplexe, l'inquiétude tourmente mes pensées.

Et, s'il changeait d'orientation, de désir sexuel après ce grave traumatisme ? Et, s'il devenait hétérosexuel ?

C'est confirmé, il écrit mieux qu'il ne parle.

Mardi, Smaïl arrive, essoufflé, en retard de trente minutes :
– Désolé, une panne de métro.

L'ergothérapeute demande à me parler :
– Nono, plus présent, collabore un peu mieux, de petits progrès en petits progrès, pour moi, il est sur la bonne voie.

Mercredi 9 heures, puis 10 heures, mais où est passé Smaïl ?

Malgré mes avertissements, j'attends à la maison, aucun appel, résultat, je perds une matinée de travail. Contraint, j'accompagne Nono à la leçon d'orthophonie, agacé, je décide d'arrêter la période d'essai de Smaïl. Pris de court, je téléphone à Malik :
– Je vous rejoins directement à l'hôpital, dit-il, ravi.

11 heures, Smaïl pointe son nez, calmement, j'explique ma décision.
– Je regrette mon comportement, répond-il, déçu.

Malik me rejoint, Nono est à la rééducation, ensuite, je les raccompagne à notre domicile. Je résume ce que nous attendons de sa part, dont, les horaires à respecter, j'insiste sur la responsabilité importante de l'encadrement et de la sécurité.

Je reprends le travail, appelle souvent pour me rassurer.

À l'hôpital, Nourredine refuse catégoriquement une radio de l'estomac.
– On veut être sûr qu'un ulcère ne l'empêcherait pas de manger, me précise l'interne.

Chez nous, furtivement, Nono prend les clefs dans l'anorak de Malik et s'en va, heureusement, l'employé le rattrape au pied de l'escalier.

Le week-end, je le réserve au courrier, à la sécurité sociale, à l'Urssaf, à la Cotorep, à l'avocate et à l'assurance adverse. Entouré de l'agitation continuelle de Nourredine, j'ai du mal à me concentrer, il veut constamment sortir, fumer, se coucher, se lever, et même partir à Alger. Nono enfile son blouson, bloque la porte du couloir, gentiment, je l'oblige à revenir au salon, mais me bouscule et hurle :
– Non ! Non !

Va-t-il devenir quelqu'un d'autre ? Ou est-ce une période d'évolution passagère ?

Son comportement rappelle l'adolescence. Il mélange les noms, les souvenirs et le vécu des dernières années, tout demeure flou, sa mémoire se révèle quasiment amnésique.

Nono fixe exclusivement certains lieux tels que notre immeuble, la rue, les prénoms de nos amis, l'agence et de quelques collègues.

En ce moment, très capricieux, nerveux, souvent, il dit :

– Je suis malheureux.

Sa remarque me fait trop mal au cœur.

Malik le stimule beaucoup, note également les problèmes qu'il rencontre, que nous évoquons lors du bilan, chaque soir.

Le lendemain, les urines deviennent rougeâtres, n'ayant pas le résultat des analyses, je joins le Docteur Pradat :

– Il a un calcul dans le conduit urinaire, nécessitant une intervention à brève échéance. Un urologue fera un examen complémentaire.

L'accompagnant m'informe que l'orthophoniste constate des progrès dans le langage.

Lors d'une discussion, Nono confie à Malik :

– Je suis homo, comme Olivier.

Depuis son petit mot, cherche-t-il simplement à faire plaisir ? Assume-t-il mieux ? Ou ne sait-il pas lui-même ce qu'il est ?

Je rencontre l'avocate :

– L'allocation compensatrice et le dossier de l'accident sont en cours. L'assurance vous accorde une nouvelle provision de trente mille francs.

Les semaines s'écoulent, il s'énerve au moindre refus, et la journée Nourredine dort énormément.

Un samedi soir, accompagnés de Patrice et Jean-Jacques, nous allons dans un bar-cabaret à Châtelet, Nono boit un coca, avant de devenir instable et de vouloir sortir.

Le dimanche, agité, ne pensant qu'à fumer, au déjeuner, il prend son assiette et renverse la nourriture sur le carrelage.

Lundi, consultation auprès du Docteur Fournier, un homme avenant, d'une cinquantaine d'années, s'intéresse à mes notes et à notre vécu.

Il examine Nourredine :

– Une intervention au front est urgente, je peux l'opérer mercredi.

– Où ça Docteur ?

– Dans la clinique d'Orgemont à Argenteuil.

Ajustant ses lunettes, il poursuit :

– Une opération d'une bonne heure, au bloc, je déterminerai la technique chirurgicale à employer, je pense à un report de peau. Votre ami restera hospitalisé minimum trois jours.

– Quand l'admission aura-t-elle lieu ?

– Demain à 15 heures. Voici ma carte, mettez-vous en rapport immédiatement avec ma secrétaire.

De l'agence, je contacte la clinique d'Orgemont, afin d'accompagner Nourredine, je pose mon mardi après-midi. Malik restera avec Nono, je réserve son lit d'accompagnant et ses repas.

Fin janvier, il va endurer sa cinquième opération.

La polyclinique d'Orgemont, située sur une colline du Val d'Oise, domine le Nord-Ouest parisien. Après le passage aux admissions, le parcours des examens commence : prise de sang, radiologie, cardiologie, anesthésiste.

L'horloge tourne, instable, Nono veut retourner à la maison, à force, je me fâche comme s'il était un enfant.

La chambre à l'étage comprend deux lits, la télévision, le téléphone direct et une toilette douche.

– Au planning, m'informe l'infirmière, l'intervention à jeun, est prévue à 9 h 45, il devra être prêt à 7 h 30.

Je donne les dernières recommandations à Malik, et rentre seul.

Toute la nuit, l'angoisse perturbe mon sommeil, je supporte mal ces opérations, même si la réputation du médecin me rassure ainsi que la présence de l'accompagnant. Comme de coutumier, je m'attends à des surprises, je crains une cassure de la dynamique de sa rééducation.

Mercredi, devant un café au lait, j'appelle Malik :

– Nono dort, il est calme.

– Quoi ? N'est-il pas l'heure de partir au bloc ?

– Non, l'infirmière annonce un retard.

9 heures, je téléphone :

– Il a avalé un cachet, l'interne a rasé l'avant de sa tête, son départ pour l'opération est imminent.

10 heures :

– Toujours rien, nous attendons.

10 h 30 :

– Il est encore là, je te le passe.

– Comment vas-tu, Nono ?

– Bien.

– N'oublie pas, courage… Il me coupe la parole, puis ajoute :

– Moral et volonté.

11 heures, une cinquième fois, je compose le numéro :

– Il vient juste de partir à la salle d'opération.

À partir de maintenant, je pense fortement à lui, et cherche à m'occuper au mieux l'esprit par le travail.

Après le déjeuner, je téléphone à l'accompagnateur :

– Je n'ai pas de nouvelles.

Une heure plus tard, je recommence :

– Aucune info, je l'attends.

15 heures, impatient, j'appelle la ligne directe des aides-soignantes :

– L'opération se termine, il passe en salle de réveil.

Une heure passe, Malik au bout du fil :

– Il n'est pas encore remonté, d'après l'infirmière, cela s'est bien passé.

À cause des embouteillages, j'arrive à la clinique tardivement. Nourredine a un pansement qui a l'apparence d'un casque, celui-ci, recouvre la tête, les drains réceptionnent le sang jusqu'à de petites gourdes, et dans l'avant-bras une perfusion. À moitié conscient, il m'embrasse maladroitement, la tristesse envahit son regard.

Surpris par la durée imprévue de l'intervention, je vais au bureau des infirmières, la responsable me lit le rapport du chirurgien :
– Infection sur l'os à froid - Os enlevé - Nouvelle intervention à prévoir.
Immense déception, en une seconde, moralement, tout s'écroule.

Le pronostic du chirurgien est balayé, à cause d'imprévus ou de complications, j'ai du mal à admettre l'inattendu. Même si le crâne reste la partie du corps la plus délicate et la moins maîtrisable, l'angoisse m'accable.
– Combien de jours va-t-il rester ?
– Environ une semaine, monsieur.

Nono s'endort, je le laisse avec l'accompagnant, qui semble supporter de rester à la clinique. Le lendemain, Malik m'annonce :
– Nono a dormi longtemps, sans bouger, mais le réveil est difficile. Le chirurgien doit passer.

Je sollicite l'opinion de Philippe, notre Docteur :
– La greffe s'annonce plus compliquée que prévu, les germes résistent, n'empêche, garde confiance envers le chirurgien. Et toi, comment vas-tu ?
Le cœur lourd, je réponds :
– C'est dur à vivre, plus pénible qu'imaginé.
– Ton courage est exemplaire. À son retour, prévois des pansements, ou mieux, demandes à une infirmière de venir à domicile.

Milieu de matinée, Malik m'appelle :
– La perfusion est retirée, il dort.

Un bref moment s'écoule, mon assistante m'interpelle :
– Le Docteur Fournier en ligne !
– J'ai découvert une infection avancée de l'os, cela m'a obligé à pratiquer un décollement important. Une autre opération sera nécessaire dans cinq à sept mois, elle permettra de remettre un os sain. En l'absence d'os frontal, soyez extrêmement vigilant, un seul choc serait fatal. Normalement, il restera hospitalisé jusqu'à lundi.

Début de soirée, après un interminable trajet coincé dans un gros bouchon, je me gare sur le parking de la clinique.

Nono et l'accompagnant dînent devant leur plateau-repas. Difficilement, il avale de la purée, un steak haché et une crème à la vanille. Heureux de me revoir, sa présence est bonne, j'en profite pour sortir une feuille de papier :
– S'il te plaît, écris-moi quelque chose.
Appliqué, il forme lentement ces mots :
    « Moi, je suis tranquille, toi aussi, c'est comme moi, tu es gentil. »
Comparé au langage, il s'exprime davantage par l'écriture, ce que

confirment des articles médicaux.

Nono attrape ma main :

– Ici, je suis triste, à la maison, je suis heureux.

Claudine nous rend visite, Nourredine souriant, la reconnaît.

– Pour te changer les idées, viens dîner chez moi, me propose-t-elle gentiment.

Sous une douche matinale, la sonnerie retentit, Malik m'avise :

– Nuit agitée, il a arraché le pansement. J'ai demandé un fauteuil roulant, s'il ne fait pas trop froid, chaudement habillé, je le sortirai.

De retour à la clinique, je constate une récupération plutôt rapide de l'opération, drains pendus aux récepteurs placés à l'intérieur des poches du survêtement, il marche dans le couloir.

Une infirmière s'avance vers moi :

– Le chirurgien maintient sa sortie lundi après-midi.

Tôt, le samedi, l'accompagnateur, perturbé, m'appelle :

– En fin de nuit, pendant que je dormais, Nono, en slip, a tenté de s'enfuir, par hasard, l'infirmière l'a rattrapé devant l'ascenseur. Au lieu de s'endormir, il n'a pas arrêté de bouger et de vouloir fumer.

– Malik, soit très vigilant, ne le laisse jamais seul.

Aussitôt, je pars dans le Val d'Oise, de ce fait, l'accompagnant rentrera chez lui se reposer jusqu'en fin de journée.

Nono, relax, bavarde dans la salle de soins, entouré d'infirmières. L'accompagnateur, yeux cernés, est impatient de partir :

– J'ai peu dormi, Olivier. À ce soir, Nourredine !

Nouveau choc à la vue de cette plaie, l'absence de l'os laisse un trou insolite à gauche de la base du crâne. La cicatrice bardée d'une vingtaine de points de suture suit exactement celle de la première intervention. Son visage déformé se révèle franchement inesthétique.

Nono, déprimé, veut rentrer à la maison, il ne supporte plus l'atmosphère hospitalière. Je reste constamment auprès de mon ami jusqu'au retour de Malik, pour la relève.

Dimanche, de bonne heure, je téléphone à l'accompagnateur :

– Encore une nuit très mouvementée, lorsque j'étais dans la salle de bain, il a retenté de s'échapper. Pourtant, j'avais fermé les barrières du lit, je l'ai rejoint à l'autre bout de l'étage, quasiment à poil, il fouinait dans le placard à balais.

Sur place, je retrouve Nono, blême, fatigué, je libère l'accompagnant, épuisé, à la suite de sa nuit blanche.

L'infirmière avec dextérité enlève les drains, tire progressivement sur les tuyaux enfilés à l'arrière de la cicatrice, du sang s'écoule, elle la nettoie soigneusement et renouvelle le pansement.

Après le déjeuner et une sieste, je lève les barrières de protection. Au réveil, il s'installe dans le fauteuil puis va fumer à la fenêtre.

Cette attitude de grand bébé et ce comportement de gamin me

déconcertent. À l'idée d'une démoralisante autre intervention, d'avance, cela me décourage.

Tout à coup, il se lève, fonce vers la porte, je pose mon livre.
– Où vas-tu ?
– Cigarette ! dit-il, après mon refus qu'il fume une seconde fois.

Il rejette l'écriture, continuellement, demande à revenir chez nous, c'est épuisant.

Suite à la remarque de Malik, je vais faire un test :
– Viens sur le lit. Allez ! Viens, je veux voir quelque chose.

Monsieur se décide, s'allonge, je remonte les barrières.
– Montre-moi si tu peux passer par-dessus.

Nono me regarde, la bouche pincée, les bras croisés.
– Vas-y, tu me montres !

Il se redresse, puis, doucement, prudemment, d'une étonnante agilité, une jambe après l'autre à la limite du déséquilibre, franchit la barrière. Le tour est joué. Satisfait de son acrobatie, Nono met deux doigts devant ses lèvres :
– Cigarette ?
– Non, pas maintenant.
– Paf ! Vexé, il me balance un coup de poing sur la joue.

Au rez-de-chaussée de la clinique, nous buvons un chocolat. En remontant, nous croisons des infirmières, elles fêtent un anniversaire :
– Nono, viens manger du gâteau !

Il prend une part, remercie, je lui demande :
– Que souhaites-tu, aujourd'hui, à Catherine ?
– Joyeux Noël ! Étonnés, nous éclatons de rire.

Lorsque Malik arrive, je résume les événements dont le surprenant franchissement de la barrière. À la suite de cette journée de surveillance permanente, enfermé pendant des heures dans la chambre, je suis nerveusement épuisé.

Lundi, avant d'aller au travail, le téléphone sonne.
– Nono, à l'aube, s'est sauvé en pyjama et en chaussons par un froid de canard, m'annonce Malik, bouleversé, la voix tremblotante. Heureusement, quelqu'un l'a retrouvé au bord de l'autoroute.
– Quelle autoroute ? dis-je, ahuri.
– Celle qui va à Cergy-Pontoise, Nourredine était à deux kilomètres d'ici, par une température de -1° sur la région parisienne, ajoute Malik.

La surveillance inefficace de la clinique me révolte, les portes d'accès sont des passoires. Très inquiet, j'appelle le poste des infirmières.

– Ouf, tout rentre dans l'ordre, monsieur Nono, nous a fait une belle frayeur. Par chance, un employé de la clinique, depuis sa voiture l'a aperçu dans la pénombre, marchant le long de la barrière de sécurité. Vêtu d'un simple pyjama et d'un bandage sur la tête, cet homme l'a ramené ici. Nous venons de l'examiner, votre compagnon n'a rien, il semble avoir résisté au froid, me rassure l'aide-soignante.

De l'agence, j'essaie de joindre sa chambre, cela sonne occupé. Plus tard, Marie, ma collaboratrice, me souffle à l'oreille :
– Malik en ligne.
– Il s'est énervé, a arraché le fil du téléphone, je viens de le réparer. J'ai eu du mal à le calmer. Bonne nouvelle, le Docteur l'autorise à partir.

Au retour du déjeuner, la secrétaire du chirurgien m'explique :
– Monsieur X. peut sortir, passez prendre son dossier et effectuer les règlements. Une infirmière enlèvera les points de sutures, mercredi et vendredi prochain. Pendant huit jours, donnez-lui du Bactrim, le Docteur Fournier vous reverra dans deux mois.

Comme trop souvent, je quitte le bureau plus tôt.

Lorsque j'entre dans sa chambre, Nono m'embrasse, joyeux de partir de la clinique, et l'accompagnant également :
– Ici, il devenait intenable.

Début février, certains jours, il reprend la rééducation. Sa participation est variable, tantôt, il termine la séance, tantôt, il ne reste que cinq minutes. Un infirmier du service de neurologie retire les points de la cicatrice, elle se révèle satisfaisante.

À force, j'ai la main pour faire les pansements. Le week-end, je laisse la cicatrice à l'air, et constate que Nourredine récupère rapidement.

Quelques jours plus tard, Malik téléphone, paniqué :
– Il a fait une crise épileptique dans le salon, j'ai eu trop peur, elle a duré longtemps, sans mordre sa langue ni uriner. Je l'ai allongé sur le canapé, maintenant, Nono dort.
– Il a bien pris son médicament ?
– Oui, bien sûr.
– Surtout, laisse-le se reposer. Évite de le rendre nerveux ou inquiet, j'arrive au plus vite.

Aussitôt, j'abandonne mon travail.

Le Docteur Pradat invoque le temps très froid actuel, ces crises préoccupantes en seraient la cause. Je veux comprendre l'origine de l'épilepsie, et trouve une définition dans une revue médicale :
Épilepsie : du grec, epilambanein ; saisir, attaquer par surprise. Zone délimitée du cerveau qui, en devenant hyperexcitable à la suite d'une lésion cérébrale, proche ou lointaine, est à l'origine des crises épileptiques. (…) L'épilepsie, sous forme de crises à répétition, affecte environ 0,8 % de la population française, souvent dès l'enfance (…)

Mi-février, lors de la rééducation d'ergothérapie, alors que l'accompagnant attend au rez-de-chaussée, Nono descend l'escalier de service, une autre fugue commence.

Les heures passent, une alternance d'angoisse et de crainte, la frayeur au ventre, à l'idée d'un grand malheur.

Seul, dans les rues de Paris, avec sa vue réduite, sa conscience limitée, à la merci de n'importe qui, face à un risque d'un second accident.

Trop tourmenté, impossible de maintenir mon attention au travail.

Fin d'après-midi, soudainement, Marie blêmie :

– Tu as la police au bout du fil, me chuchote-t-elle, anxieuse.

– Monsieur *Mayau,* bonsoir, dit une voix grave d'homme, ici le commissariat de la Rive gauche. Nos collègues ont intercepté sur la voie publique un nommé Nourredine X., il nous a donné votre nom et ce numéro, le connaissez-vous ?

– Oui, il est handicapé.

Je note l'adresse et pars sur-le-champ.

Un officier de police moustachu me reçoit dans un bureau particulier, les bras croisés, soupçonneux, un interrogatoire débute :

– Ce jeune est mineur !

– Non, monsieur, il est majeur.

– Il a quel âge ?

– Bientôt vingt-trois ans.

Il se frise la moustache :

– Êtes-vous sûr ?

– Certain.

– Montrez-moi ses papiers.

Je les dépose sous ses yeux, et précise :

– Vu son état neurologique, il perd tout.

– Que faisait-il seul dans la rue ?

– Par suite d'un accident… en fugue depuis ce matin, il est parti de l'hôpital pendant sa rééducation.

– Quel hôpital ?

– Voici l'attestation médicale.

Il l'examine minutieusement et écrit les renseignements sur une fiche.

– Quel lien de parenté avez-vous ?

– Je suis son ami, je m'occupe de lui.

– C'est peut-être votre ami, mais ce jeune homme nous a dit autre chose, m'annonce l'officier, perplexe.

– Que vous a-t-il dit ?

– Qu'il partait à Alger retrouver ses parents, répond-il, sourcils froncés.

Posément, j'explique l'histoire malheureuse de Nono, la modification comportementale et montre mon carnet de bord.

Il m'écoute, tape à la machine, se relâche un peu.

– Avez-vous votre carte d'identité, s'il vous plaît ?

Finalement, après un contrôle dans leur fichier et deux coups de téléphone, un à la Salpêtrière, l'autre à notre avocate, le policier décide d'aller chercher Nourredine, enfermé dans une cellule.

Me voyant, il lève les bras et d'un beau sourire, s'exclame :

– Olivier !

L'officier finit le procès-verbal, je le signe, puis nous laisse partir en début de soirée. Nono, fatigué, a perdu sa casquette, le pull déchiré, ses mains sont sales, sûrement dues à une chute.

Chez nous, il avale précipitamment un comprimé anti-convulsions, prend une douche et dîne. Dans la poche du blouson, je découvre un porte-monnaie avec un billet plié de cinquante francs.

– Nono, qui t'a donné cet argent ?

Il ne sait pas, il ne sait plus. L'a-t-il trouvé ou bien, l'a-t-il volé ?

L'absence du courrier de la Cotorep, m'oblige à les interroger à propos de l'obtention de la carte d'invalidité.

– Madame, j'ai déposé le dossier début décembre.

– Monsieur, on ne donne aucun renseignement par téléphone.

Je proteste poliment, elle me passe une autre employée :

– N'insistez pas, c'est illégal. Qui êtes-vous ?

Je donne les : nom, prénom, date de naissance, adresse, téléphone.

– Toute information est strictement interdite, dit-elle, réticente. Bon, aujourd'hui, je vais faire une exception, patientez, je consulte le fichier.

Une musique ringarde passe en boucle pendant dix minutes.

– Dossier à l'étude, il sera convoqué prochainement. Au revoir, monsieur.

Les courriers de plus en plus nombreux m'obligent à les classer dans des chemises cartonnées. Jour après jour, je poursuis mes notes.

Il est 5,5 sur mon échelle graphique, le rythme plus lent depuis novembre, me laisse espérer un rétablissement possible dans les dix-huit mois à venir.

Détail du bilan chiffré :

Interventions chirurgicales 5. Visites, environ 350. Communications téléphoniques, plus de 700. Absences au travail, 400 heures.

Sur un tableau du troisième carnet, j'écris :

Les signes positifs : évolution très lente, mais toujours en léger progrès.
Motricité plutôt bonne, sauf un déficit à gauche.
Vision droite correcte aux trois quarts. Mictions plus espacées.
Assez bonne récupération après les interventions.
Les signes négatifs : langage limité, prononciation parfois difficile, peu de phrases structurées, pas de participation aux conversations.
Sixième opération et greffe d'os en attente sur le front.
Pas de vision gauche. Amnésique pour les souvenirs récents.
Risque de crises épileptiques. Désir de fugue.
Fréquentes déprimes morales. Intervention sur un calcul urinaire ?
Séquelles physiques importantes au visage.

Un week-end, j'observe un changement affectif envers moi, Nono offre plus de câlins, plus de tendresse.

Stimulé, il se brosse les dents, mais si je le pousse à se raser tout seul, dès que je tourne le dos, il jette la mousse par terre et le rasoir dans la poubelle.

Depuis la dernière opération, lors des sorties, des gens remarquent la déformation du front, certains, choqués, ont un mouvement de recul, d'autres lâchent des réflexions :

– Eh, regarde sa tête à celui-là.

Nono avait vingt-ans, lorsque je l'ai rencontré, de ce fait, je connais trop peu son enfance et son adolescence, en particulier toutes ses années au pays. Cet inconvénient m'empêche de le faire davantage progresser.

Malik profite de l'occasion pour parler souvent l'arabe algérien et évoquer ses récentes vacances au bled, une assise bénéfique.

Il me raconte l'anecdote de cet après-midi, sur le quai du métro :

– Nono a eu une étonnante réaction. Tout d'un coup, il a saisi la cigarette d'un jeune qui fumait et l'a écrasée au sol ! Ahuri, le gamin n'a rien osé dire.

Le lendemain matin, le slip à la main, Nono l'enfile en voulant passer les deux jambes dans la même ouverture. Obstinément, il le remonte, le tire avec force, jusqu'aux bas des cuisses, que nenni, le slip reste coincé.

– Tu te trompes, enlève-le.

Mon bonhomme s'entête, refuse de m'écouter, vexé, me crie dessus :

– Non ! Rien !

Nono téléphone à Fatima moins d'une minute et raccroche.

En plein conflit de la guerre du Golfe, je regarde fréquemment les informations, Nourredine à mes côtés, semble indifférent à ces événements.

J'invite Claudine à déjeuner. Nono participe brièvement au ménage, passe l'aspirateur, un coup à droite, un coup à gauche, puis laisse tout tomber sur la moquette, avant de s'affaler dans le canapé.

Au retour des achats chez le pâtissier, j'ouvre la porte, le téléphone sonne, j'oublie de la fermer à clef, et réponds. Mes parents désirent avoir des nouvelles, une fois la conversation terminée, je me retrouve seul :

– Nono ?... Où es-tu ? Nono ! !

Il n'est plus là.

Ma sacoche sur le buffet a disparu !

Profitant de mon inattention, subrepticement, il est sorti.

Un choc !

Affolé, cœur bloqué, je cavale à sa recherche.

Dans la rue, je prends à gauche sur deux cents mètres, rien, pas de Nono. Pourtant, lors de la précédente fugue, il a pris cette direction.

Je repars vers la droite, slalome entre les passants. Brusquement, je pense à ma sacoche, et réalise qu'il y a les clefs de la voiture, paniqué, je fonce jusqu'à la petite rue où je l'ai garée.

L'emplacement est vide, plus de voiture !

Un froid me glace le sang, il a pris la Golf.

Non, c'est insensé !

Paralysé, une violente angoisse descend de ma tête jusqu'au ventre.

Incroyable, hallucinant. Il a mis le contact, débrayé, enclenché la vitesse, manœuvré… Et, Nono est parti !

Mais, où ?

La rue est en sens unique, il a tourné à droite, jusqu'au feu tricolore, là-bas. Par habitude ? Ou par réflexe ?

Le feu était-il au vert ? Au rouge ?

De quel côté est-il allé ? Dans quelle direction ?

Quelle folie. Avec sa vision réduite et l'inconscience où il se trouve.

NON ! Il ne peut pas conduire, impossible !

Abasourdi, je regarde la rue dans les deux sens, au cas où l'impensable pourrait arriver ; aucune voiture rouge.

Une catastrophe s'annonce, je vis l'irréel.

Une seconde j'ose imaginer qu'il revienne, tout semble possible. Déstabilisé, j'en perds la tête.

Totalement dépassé par l'énormité de son attitude déroutante, je respire à fond. N'ayant pas conduit depuis l'accident, il est incapable de prendre le volant.

Nourredine va provoquer un drame. Sidérant.

Effrayé, cette fois, je craque.

Je remonte à l'appartement et appelle la police.

– Un conseil, monsieur, venez porter plainte pour vol.

Au téléphone, Michèle, stupéfaite s'exclame :

– Alors là, c'est trop grave ! J'arrive immédiatement.

Secoué, je redescends, ne sais plus quoi faire, encore un coup d'œil dans la rue, pas de Nono ni de voiture en vue.

Pourvu que ce cauchemar s'arrête.

Claudine sonne à la porte suivie de Michèle, je raconte l'histoire, elles sont abattues.

Claudine réfléchit :

– J'ai vu un accident à trois minutes d'ici, en pleine ligne droite de l'avenue, effectivement, c'était une voiture rouge, il y avait le SAMU.

– C'est mon auto, venez, on y va.

Le souffle coupé, anxieux, je m'attends à une tragédie.

Claudine roule à grande vitesse. À un carrefour, le lieu de l'accident, une ambulance s'apprête à partir, un véhicule des pompiers et une voiture de police stationnent au milieu de la chaussée.

L'avant de la Golf est entièrement détruit, le moteur broyé contre l'habitacle, le train avant en biais. Il a percuté l'arrière d'une Ford Scorpio, défonçant complètement le bas de caisse et le coffre.

Un choc très violent entre les deux véhicules, face à ces épaves, la peur m'accapare, le cœur souffre.

L'ambulance, sirène hurlante, transporte une victime à l'hôpital, stressé, terrorisé, j'approche d'un pompier :

– Le conducteur de la Golf, est-il blessé ?

– Oui, ce jeune homme complètement inconscient est transféré à Paul Brousse. Le front enfoncé, sa tête a heurté le toit, encore heureux, la ceinture de sécurité était enclenchée, sinon, il serait décédé.

Claudine, blême, capte mon regard vide :

– L'enfoncement, ne serait-ce pas l'absence de l'os ? Ce n'est peut-être pas si grave.

Michelle et moi espérons qu'elle aura raison.

L'autre conducteur, d'origine asiatique, est blessé à la tête, toutefois, d'après le pompier, rien d'alarmant.

Un policier me recommande d'aller au commissariat afin d'établir un rapport, je récupère ma sacoche et me précise :

– La Ford était arrêtée au feu rouge lorsque la Golf a heurté l'arrière à vive allure, projetant la voiture à plusieurs mètres de l'autre côté du carrefour. On est passé à deux doigts d'un accident mortel.

Un dépanneur, prévenu par la police dégage ma voiture de l'avenue, puis me glisse sa carte avec l'adresse du garage. Malgré une assurance tous risques et pas de sinistre depuis quinze ans, la déclaration s'annonce délicate.

Michèle rejoint Nono à l'hôpital pendant que Claudine m'accompagne au commissariat. Après le rapport-constat auprès d'un officier compréhensif, nous regagnons les urgences de Paul Brousse.

Michèle, à l'accueil, s'approche :

– Il a eu une radio et un examen complet. À part le contre-choc, pas de blessure, me rassure-t-elle, il récupère dans une chambre.

Un médecin de permanence nous reçoit, l'air déboussolé :

– D'abord, nous l'avons cru dans le coma, ensuite, j'ai remarqué la cicatrice frontale. L'image radio confirme qu'il n'y a rien d'atteint depuis la dernière intervention, seulement une égratignure au front, précise-t-il.

Ce médecin stupéfait par cette dangereuse fugue, ajoute :

– J'ai toujours été pessimiste sur les séquelles des traumatismes frontaux, elles sont généralement ingérables. C'est comme si vous aviez à surveiller trois gamins turbulents à longueur de journée.

Finalement, il décide que mon ami peut rentrer.

Très mal dans ma tête, au bout du rouleau, le doute s'installe, je n'ai plus confiance. Là, depuis le début, je me sens dépassé, désespéré.

La gestion de l'inattendu est devenue trop lourde, tout déborde.

Face aux conséquences non maîtrisables, d'un trop grand risque, les résultats me découragent.

Le danger permanent me pousse à abandonner.

Et, la prochaine fois, que va-t-il faire de pire ?

Claudine me prend par le cou, s'efforce de me remonter le moral.

Le cœur lourd, désillusionné, je cogite, et allons chercher Nourredine. Il se lève, le regard perdu, un simple pansement au-dessus de l'œil gauche. Nono, traumatisé, muet, m'embrasse, front contre front, d'un relâchement nerveux, je sanglote.

L'essentiel, mon imprévisible amour s'en sort indemne, finalement, après ce désarroi épouvantable, le bonheur d'être ensemble l'emporte.

À la maison, réunis avec nos amies autour d'un repas tardif, nous évaluons qu'il a fait trois kilomètres au volant avant de provoquer l'accident. Cela laisse rêveur lorsque l'on connaît le parcours.

Nourredine a pris des virages, traversé cinq carrefours, dont quatre feux tricolores, une chaussée sous tunnel, de deux mètres quarante de large, sur une longue courbe bordée d'un épais muret de béton.

Nono, rivé au canapé, amorphe, indifférent, ne parle et ne mange pas, il semble ne plus se souvenir, et ne tarde pas à s'endormir.

Assommé, démoralisé, je dois pourtant réfléchir à tout ce qui va suivre.

Le lendemain, après une nuit calme, il a une attitude coupable et, d'un air confus, hésite à me parler.

Pendant le petit déjeuner, Malik arrive, je décris la scène :

– Inimaginable, ahurissant, j'ai du mal à te croire.

Au bureau, mes collègues, bouche bée, tombent de leur chaise. Les alarmistes deviennent majoritaires :

– Tu ne vas pas t'en sortir, il ne sera plus jamais, tel que tu l'as connu.

– À la prochaine crise, il va mettre le feu à votre appartement ?

– Olivier, pense à ta santé, tu as fait l'impossible. Nourredine est pratiquement sauvé, tu as la conscience tranquille, tourne la page, construis-toi un nouvel avenir.

– Arrête tout, sinon, tu vas te détruire la vie.

Entre deux dossiers de clients, les conseils juridiques de Francy s'avèrent précieux, pour rédiger le courrier recommandé à l'assurance.

Je joins un plan, les circonstances, le lieu, les photocopies du document de la police et du permis de conduire. Après le travail, je vais régler le dépanneur et m'occuper du transfert de la voiture.

À peine arrivés chez nous, mon ami, accablé, me couvre de baisers, pas un mot, les yeux sombres, alliés à une grande tristesse, démontre sa culpabilité. Il prend son cahier de rééducation, et écrit :

« *J'ai pris la voiture pour acheter des cigarettes.* »

Les câlins se poursuivent, Nono s'endort au creux de mon épaule.

Les jours suivants, à cause de la collision, son mal de tête persiste, il se montre calme, agréable.

Mon doute subsiste, le moral au plus bas, j'attrape un stylo et le carnet :

Hypothèse pessimiste, si cela se complique ou se bloque quelque part
dans son cerveau, ce sont des années d'incertitudes à venir.
Une modification de sa personnalité, de son comportement, rend mon

échelle de calcul aléatoire et fausse.
Ma vie deviendra difficile, voire intenable.
Hypothèse optimiste, c'est un passage, un dur moment à franchir.
En estimant un ralentissement de l'évolution, pour monter à 10 points,
j'envisage le double de temps, soit fin 1992 voire début 1993 ?
Le lendemain, l'abattement m'accapare :
Il y a des jours où tout semble vide, où rien ne progresse. Le temps qu'il
évolue, qu'il se stabilise, m'use le moral et les nerfs.

Aurais-je le courage de continuer et d'attendre : deux, trois, ou quatre fois plus de temps ? Pour quels résultats ?
Va-t-il s'en sortir ? Et, avec quelles séquelles irréversibles ?
Redeviendra-t-il l'homme que j'ai tant aimé ?

Incontestablement, ma déception est immense, j'entre en dépression, avec d'autres problèmes qui ne tarderont pas à surgir.

Malik, l'envoie chercher du pain à la boulangerie, de la fenêtre le surveille, tout se passe normalement, Nourredine revient, une baguette sous le bras.

Sortant de l'agence, je passe chez des libraires à la recherche de livres qui traitent des séquelles neurologiques. J'espère y trouver des conseils ou une analyse répondant peut-être à mes questions.
Quelle attitude adopter ? Comment faire évoluer sa mémoire ?
Les médecins, réservés, me répondent trop souvent :
– Pronostic incertain.
– Soyons prudents.
– Il faut plus de recul.
– Nous n'avons pas de réponse.
– Chaque cas est différent.
D'autres praticiens donnent un avis plus explicite :
– Seul, le temps, la volonté et un entourage motivé sont nécessaires.
– Il vous faudra, à tous les deux, des années de détermination et de stimulation.

À part des publications destinées aux étudiants en médecine, je ne trouve pas un seul livre qui correspond à l'attente de notre vécu.

Un week-end de printemps, sous mes yeux, il prend un billet de 100 francs dans mon portefeuille, le plie en quatre et le met dans sa poche.
– Pourquoi as-tu besoin de cet argent ?
– Pour acheter des cigarettes.

Il appelle en Algérie, répète trois fois les mêmes questions à sa mère et à ses sœurs, souffle à pleins poumons dans le combiné, puis raccroche.

Désormais, je garde les clefs de l'appartement sur moi, je ferme le gaz, je cache les allumettes, le briquet, et reste vigilant vis-à-vis de l'électricité.

Un matin, l'accompagnant et Nono entrent dans un bar-tabac du quartier pour acheter des cigarettes. La file d'attente est longue, Malik l'installe à une table à côté d'une jeune fille, elle consomme une boisson. L'œil en biais, il observe le lait-fraise posé devant elle.

Profitant qu'elle feuillette un magazine, subitement, Nono saisit son verre et le boit d'un trait, jusqu'à la dernière goutte. Estomaquée, la demoiselle le regarde, incapable de prononcer un mot, elle éclate de rire. Gêné, l'accompagnateur vient s'excuser.

D'un revers de main, il s'essuie la bouche, se lève et déclare :
– Fini, on y va !

Au fil des jours, j'observe plus fréquemment des réactions et des progrès variables, rien ne semble acquis. Hier, il participait de lui-même à la cuisine, aujourd'hui, il refuse de m'aider.

Concernant le langage, je commence à douter qu'il puisse récupérer ses facultés initiales. Les dommages causés à l'hémisphère gauche du cerveau ont réduit considérablement le centre de la parole et de la mémoire, elles me paraissent sans évolution depuis cinq mois.

Certains neurologues prétendent que l'hémisphère droit finira par compenser le gauche très endommagé.

Mardi matin, alors qu'il est en rééducation, Monsieur Blais m'informe :
– L'intervention sur les calculs urinaires aura lieu mi-avril, il restera quarante-huit heures sous observation.

L'après-midi, Malik m'appelle de la maison, affolé :
– Nono a fait une fugue ! Après les toilettes, il a dû prendre les clefs dans mon blouson et a ouvert la porte d'entrée, avec la télé allumée, je n'ai rien entendu.

– Malik, tu sors, tu claques la porte. Va vite au métro, si tu ne le trouves pas, monte dans une rame et descends à la station suivante, puis reviens à pied par l'avenue, jusque chez nous, peut-être le croiseras-tu.

Encore une fois, à cause de cette cinquième fugue, je quitte précipitamment l'agence, et rentre par le métro. L'angoisse toujours aussi forte et l'amertume m'empêche de prendre du recul, de rester calme.

Malik arrive après moi à l'appartement.
– Hélas, je ne l'ai pas rencontré sur le chemin, dit-il, déçu.

Claudine m'appelle, elle souhaite venir près de moi. L'accompagnant ne veut pas partir, préoccupé, nerveux, il se sent responsable. Constamment sereine, Claudine prépare le dîner.

Malik et moi, allons à la police signaler sa disparition, leur attitude ne change pas, ce n'est pas leur problème :
– Ce monsieur est majeur, donc, libre devant la loi.

Face à notre détresse, ils acceptent de diffuser un avis de recherche par télex, en précisant les vêtements qu'il porte.

Le téléphone reste désespérément muet. Nono connaît le numéro, mais ne peut certainement pas m'appeler, à moins de rencontrer une bonne personne qui souhaite l'aider.

En ce moment, il est suspendu au dysfonctionnement de son cerveau, à errer au fil des rues quelque part dans Paris.

Ce soir, à la merci d'une mauvaise rencontre, il croise l'indifférence de ceux qui le prennent pour un sans domicile fixe ou un schizophrène. Mon irremplaçable ami est devenu un zombi.

L'accompagnant, épuisé, s'endort, moi, je n'ai nullement envie de me coucher, je voudrais tant qu'il m'appelle.

Enveloppé du silence, j'ouvre un livre sur l'Égypte ancienne et m'occupe l'esprit. Vingt minutes s'écoulent, subitement, de la cour de l'immeuble, j'entends une voix étouffée :

– Olivier !

C'est lui ! Dieu soit loué, Nono revient.

Au cœur de la nuit, plongée dans l'obscurité, il a retrouvé l'adresse de la maison. Soulagé, d'une joie intense, je descends en pyjama, pour me précipiter à sa rencontre.

Serrés l'un contre l'autre, j'embrasse son visage glacé et, à l'aide de mes mains, réchauffe ses oreilles. À première vue, il n'a rien.

Heureux, il affiche un superbe sourire, l'émotion m'envahit, je pleure.

Surpris de voir les larmes, Nono me console, penche la tête à droite, l'air de s'excuser, de demander pardon.

Le son de nos voix, réveille Malik, bouche bée, il reste stupéfait :

– Alors, là… Je n'en reviens pas ! Comment a-t-il fait ?

J'attrape ses médicaments, l'accompagnant nous prépare à manger.

– Où es-tu parti ?

Nourredine fume, réfléchit :

– Porte de la Villette.

– Comment es-tu allé là-bas ?

– Le métro.

Son absence aura duré sept heures, affaibli, plus question d'évoquer son escapade, la faim au ventre, il mange avidement. Depuis qu'il fugue, cette fois, Nono s'est orienté et a retrouvé le chemin.

Sans hallucination ni crise, il se lève au moment où je pars au travail, prend volontiers une douche de vingt minutes sous les jets d'eau, et s'inonde de shampoing.

À la fermeture de l'agence, avec l'accompagnateur, Nono nous rend visite pour dire bonjour aux collègues. Découvrant le front déformé, chez certains, le malaise est visible, chez d'autres, son comportement enfantin et capricieux les déstabilise.

– Quand je pense au garçon qu'il était, si posé, intelligent, discret, d'une allure digne, je suis triste, m'avoue Martine.

– As-tu des nouvelles du conducteur responsable de l'accident ? s'informe Michel.

– Non, un procès est en cours, l'avocate attend la date du jugement.

– Cet accident est criminel, il faut le mettre en prison, s'indigne Norbert.

Malik nous quitte. Tous les deux, prenons le métro, à chaque station, lorsque la rame entre dans le tunnel, Nono baisse la tête, comme pour éviter la voûte.

À dix mois de l'accident, je relève de légères évolutions dont la prononciation de mots corrects, et un meilleur suivi des films, de la vidéo ou de la télévision. Entre nuit et jour, sieste comprise, il dort jusqu'à quatorze heures, il fume du matin au soir, un paquet de cigarettes.

Parfois, il me parle en arabe, un court instant et revient au français. Alors que je range la chambre, il enfile son blouson, se cache sous la table de la cuisine pour me faire croire qu'il est parti.

– Coucou ! Et, Nono se marre.

Cet autre personnage est à l'opposé de celui qui m'a séduit, selon les situations me voici : éducateur, accompagnant, surveillant, psychologue, frère, père, copain ou ami.

J'ai l'impression d'élever et d'éduquer un adolescent à la découverte de la vie. Nous ne sortons plus, ni au cinéma ni à des expositions ou des concerts, je préfère ne plus aller à des invitations afin d'éviter le risque d'un comportement imprévisible. Néanmoins, dès que je le laisse seul avec l'accompagnateur, j'ai un pincement au cœur.

Depuis ce drame, j'ai interrompu tous les voyages de repérages à l'étranger. En choisissant de rester auprès de lui, je participe mieux à sa récupération, sa reconstruction, persuadé qu'il fait plus de progrès.

Ici, en France, la réalité est là, Nourredine n'a que moi, je mesure la lourdeur de ma tâche.

La semaine qui suit, la compagnie d'assurance automobile m'envoie un courrier. Elle donne son accord pour la réparation de mon véhicule, à condition de régler la franchise de trois mille six cents francs, au garagiste. N'ayant jamais eu de sinistre, mais étant fautif et responsable, dès la prochaine échéance, le malus grimpera au maximum. L'assureur, au cours de la conversation, précise :

– D'après l'expert, les frais de remise en état des deux véhicules s'élèvent à plus de soixante-dix mille francs, dont, près de cinquante mille pour la Golf.

La voiture achetée neuve, récemment, ne sera pas prête avant un mois, elle doit passer au marbre avec d'importantes réparations. Pour mes rendez-vous professionnels au-delà de l'agglomération parisienne, j'emprunte les transports ou la voiture d'un collègue.

Il ne pense qu'à la cigarette, une obsession permanente. Si je refuse qu'il fume, Nono cherche le paquet partout : les tiroirs, la bibliothèque, ou les poches des vêtements. Dépité, il marche à petits pas, l'air d'un gamin capricieux, capte mon regard, joint deux doigts, aspire par la bouche et imite le geste du fumeur.

Un soir, il a le choix d'un dessert :

– Veux-tu un yaourt ou un fruit ?

– Laisse-moi, je regarde la télévision, répond-il, abruptement.

Un matin, une première, Malik décide de le conduire à la piscine. Je recommande une extrême prudence, de le surveiller chaque seconde. Même si j'ai confiance en la vigilance de l'accompagnant et sa pratique de la natation, on ne sait jamais, tout peut arriver.

Au retour, Malik m'appelle :

– Nous sommes restés à peine une demi-heure. D'abord, il refusait de passer sous la douche, ensuite, Nono voulait aller uniquement dans le petit bain, mais pas question de nager. Je n'ai pas insisté, il avait la trouille.

Nourredine, si doué en natation, aussi à l'aise qu'un poisson dans l'eau, quelle déception ! Il pratiquait la brasse, le crawl, le papillon, aimait plonger, nageait sous l'eau toute la longueur du grand bassin.

Samedi, nouveau test.

– Peux-tu descendre la poubelle dans la cour ?

Je l'observe de la fenêtre, il vide le sac dans le chariot collectif, mais au lieu de revenir, cherche à sortir dans la rue. Je l'appelle, il se retourne et remonte aussitôt.

Dimanche, monsieur reste longtemps sous la douche et vide toute la bouteille de shampoing.

– Arrête Nono, c'est terminé !

Il refuse de sortir, bloque la porte, la mousse dégouline de partout.

Avant de s'habiller, il monte sur la balance, son poids est de 60 kilos.

Marie bavarde avec moi au téléphone, il trouve la boite d'allumettes cachée dans le placard, l'une après l'autre, craque une trentaine d'allumettes et les dépose dans le cendrier.

– Pourquoi as-tu fait ça ? dis-je, perturbé, à l'idée qu'il mette le feu.

– *Je sais pas.*

Nono était doué en mathématiques, je propose du calcul mental : additions, soustractions et multiplications. Sur trente réponses, vingt-sept sont exactes.

La semaine d'après, la rééducation est stationnaire, ils vont un jour sur deux à la piscine, cependant, Nourredine reste qu'au petit bain.

Nous sommes convoqués à la COTOREP, pour un contrôle-examen, et envisager l'attribution de la carte d'invalidité et de l'allocation compensatrice. Malik se joint à nous, lors du trajet, Nono me dit soudainement :

– Marie-Jeanne t'envoie le bonjour.

L'accompagnant sourit :

– En effet, elle l'a dit hier, tout d'un coup, il s'en souvient.

Un jeune médecin, de la Commission Technique d'Orientation et de

Reclassement Professionnels, nous reçoit.
– Expliquez-moi, êtes-vous un membre de sa famille ?
Il m'écoute, l'air troublé.
– Monsieur X., mettez-vous en slip, s'il vous plaît.
Le praticien vérifie les réflexes de ses membres, mais impossible de s'accroupir. Il procède au contrôle de sa vision, puis vient le tour des questions :
– Où habitez-vous ?
– Chez moi.
– Au petit déjeuner, vous prenez quoi ?
– Une cigarette, dit-il, accompagné du geste de fumer.
Le médecin ouvre le dossier transmis par l'hôpital, lit les rapports médicaux, regarde les scanners et radios. Prestement, il remplit un document, coche des cases ou ajoute de brefs commentaires.
De nouveau, le praticien m'adresse la parole :
– J'envisage un taux minimum de 70 % d'invalidité sur cinq ans. La décision finale sera prise prochainement devant une commission.
Difficile d'évaluer, mon avocate et moi l'estimions à 80 %.
Fin mars, cinquante jours après l'intervention, la cicatrice présente un bel aspect. Doucement, il progresse, Malik et moi le constatons ; il se rase en partie, seul, relativement bien, et, à la piscine, ils font des jeux plus des mouvements de natation. Un après-midi, ils vont au cinéma voir un film comique, une séance d'une heure, Nourredine, sage comme une image, dort jusqu'au moment de quitter la salle.
À la sortie, Malik le teste :
– C'était quoi l'histoire du film ?
– *Rien. Je sais pas.*
Nono prépare une salade de tomates, ajoute une échalote, du sel, de l'huile d'olive, puis met le couvert, face à face, nous dînons. Un plaisir de le voir manger normalement, à la fin du repas, de plus, il essuie la vaisselle.
Rendez-vous au cabinet du Docteur Pradat, j'interroge la neurologue :
– Docteur, donnez-moi votre pronostic, ainsi que ses chances de s'en sortir ?
– Il y a toujours d'infimes évolutions positives, à partir de là, je ne peux pas me prononcer sur les séquelles dans un, trois ou cinq ans. Son comportement reste renfermé, caractériel, il faut envisager une structure psychiatrique, qui l'aiderait à surmonter ses troubles.
Elle note sur le dossier et poursuit :
– Les médicaments restent préventifs, curatifs. Plus tard, peut-être, en l'absence de crise, nous réduirons le dosage. Concernant la vision, le rapport définitif de l'ophtalmologue confirme que l'œil gauche est perdu, pour l'œil droit, il précise une réduction de sa vue. Au sujet de l'intervention sur le front, rapprochez-vous du Docteur Fournier.

Elle s'adresse à mon ami :
– Monsieur X., vous faites quoi de vos journées ?
Il croise les bras, réfléchit les yeux fermés et finit par dire :
– Je mange bien, coca, cigarette, c'est tout !
Les autres questions restent sans réponse, nous nous séparons, le Docteur décide d'une consultation le trimestre prochain.

30 mars, Nourredine a vingt-trois ans, il donne l'impression d'être indifférent à son anniversaire. Après plusieurs tentatives infructueuses, il parle à sa mère et au grand frère.

À l'idée d'un joyeux déjeuner partagé avec Claudine, Fabien, Patrice et Jean-Jacques, j'ai réservé un framboisier et du champagne.

Pendant l'apéritif, Nono impatient, ouvre les paquets : un jean Levis, un survêtement, un pull de laine. Souriant, il embrasse les uns et les autres.

Incessamment, absent, il abandonne ses cadeaux dans le salon.

Plus tard, nous prenons le café chez Michèle, son fils Mathieu invite Nono à jouer aux jeux vidéo, la vision limitée et l'absence de concentration, le poussent à arrêter. Profitant de sa sieste, les conversations tournent autour de lui, l'avis de Michelle se révèle identique au nôtre :
– Jamais, je n'aurais supposé une telle rééducation, des séquelles à ce point perturbatrices, et une modification comportementale si radicale.

Le jour de Pâques, je le conduis au château de Fontainebleau. L'ayant déjà visité en 1989, l'impatience me gagne, hâte de savoir si Nourredine va le reconnaître.

Malgré une belle flânerie chargée d'histoire, des cours, des jardins, des bassins, jusqu'au grand canal, il n'exprime aucun souvenir.

Installés sur un banc, face au Carré d'eau du Grand Parterre, créé par Le Nôtre, Sir Nourredine, se rend compte qu'à son pied, la chaussette est à l'envers.
– Olivier, ma chaussette.
– Ce n'est pas important, laisse-la comme ça.
Nullement d'accord, monsieur insiste :
– La chaussette ! répète-t-il, à maintes reprises.
Absorbé par la beauté du lieu, je fais celui qui n'entend pas.
– Oh, Nono, regarde là-bas les superbes cygnes blancs.
Il s'en contrefout et hausse le ton :
– Olivier, la chaussette !
Cela ne peut plus attendre, il ôte sa chaussure, retire sa chaussette, la remet à l'endroit.

La nuit, à la troisième urine au lit, il se lève et me dit :
– Pardon, je n'aime pas ça.

Il passe constamment d'une attitude à une autre, tantôt, il paraît renfrogné, capricieux, incapable de s'exprimer, tantôt, il devient adulte, sourit, parle, le regard expressif. Ceci en l'espace de vingt minutes.

Les sorties à la piscine reflètent son tempérament caractériel. Parfois, il ne reste que dix minutes, braille à chaque pied dans l'eau du petit bassin, ou alors, trois quarts d'heure dans le grand bain, il enchaîne les mouvements, en éclaboussant les autres nageurs.

À la rééducation, l'accompagnant le cherche partout :

– Nono ! Nono !

Malik remarque qu'une porte des toilettes demeure close. Nono, silencieux, sans bouger, se cache.

– Viens, je te donne une cigarette. Illico, Nono montre son nez.

L'appartement devient difficile à entretenir, des taches apparaissent n'importe où, la moquette est trouée par les brûlures de cigarettes, il renverse des liquides, s'essuie les mains à l'aide des rideaux, jette les pelures de fruits derrière les meubles.

Un samedi soir, accompagnés de Claudine, nous dînons au restaurant au pied du Sacré-Cœur, Nono se tient sagement, il choisit une salade composée et un steak frites.

Il prend l'habitude de sortir sous ma surveillance, acheter le pain à la boulangerie d'à côté. Dès que je tourne la tête, il planque les coques de pistaches sous le canapé, met sa casquette et se dirige vers l'entrée pour sortir. Sans blouson, il attend devant la porte verrouillée.

– Où vas-tu ?

– Chez Michèle.

Main sur la poitrine, il prétend avoir mal au cœur, l'instant suivant, il saisit son cahier et écrit une suite de nombres : 84 - 85 - 87 - 88 - 89.

Sans comprenne, pourquoi, ces chiffres me laissent incrédule.

Les jours défilent, Nono parle moins, sa prononciation est presque inaudible, il avale les syllabes, inverse des mots, bref, son langage s'appauvrit. L'usure du temps me pèse, garder le moral, rester patient, être positif et optimiste, devient de plus en plus difficile.

Un soir, dans un placard, en cachette, il trouve la bouteille de whisky et boit plusieurs gorgées, une attitude qu'il n'a jamais eue.

Mi-avril, malgré les nombreuses séquelles, il passe au niveau 6 sur le graphique. Grâce aux notes quotidiennes, je constate mieux son évolution. Les médecins et les rééducateurs n'envisagent plus de séjour en psychiatrie.

Lors d'une sortie avec Malik, ils vont prendre un café Place d'Italie et jouer au flipper. Alors que l'accompagnant joue, Nono reste assis, le serveur s'approche d'un regard bizarre, lui demande :

– Vous pouvez relever vos manches ?

Nourredine ne réagit pas, Malik intervient :

– Pourquoi demandez-vous ça ?

– Pour contrôler qu'il ne se pique pas, monsieur, dit-il, méfiant.

L'accompagnant l'informe de son handicap.

– Excusez-moi, nous avons trop de drogués, la direction n'en veut plus.

Fin-avril, il entre de nouveau à la Pitié-Salpêtrière, pavillon Cordier, en urologie, afin d'enlever le calcul urinaire. Calme, il apparaît guère perturbé et réclame une cigarette pour fumer dans le couloir.

– L'intervention est programmée cet après-midi, m'avertit l'infirmière.

J'explique la complexité de son comportement et la nécessité d'une surveillance constante, même si l'accompagnant reste plusieurs nuits d'affilée. Une fois l'admission terminée, je regagne mon bureau.

Au retour d'un déjeuner d'affaire, j'appelle Malik :

– Ce n'est plus sûr qu'ils l'opèrent aujourd'hui.

De désagréables incertitudes s'annoncent.

En pleine animation d'une réunion, Malik téléphone à l'agence.

– C'est urgent ! m'alerte mon assistante.

– Olivier, Nono est parti ! J'ai prévenu l'aide-soignante que j'allais aux toilettes, elle ne l'a pas surveillé.

La colère monte, aussi vite que ma déception. L'accompagnant a commis l'erreur de croire à l'attention du personnel, couramment débordé.

Trois heures plus tard, coup de téléphone de Nono, Marie transfère la ligne, je me jette sur le combiné :

– Où es-tu ?

– Olivier ! s'exclame-t-il.

J'insiste, inquiet.

– Où ça ? !

– Chez un monsieur.

– Quel monsieur ? Dis-moi, où es-tu ?

Silence, avant de se reprendre :

– Dans la maison du monsieur.

J'ai du mal à comprendre :

– Passe-moi ce monsieur.

J'entends que Nono parlemente, l'homme hésite et finit par venir :

– Bonjour, ce jeune est rentré chez moi pour téléphoner, je suppose qu'il venait de la gare. Je ne pige rien, il est bizarre, paumé ou malade.

La voix plutôt âgée semble embêtée.

– Il est handicapé… Quelle gare ? Où êtes-vous ?

– À Orléans, près de la gare SNCF.

– Orléans ! dis-je, interloqué, puis j'enchaîne, s'il vous plaît, je vous demande, soit de prévenir la police, soit vous me donnez votre adresse je viendrai le récupérer au plus vite.

Dans la foulée, je propose ces solutions sans réfléchir.

– Ah non, ça m'ennuie, je n'ai rien à voir avec vos histoires, je ne m'en occupe pas. Je peux l'accompagner à la gare, le mettre dans le premier train pour Paris, rien de plus, dit-il, et raccroche au nez.

Surpris par l'attitude stupide de ce monsieur, qui me laisse sans contact ni la possibilité de le retrouver.

L'angoisse remonte d'un cran. Nourredine m'étonne de plus en plus, tout peut arriver. Au hasard, il a pris un train à la gare d'Austerlitz, proche de l'hôpital, évidemment, sans billet, et voilà, Nono se retrouve à 120 kilomètres de Paris.

Je quitte l'agence en catastrophe, rentre à la maison, espérant qu'il puisse s'orienter. En cours de trajet, j'ai l'idée de descendre au métro Austerlitz, les horaires des trains d'Orléans s'affichent, d'un quai à un autre, je le cherche parmi la foule des passagers. Plus d'une heure et demie d'anxiété, en vain.

Le cœur, gris de peine, résigné, je regagne notre domicile, avec l'espoir d'avoir un message.

Malik attend au pied de l'immeuble, le sac de sport de Nono et ses affaires dans les bras, il se sent fautif :

– Vraiment imprévisible, Nourredine est très malin.

La soirée paraît interminable, je reste à côté du téléphone, obstinément silencieux. Plus tard, je joins le pavillon Cordier afin de m'assurer qu'ils ont bien avisé le Central des hôpitaux, personne ne s'inquiète du patient en fugue, dans la nature, et le Central peu toujours attendre.

Nuit blanche, je guette le moindre bruit, particulièrement de la cour.

Au matin, toujours rien, j'appelle les urgences de l'hôpital d'Orléans puis le Central de Paris :

– Je ne vois pas d'individu à ce nom.

Malik reste chez nous, au cas où il reviendrait, perturbé, je file au bureau. La matinée s'écoule lentement, angoisse et espérance alternent. Midi, nerveux, j'avale un sandwich, Malik téléphone :

– Aucune nouvelle.

Martine, ma collègue, revient de déjeuner, elle ouvre la porte de mon bureau, rayonnante :

– Regarde qui je t'amène !

Nono apparaît, un large sourire d'une oreille à l'autre :

– Olivier ! crie-t-il, les bras levés.

– Il passait devant le café, à l'angle du boulevard Magenta, à côté de l'agence, précise Martine, quand je l'ai rencontré.

Nono est épuisé, ses vêtements ne sont pas sales, il a perdu sa casquette, plus surprenant, il porte un nouveau pull et des gants de cuir. Peu importe d'où ils proviennent.

Je l'entoure de mes bras, ne le lâche pas, il rit, prononce mon prénom à voix haute. Assailli par nos questions, il dit se souvenir vaguement du train, d'un chef d'une gare, du métro.

Marie voudrait des détails :

– Où as-tu dormi ? Qui t'a offert ce pull et ces gants ?

– Une dame…

Tout le reste, il a oublié.

J'appelle l'accompagnant, il va venir au plus vite avec l'antiépileptique, et je réserve un taxi pour rentrer à la maison. Entre-temps, Marie apporte un coca et des frites-merguez, il dévore tout.

Nono est là, sous mes yeux, abattu, sain et sauf, j'oublie mes soucis et l'anxiété disparaît. Dès lors, je pardonne les caprices de sa malheureuse tête, de ses neurones blessés.

D'un bonheur divin, je respire.

Sa nuit sera juste un peu agitée, par précaution, j'ai doublé la dose de médicaments ajoutée à un calmant qui permet de limiter le risque de convulsions. Il dort jusque tard dans la matinée, reste longtemps sous la douche, avant que Malik l'oblige à sortir.

Je prends un autre rendez-vous en urologie, l'intervention n'aura pas lieu avant début juin.

Sur le carnet, j'écris :

Sans l'exprimer verbalement, Nourredine ne supporte plus l'hôpital.
Lors de ses deux dernières fugues, il est revenu de lui-même, s'est souvenu de mon numéro et a eu l'idée de téléphoner.
Un signe d'évolutions positives.

Évidemment, ces imprévus, ces angoisses, sont stressants à gérer. Après une série d'épreuves interminables, je doute de ma capacité à atteindre l'objectif d'un rétablissement total.

Cet autre Nono, ne peut maîtriser les déconnexions d'un cerveau blessé, diminué, convalescent, aux traumatismes insaisissables. Seule une volonté permanente, tenace et courageuse de sa part, ajoutée à un moral constant, l'aidera à une solide consolidation.

Face à ce constat, serais-je capable de tenir ?

Je recherche d'autres solutions, mêmes limitées, inlassablement, je me battrai.

L'impossibilité de relations sexuelles, me rebute, la simple pensée de gestes intimes me bloque. L'équilibre sexuel, par suite d'un lourd handicap entraîne de graves conséquences, désormais, je comprends le vécu de tous les couples dans cette situation.

Un jour, à l'aube, sa voix me réveille, il rêve, récite dans l'ordre l'alphabet, lettre après lettre, s'arrête, puis poursuit son sommeil.

Dans la journée, je l'interroge :

– Pourquoi ne peux-tu pas parler ?

– Ma tête … *je peux pas.*

Plus tard, je pose une devinette :

– Nono, les hommes qui bâtissent des maisons, on les appelle comment ? Des ma… ?

J'insiste :

– Des ma… ?

Il réfléchit, yeux fermés :

– Des Marocains !

Étonné, je ris et rectifie :

– Non, des maçons.

1er mai, promenade au Châtelet, une pause dans un café, quartier des Halles, avant de terminer par une exposition à Beaubourg.

Au gré des rues, les regards moqueurs de certains jeunes ou adultes, me contrarient. La démarche déséquilibrée, la déformation du visage et le creux visible du front, déclenchent une attitude d'incompréhension et de déplaisants chuchotements :

– Regarde la tête à celui-là.

– Un mongolien.

En permanence, obligé de marcher à côté de lui, je tiens son bras afin d'éviter qu'il heurte un trottoir, un mur, un poteau ou des piétons.

À l'agence, vis-à-vis de Nono, les opinions de mes collègues s'avèrent durablement partagées. Ceux qui sont convaincus, Marie en tête, qu'il va progresser, redevenir un jour, autonome, et ceux qui demeurent sceptiques, pessimistes, pensent qu'il ne pourra plus évoluer.

À part, un commercial m'a dit :

– Tu es courageux, malheureusement, trop atteint, il ne reviendra plus comme avant, c'est utopique. Place-le dans un centre spécialisé et refais ta vie.

– J'ai un avis inverse. Battant, obstiné, mes sentiments profonds me poussent à ne pas le laisser de côté, j'irai jusqu'au bout, même si son handicap devenait irrévocable.

Au fil du temps, sa famille téléphone moins, qu'importe, il continu d'appeler en Algérie. À entendre les réflexions, des uns et des autres, le mot « anormal » revient sans arrêt dans leur bouche.

Quelquefois, Nourredine pense à ses médicaments, prend l'initiative de mettre les couverts. Il ne mange que les œufs, les frites, le coca, la Vache qui rit, et repousse tous les autres plats. Déception du côté de la rééducation, Nono écourte les séances.

L'attente fut longue, je récupère la voiture chez le garagiste. Nono sait qu'elle était en réparation par sa faute, n'empêche, il insiste et veut venir. J'accepte, car nous sommes aussi heureux l'un que l'autre de retrouver la Golf.

Le bout de ses doigts effleure la luisante carrosserie, il tourne autour de l'automobile, admiratif, s'installe, ajuste l'assise du siège, met la ceinture et, réjoui, m'observe au volant.

Chez nous, mon ami s'approche, incline la tête, l'œil gauche décalé, l'œil droit dans le mien, déclare :

– Je t'aime.

Je souris, l'attrape par le cou, frictionne ses cheveux, Nono me soulève par la taille, m'embrasse, joue contre joue, nous restons immobiles.

Voici le mois de mai, un an après l'accident. Une année où tout a basculé, la plus perturbée, la plus interminable, la plus triste de ma vie. Et, pour mon ami, douze longs mois de calvaire.

Un soir, la télé diffuse un reportage sur la Foire du Trône à la Porte Dorée. Nous y étions lors d'un week-end printanier, ensoleillé.

– Regarde Nourredine, tous ses manèges, te rappelles-tu ?

Aucun commentaire, aucun souvenir.

Pourtant, il adorait conduire les autos-tamponneuses, monter dans le Grand Huit, piloter un kart et d'autres attractions à sensations fortes.

Je le revois, vêtu d'un blouson de cuir noir, d'un jean, toujours serein, au milieu de jeunes blancs, beurs et blacks, enveloppés de musique, de lumières, d'odeurs de grillades et de barbe à papa.

Après le stand de tir et avant le train fantôme, mon prince charmant au sourire éclatant, souhaitait vivre chacun de ses plaisirs, à mes côtés.

Si Nono avait pu aller au bout de ses rêves, il m'aurait appris à davantage cuisiner, à bricoler, à maîtriser l'informatique, à pratiquer le judo, à mieux nager, à me détendre.

Ses qualités étaient si riches, ses sentiments si sincères, que j'espérais ne pas le décevoir et je me devais d'être à la hauteur de son amour.

Dès lors, l'espoir renaît, nous récoltons les premiers fruits d'un âpre combat, je n'ai plus aucun doute, bientôt, nous partagerons tant de choses, que nos vies ne suffiront pas.

LES ACCOMPAGNANTS
LES EXPERTISES
LE PROCÈS

Nono s'affirme plus bavard, malgré tout, à force de répéter les mêmes questions, nos conversations se restreignent.
Il répète en boucle :
– *Quel est le prénom de ton frère ?*
– *Marie, elle a quel âge ?*
– *La capitale de l'Espagne, c'est quelle ville ?*
Les jours heureux, Nono chante des chansons qu'il écoutait dans les années 80, les romances des débuts à Oran de Cheb Khaled.
Mi-mai, entretien avec le Docteur Fournier au sujet de l'intervention-greffe.
– J'envisage de retirer de l'os sur sa hanche côté bassin, et de tenter une autogreffe. L'opération durera plusieurs heures, avant une hospitalisation de huit à dix jours.
L'idée d'une double intervention me laisse songeur. Il propose une entrée en juillet, la prise en charge du lit de l'accompagnateur sera demandée auprès de la CPAM.
Le Docteur examine les notes de mon carnet :
– Parfait ce que vous faites. La meilleure méthode d'un bon rétablissement, avec toutes chances de réussite passe par la façon de l'entourer, une présence constante, une stimulation quotidienne. Il n'y a aucune recette miracle, c'est un travail de longue haleine que tout le monde ne peut assumer. Prévoyez de trois à cinq ans pour une solide récupération.
Si son pronostic est exact, je ne suis pas au bout de mes peines.
Les semaines défilent, il mange difficilement, n'arrive pas à déglutir, bloque la nourriture dans sa bouche et arrête de mâcher. Patient, malgré mon insistance, il refuse de continuer à manger, cela finit par m'énerver, je me fâche, mais Nono n'avale toujours rien.
À la piscine, selon les jours, il reste plus ou moins longtemps, lors du passage sous la douche et au franchissement du bain de pieds, les

esclandres retentissent.

L'accompagnant, moins motivé, se sent usé par l'attention et la ténacité que demande Nourredine.

L'un après l'autre, je contacte les éducateurs de la rééducation, pour faire le point, les avis sont identiques :

– Ces derniers mois, votre ami manque de volonté et de constance.

Une fois par semaine, l'accompagnateur l'emmène au cinéma, loin d'être positif, il fixe mal, n'enregistre pas le thème du film. Lors de la dernière projection, il a posé ses pieds sur le dossier du fauteuil de devant, et à heurter la tête d'un spectateur, abasourdi, celui-ci s'est mis en colère.

Un matin, Malik arrive une heure de retard :

– Je n'ai pas entendu le réveil.

Fin mai, j'ajoute un bilan à mon carnet.

Progrès stationnaires. Manque d'appétit, ne termine pas huit repas sur dix. Grandes variations d'un moment à l'autre, il passe de volontaire à un refus de faire que ce soit.

Par intermittence, tel un enfant, il fait des grimaces, des pitreries.

Désorienté dans l'espace et le temps, on ne peut absolument pas le laisser seul, une autonomie est inenvisageable.

Nourredine ressemble à un gamin que je protège, j'ai conscience des bouleversements intervenus dans ma vie et, essentiellement, dans la sienne. Un investissement lourd, conditionné par un rétablissement de longue haleine. Je vis, nous vivons, immergés dans un monde à part.

Au comptoir d'une brasserie Place de la République, avec un collègue nous buvons un café au comptoir, un jeune beur se retourne :

– Messieurs, bonjour, avez-vous du feu s'il vous plaît ?

Spontanément, nous parlons, il s'appelle Karim, Français, Algérien d'origine, d'un abord sympathique :

– Je travaille en région parisienne comme ouvrier du bâtiment, j'effectue des missions d'intérim. Ma famille habite dans le Nord, près de Lille, j'ai vingt-trois ans. Avant mon service militaire dans l'armée de terre, j'étais éducateur sportif au sein d'un foyer de jeunes.

On se quitte, nous nous donnons rendez-vous ici, le lendemain.

Nono participe épisodiquement à la rééducation, je perçois ce problème, et décide de téléphoner à l'ergothérapeute.

– Désolé, par manque de concentration, ponctuellement, je suspends les séances.

Ça me déçoit, néanmoins, j'accepte.

De bon matin, à la brasserie proche du bureau, je retrouve Karim :

– Mon chantier s'achève vendredi, je rentre le week-end dans le Nord retrouver ma petite amie et mes parents.

– Tu habites où ?

– Je loge à Paris dans un foyer de jeunes travailleurs.

Je le questionne sur son expérience d'éducateur, sa famille, ses amis, peu à peu, je commence à cerner sa personnalité.

– Mon contrat se termine, d'ici la fin de semaine, l'intérim me proposera un autre chantier.

J'ai le sentiment d'être en face d'une personne équilibrée, calme, stable. Brièvement, je résume l'histoire de Nourredine, précisant qu'une tierce personne s'occupe de lui. À voir sa réaction attentive, je propose à Karim de passer à la maison, rencontrer Nono et Malik :

– D'accord, disons, demain soir.

Le courrier abonde : l'avocat, l'hôpital, la CPAM, la Cotorep, les assurances, les déclarations à l'Urssaf sans oublier les salaires établis avec l'aide d'un comptable de l'agence. Je tiens régulièrement les comptes, sous l'œil de l'avocate et de la responsable de sa banque.

Grâce aux provisions de l'assurance et l'aide de la Cotorep ainsi qu'aux revenus de l'accident du travail, son compte reste créditeur.

Ceci, après déduction du salaire, de l'Urssaf, des frais de nourriture, de transport, d'habillement, des sorties et des cigarettes, sans prendre en compte le partage du logement et des charges, que ma rémunération me permet de supporter.

Souhaitant que tout soit à jour, je conserve l'ensemble des documents.

Le lendemain soir, à l'heure précise, Karim sonne. Succinctement, il fait connaissance de Malik et Nono, pose diverses questions sur son passé, l'accident et la période à l'hôpital.

J'offre un verre à Karim, avec Nourredine, ils parlent en arabe de l'Algérie, des souvenirs d'enfance et de leurs vacances.

Avant de regagner son foyer, désireux de nous revoir, Karim griffonne son contact téléphonique et celui de l'agence d'intérim.

Dimanche, son frère Miloud, du bled, m'annonce qu'il atterrit mardi après-midi. Nono, à l'idée de le revoir est heureux, surtout que demain, il sera de nouveau hospitalisé en urologie.

Fin de week-end, Nourredine, agité, instable, se lève, se recouche, veut fumer sans arrêt et refuse de dîner.

J'écris sur la dernière page du troisième carnet, Nono stagne au niveau 6, les interventions à venir m'interrogent à propos des évolutions.

Le retour au domicile globalement positif, m'oblige à peser les conséquences des séquelles très pénibles à assumer.

Un bref constat. Les absences répétitives au bureau nuisent à mon travail, et le fait de tenir le rôle d'éducateur exige une profonde détermination.

Lundi, direction la Salpêtrière avec Malik, les sacs et le volumineux dossier médical. Nono, apaisé, ne dit rien.

Son lit dans le service du professeur Châtelain est réservé, la gestion de l'hôpital a oublié celui de l'accompagnateur, je l'exige, rapidement un aide-soignant l'installe. Cette fois, en présence d'une responsable du personnel, j'insiste fermement :

– Malik, tu le surveilles comme le lait sur le feu. Lorsque tu veux t'absenter, demande à une infirmière de venir, ainsi, tu limiteras le risque d'une dangereuse fugue.

Du bureau, je m'assure que l'accompagnant maîtrise la situation. Début de soirée, Nourredine de bonne humeur joue aux cartes.

Une infirmière se souvient :

– Nono, je m'occupais de toi dans le service du professeur Philippon. Tu as bien changé, dis donc, que de progrès !

Puis, elle se tourne vers moi :

– Je vous félicite, monsieur.

Au dîner, Nourredine avale une seule cuillère de potage, mange un fromage et un fruit, je lis un livre le temps qu'il s'endorme, cela évite qu'il me voit partir.

Au moment du café au lait, j'appelle Malik :

– L'infirmière ne sait pas quand il ira au bloc.

Du bureau, je téléphone toutes les heures, aucune nouvelle.

11 h 30, enfin, l'accompagnant m'appelle :

– Nono est parti en fauteuil roulant.

Le travail occupe mes pensées, je commence à avoir l'habitude, de plus, l'intervention légère amoindrit l'appréhension.

13 heures, pas d'information, l'inquiétude me gagne, je compose le numéro du poste des infirmières.

– Oui, il est dans la salle de réveil.

– Cela s'est bien passé, s'il vous plaît ?

– Sûrement, s'il est là-bas, ce n'est pas un hasard, répond-elle, agacée.

Son frère téléphone d'Orly-Sud, il se rendra directement à l'hôpital.

Devant un plateau-dîner, dans la chambre, je retrouve mon ami en compagnie de Miloud et Malik. Visiblement ravi de retrouver son frère, Nono dialogue, il ne semble ni fatigué ni perturbé.

Miloud restera un temps indéterminé chez nous. Il parle des assassinats, des tensions naissantes au pays, de sa peur concernant le maintien de la paix.

Miloud, méfiant envers les islamistes précise :

– Ils se servent de la religion pour chercher à prendre le pouvoir, et de l'autre, les militaires refusent de négocier démocratiquement, ils emploient la violence.

Mercredi, avant d'aller à l'agence, j'appelle l'infirmière :

– Radio satisfaisante, il sortira en fin de matinée.

À midi, je passe les chercher, le soir, Nono entouré de Miloud, mange facilement.

Jeudi après-midi, en présence de Malik, nous retrouvons le Docteur C., expert des assurances, pour un second examen médical, j'apporte le dossier, les radios et les scanners. Sept mois plus tard, longuement, l'expert l'examine :

– Quel âge avez-vous Monsieur X. ?

Nono ferme les yeux, réfléchit :

– Vingt-trois ans et vous, quel âge ?

– Ah ! Ici, c'est moi qui pose les questions. Parlons plutôt de vous, vous faites quoi de vous journées ?

– Je mange bien… cigarette… c'est tout !

– Oui, mais avez-vous des activités ? De la rééducation ? Et quoi par exemple ?

– Rien.

– Quelle heure est-il ?

– Il est… il est… 4 heures, dit Nono, ne portant pas de montre.

– Pouvez-vous, s'il vous plaît, me citer trois pays d'Europe ?

Il fronce les sourcils, hésite :

– L'Algérie… non, l'Espagne, l'Angleterre, et… c'est tout !

Croisant les doigts près de la bouche, il signale au Docteur qu'il veut fumer, ce dernier fait mine de ne pas le voir.

Le praticien ouvre une chemise cartonnée, attrape des photos, désigne celle d'un cheval :

– Ici, vous voyez quoi ?

– Un chien.

Aux photos suivantes, il se trompe une fois sur deux, puis au bout de quelques minutes, s'énerve.

– Rien… fini !

– J'envisage un examen psychiatrique vers la fin d'année, en vue d'un bilan complet, conclut l'expert, avant de relever ses lunettes.

Il prend des notes, saisit le dossier médical, lit les comptes rendus, et quittons son cabinet.

Lors du week-end, malgré l'acharnement de son frère, impossible de le raser, en slip, il se couche sur le carrelage refuse catégoriquement de se relever.

L'instant d'après, Miloud perd patience, le relève de force, le tire par les bras et tente de le mettre debout. Je l'aide, mais à peine relevé, il s'allonge de nouveau sur le parquet du couloir.

– *Je veux pas* me raser ! hurle-t-il.

Même scène dans la rue, au cours de la promenade, devant son frère qui lui refuse une cigarette. Nono s'arrête, se couche sur le trottoir bloque le passage :

– Non, rien… non ! crie-t-il.

Très gêné, Miloud se fâche sous le regard des gens déconcertés. D'une moue capricieuse, monsieur reste allongé, les bras croisés.

– Miloud, cigarette ? demande-t-il, les yeux suppliants.

Le grand frère craque, sort un paquet de Marlboro, et Nono, cigarette à la bouche, se redresse pour prendre la main de Miloud.

Nouvelle toquade à table, il colle un verre entre son menton et son nez, et l'aspire comme une ventouse.

– On dirait un gamin de dix ans, estime Miloud, dérouté.

Lundi, des traces de sang dans les urines m'alertent :

– T'inquiète, me rassure Philippe, rien d'alarmant, juste une conséquence de l'intervention.

À la paume de sa main, Nono a écrit au stylo son nom, prénom, le téléphone de l'agence, le numéro d'immatriculation de ma voiture, mais n'explique pas la raison.

Karim téléphone, salue Nourredine, et propose :

– Demain, je vous invite à dîner dans un restaurant de couscous.

– Je te remercie, nous ne sommes pas libres, une autre fois avec plaisir.

Lors d'un bon thé à la menthe, Miloud se montre embarrassé :

– J'ai besoin que mon frère me prête de l'argent. Seulement six mille francs en liquide, ils serviront à entreprendre des travaux sur le bateau. Je le rembourserai quand vous viendrez au pays.

Mauvaise surprise, je m'accorde quelques secondes de réflexion :

– Désolé, impossible Miloud, ni moi, ni personne, n'avons le droit de toucher à son argent, seul, Nono, le jour où il redeviendra conscient décidera de ce qu'il fera de son capital.

– Pourtant, quand je lui ai demandé, il était d'accord, ajoute-t-il, et se tourne vers Nourredine qui baisse les yeux.

– Non, tu vois, comme moi, à cause de son état, il ne peut pas s'exprimer.

– C'est mon frère ! Chez nous, on s'entraide, la famille est importante.

– Je sais, toutefois, l'avocat et moi sommes d'accord, en dehors des salaires et des frais, nous ne retirerons pas d'autres sommes. Les versements des provisions, de l'accident du travail sont destinés uniquement à ces dépenses. Donc, inutile d'insister, dis-je d'une pointe d'agacement.

Mécontent, vexé, Miloud vide son verre de thé dans l'évier, et se mure dans le silence. Nono, perturbé, s'agite, je l'accompagne à la chambre.

Quelle grande déception, je me sens aussi mal à l'aise, face à Miloud qu'avec sa sœur. Leur attitude intéressée me déçoit, et malgré l'attachement de mon ami aux siens, j'apprécie de moins en moins leur présence. Tout à coup, une réflexion de Nourredine au début de l'année 90, revient à ma mémoire :

« Ma famille n'est pas intéressante, je n'ai qu'un frère que j'aime bien, c'est Kamal, il ne s'entend pas avec mes frères et mes sœurs. Tous les deux, nous sommes presque toujours du même avis, il comprend beaucoup de choses, ce n'est pas comme les autres. »

Le reste de la soirée s'écoule sans évoquer le sujet qui fâche.

Fatima, de retour en France, réapparaît :

– Je m'installe chez une amie dans la banlieue Nord. Je viendrai vous préparez un délicieux dîner algérien.

Le lendemain soir, sa sœur, radieuse, arrive tôt à la maison, retrouve Nono et Miloud, elle prépare avec talent une spécialité à base de légumes, de mouton, de pois chiches et d'un alléchant dessert.

Nono, sans faire d'effort, mange une rondelle de carotte, une lichette de viande et trois pois chiches. Fatima, déçue, change de tête.

Qu'importe, entre nous quatre, l'ambiance reste bonne. Après le joli Palouza à l'orange, un vrai délice, certainement frustré par ma décision, Miloud décide :

– Demain, je rentre au bled.

Lorsque Nono chemine devant moi, je remarque la démarche légèrement inclinée à gauche, il ne peut plus courir, déséquilibré.

Aux cinquante questions posées par la sœur ou le frère sur des souvenirs d'Algérie et de France, il donne quarante bonnes réponses. Lors d'une réponse erronée, Nono s'étonne :

– Oh ! C'est vrai, j'ai oublié.

Les jours de bonne humeur, avec Malik, il joue aux dames, des réflexes qui maintiennent son attention. Nourredine s'essaie à la gymnastique, des gestes lents au niveau du tronc et des membres, sauf, qu'à la seconde pompe, il reste le ventre collé à la moquette.

Le rapport détaillé du Docteur C. arrive au courrier.

« J'ai examiné une troisième fois, à la demande de l'assurance X., Monsieur X., domicilié ..., âgé de 23 ans, qui avait présenté :

Un traumatisme crânien avec embarrure frontale, fracture temporale droite, coma prolongé, hémorragie méningée et pneumencéphale, attrition bitemporale et frontale.

Une fracture de la paroi antérieure des deux sinus maxillaires et une fracture de la paroi supérieure des deux orbites.

Une disjonction zygomato-malaire.

Un empyème sous-dural postopératoire.

L'ami, Monsieur Mayeux, nous précise qu'il est rentré au domicile le 07.01.91 et qu'il y demeure, pris en charge par une tierce personne. Il a été ré-hospitalisé à deux reprises pour des séances de lithotripsie en raison de lithiase rénale. Il doit être hospitalisé à nouveau le 16.07.91 en neurochirurgie pour une plastie-crânienne. Il reste suivi à la Salpêtrière dans le service du professeur Pierrot-Deseilligny.

Capacités fonctionnelles actuelles : il peut se lever seul, faire sa toilette, s'habiller. Il présente des anomalies comportementales multiples, avec une grande incohérence dans les faits et gestes et une tendance à faire n'importe quoi, n'importe quand.

Il nécessite de l'aide et une présence permanente.

L'expression orale se résume à la réponse par quelques mots.

On observe au cours de l'entretien des mouvements assez cohérents, mais ne répondant pas à une planification logique dans le contexte. Il existe des troubles majeurs de la coordination. La marche s'effectue par petits pas.

On observe une hypertonie globale périphérique. La vision de l'œil gauche serait perdue. Au plan des incontinences, elles sont en voie de disparition.

Conclusion : l'état clinique de Monsieur X. ne peut encore être consolidé. Les réserves émises dans mon précédent rapport apparaissent toujours valables. Un nouvel examen sera souhaitable vers octobre 1991. Une expertise spécialisée en neurologie sera indispensable afin de tenter de conclure ce dossier. »

Docteur C.

Le lendemain, la conseillère de la banque de Nourredine demande à me parler :
– Je me permets de vous appeler, car je trouve anormal ces gros retraits d'espèces.
– Quoi ? Quels retraits ? Je ne me sers pas de sa carte, je n'utilise que des chèques pour les salaires et les charges.
– Justement, c'est très inquiétant. Ces derniers jours, il y a eu quatre retraits avec la carte, de trois mille francs chacun, soit douze mille francs. Pour cette raison, j'ai préféré vous prévenir, car le découvert s'élève à deux mille francs.

Déconcerté, l'inquiétude monte, je quitte l'agence et fonce à la banque, je veux voir les relevés, mais, surtout, connaître la vérité.
– Ces retraits de vendredi dernier, ont eu lieu dans quatre banques différentes de votre quartier.

La conseillère me remet un double, je constate que l'horaire de cette escroquerie, correspond à celui où j'étais à mon travail. Perturbé, troublé, je file directement à la maison, Nono et Malik sont à la piscine.

À l'intérieur d'un meuble, j'attrape la boite métallique fermée à clef où je garde la carte bancaire et des documents. J'ai du mal à l'ouvrir, elle a été forcée, j'insiste, la serrure cède.

J'attrape le chéquier, le porte-carte avec la Visa, les relevés mensuels, et j'examine en détail les chèques, aucun ne manque. Au dos de la carte de visite de sa conseillère, Nourredine avait noté le code de sa Visa, je découvre que la partie où étaient inscrits les 4 chiffres est déchirée. Qui a fait cela ?...
Concentré, je réfléchis.

Ce n'est pas son frère, il avait quitté la France la veille des retraits, ni sa sœur, elle était absente. Par déduction, je ne vois qu'une personne possible, Malik.

Alors là, je tombe de haut. Je n'aurais pas imaginé qu'il puisse être aussi malhonnête, notamment envers un handicapé.

Je pique un coup de sang, j'appelle chez sa mère, la sœur répond, et me donne le numéro de son travail.

La maman écoute toute l'histoire :

– Incroyable, je suis stupéfaite, n'ai rien remarqué. Pour en avoir le cœur net, je vous promets d'aller immédiatement voir le compte de mon fils à la Caisse d'Épargne. Je vous rappelle dans une demi-heure.

Énervé, je ne souhaite pas que Malik arrive avant que sa mère me joigne. S'il s'avère être le coupable, je veux de solides preuves.

Vingt-cinq minutes passent, le téléphone sonne.

– Vous aviez raison, c'est lui, m'annonce sa mère, l'argent est sur son compte. Impensable ! Samedi matin, il a déposé douze mille francs en liquide. Ne vous inquiétez pas, j'ai demandé qu'on bloque cette somme, nous la retirerons demain, et vous viendrez chercher votre argent. Malik me déçoit profondément, Olivier, mon fils est devenu un voleur. Renvoyez-le, il le faut, je ne sais plus quoi faire. Croyez-moi, j'ai honte.

Sa mère me demande pardon, au nom de sa famille, et me donne rendez-vous chez elle.

À peine, je raccroche, la porte d'entrée s'ouvre, Malik entre, suivi de Nono tout souriant.

– Qu'est-ce que tu fais là ? s'étonne l'accompagnant.

Debout, face à Malik, je le regarde droit dans les yeux.

– Tu nous as trahis, tu as volé la Carte Bleue de Nono pour retirer douze mille francs. Tu n'as pas honte d'avoir fait cela, de plus à un handicapé ? Tu es un homme malhonnête.

Abasourdi, Malik baisse la tête.

– Tu es licencié sur-le-champ, prends tes affaires et rentre chez toi.

Blême, il reste sans voix. Malik saisit son sac à dos, me remet les clefs et quitte l'appartement, sans se retourner.

Nono ne comprends pas, silencieux, s'assoit sur le canapé.

Je réalise que mon amie Michèle est libre cet après-midi.

– Quelle tuile ! s'exclame-t-elle, pourtant, il avait l'air très bien.

– Peux-tu venir, s'il te plaît, afin que je regagne l'agence ?

– Aucun problème, je serai là après le déjeuner.

Au bureau, longue réflexion, délicat de trouver immédiatement une autre tierce personne. Je décide de donner une chance à Karim, ancien éducateur, il paraît plus mature. Aussitôt, je prends des renseignements, et appelle l'agence d'intérim.

– Qui êtes-vous monsieur ? questionne un employé.

– Le responsable du personnel intéressé par sa candidature au sein de notre société.

– Un bon ouvrier, il travaille depuis deux ans avec le même chef de chantier, qui l'apprécie beaucoup.

Par manque de temps, je tente de faire confiance à Karim.

Début de soirée, je laisse un message à son foyer et, au cours du dîner, Karim rappelle, j'explique la situation puis conclus :

– Je te propose un contrat à temps plein, dès demain matin.

– D'accord, cependant, mon chef m'attend pour une nouvelle mission, je dois le joindre.

Plus tard, Karim, ravi, me confirme qu'il sera là à 8 heures. Soulagé, mais très déçu de cette journée perturbante, je réalise qu'un profiteur sans scrupules a trahi ma confiance.

Au petit-déjeuner, j'indique à Karim ce que je souhaite pour notre collaboration. Il a déjà de l'expérience et une certaine maîtrise, vivant seul depuis son retour de l'armée, il fait la cuisine et le ménage.

Au sujet de Malik, il conclut :

– À cause de mecs comme lui, nous, les beurs, avons mauvaise réputation et sommes mal vus.

Je retrouve la mère de Malik, très gênée, en l'absence du fils, au salon, cette dame me remet une enveloppe contenant des billets de 500 francs. Nous recomptons ensemble :

– Savez-vous pourquoi il a fait ça ?

– J'ai insisté, Malik a fini par m'avouer qu'il voulait acheter un scooter.

Sur le pas de la porte, visage triste, elle me remercie :

– Je vous suis reconnaissante de ne pas avoir porté plainte.

Jour après jour, Karim s'adapte, se montre ferme, Nono obéit volontiers. L'accompagnateur le conduit à l'hôpital au cabinet de Philippe, l'orthophoniste, ce praticien de qualité, hélas, ne le voit pas assez souvent. Aisément, Nono prononce des phrases et chante :

– Je lis le journal en sifflant. Je regarde les vitrines dans la rue de Rivoli.

Avec rythme, Nourredine scande les syllabes.

– Il manque d'articulation, souligne Philippe, avant de poser une devinette :

– J'enfonce un clou avec un ?

Nono hésite :

– Un balai !

Philippe conclut la séance par l'écriture :

– Écris-moi une belle phrase.

Nono stylo en main, soigneusement, se penche sur sa feuille :

« *Je suis content de te voir ce soir, même dans cet hôpital.* »

Grâce à Karim, Nono joue souvent au football, à la piscine, capricieux, il prétexte que l'eau trop froide l'empêche de nager.

Sur un cahier, l'accompagnant l'exerce au calcul, à l'écriture-grammaire, à d'autres moments, ce sont des jeux de société ou le visionnage d'un film avec Louis de Funès.

Fatima vient le voir de temps en temps, et critique la façon de procéder de Karim :

– Celui-là, est trop autoritaire, trop distant, évalue la sœur.

– Je ne suis pas de cet avis, Nono le respecte et l'aime bien.

Fin juin, j'écris :

« *Si j'avais été mieux informé sur les traumatismes crâniens frontaux,*
j'aurais su quelle démarche adopter, et éviter certaines erreurs.
Déstabilisé, face à son attitude, l'absence de la parole
et ses blocages répétés me frustrent.
Au fil des jours, des semaines, des mois, il faut un moral d'acier et une
patience permanente pour vivre en compagnie d'une personne
aux ingérables séquelles. »

Mes observations m'aident, elles sont nécessaires au suivi de sa rééducation, elles permettent de garder espoir devant l'incompréhensible.

Demain, pour la convocation à la CPAM, je prépare le dossier médical, y compris les certificats.

La table du déjeuner est prête, mon ami m'interpelle du salon :

– Olivier, mon slip ?

– Quoi ton slip ?

Il insiste, je vais le voir. Au lieu de répondre, il se retourne, baisse son jean, et me montre ses fesses nues.

– Où est-il ? Tu l'as perdu ?

Je le cherche partout, je fouille ici, fouine là-bas, et retrouve le slip accroché au porte-manteau de la salle de bain. Après la douche, il a oublié.

Accompagné de Karim, direction la CPAM, un rendez-vous de contrôle, où un jeune médecin l'examine hâtivement : tension-auscultation-palpation. L'air pressé, le praticien tourne et retourne les comptes rendus médicaux, d'un froncement de sourcils, considère :

– Complexe tout ça. Résumez-moi le bilan des interventions.

Au fur à mesure, il coche les cases d'un imprimé, et décide de le revoir lorsqu'il sera consolidé. Cinq minutes chrono, nous voici dehors.

Sa sœur débarque, elle recommence ses réflexions sur l'inefficacité de la rééducation, la lenteur du procès, le caractère prétendu désagréable de Karim et son incompétence.

Je stoppe ce monologue :

– Fatima, l'accompagnateur fait du mieux qu'il peut. Le procès aura lieu bientôt, actuellement, j'ai des problèmes plus importants à gérer. Nono doit s'en sortir, ce sera très long, il n'y a pas d'autres solutions pour l'aider à reconstruire son avenir.

Elle termine son assiette, évite mon regard et, contrariée, nous quitte avant le dessert.

Nono, sur la balance, pèse 59 kilos, plutôt enveloppé, le visage légèrement enflé. Lors du ménage, je trouve des cigarettes cachées sous le canapé, sa provision secrète.

Dimanche, au déjeuner, face à son assiette de poulet-riz, il déclare d'une phrase correcte :

– En Algérie, je mangeais des bananes, des melons, des carottes mais pas de riz ! Sous prétexte de ne pas avaler le sien.

Tous les deux, nous allons voir un film comique au cinéma des Gobelins. Au bout de quelques minutes, Nono soupire :

– Toilettes…

J'attends, peut-être changera-t-il d'avis.

– Olivier, toilettes. Pisser.

Obligé, je l'accompagne.

Au retour, à peine sur nos sièges, il veut fumer, je refuse. Un peu de répit, il redemande, je murmure :

– Non.

Ne suivant pas le film, il s'agite et recommence.

Je chuchote à son oreille :

– Arrête Nono, s'il te plaît.

Soudain, il braille dans la salle :

– Cigarette ! !

Les spectateurs surpris se retournent :

– Chut !

– Ça ne va pas ? Allez gueuler dehors !

Une dame derrière nous se fâche :

– Vous arrêtez ou vous sortez.

Pour éviter les problèmes, nous quittons le cinéma.

Souvent, il attend le moment d'inattention de ma part, et cherche à partir. J'observe son œil gauche, mon pressentiment se confirme, la rotation reste décalée de l'axe de l'orbite.

Début juillet, défilé de rendez-vous ; nouveaux examens, dont un encéphalogramme en vue de la prochaine intervention. D'après le Docteur Pradat, l'encéphale montre une bonne évolution.

Fatima téléphone, semble hésiter à venir, peut-être à la suite de notre différend. Plusieurs amis qui la connaissent pensent comme moi, Claudine, la première :

– Sa sœur à une idée derrière la tête, son attitude n'est pas claire. Olivier, soit méfiant.

Karim me prévient également :

– Cette femme a certainement un plan pour le récupérer.

J'offre une montre à Nono, un modèle simple, vu que le risque de la perdre est grand, depuis l'accident, il n'en portait plus. Content, il tourne les aiguilles et la regarde toutes les minutes.

La deuxième semaine de juillet, a lieu le procès à la 17e chambre du palais de justice de Paris.

Face à l'inconscience de Nono et l'absence de souvenirs, le tribunal estime sa présence non nécessaire. D'autant qu'il ne peut s'exprimer correctement, et ne supporte pas de rester longtemps enfermé dans une salle.

Sa sœur, soi-disant, occupée, ne peut pas venir.

Avec Isabelle, l'avocate, on se retrouve face au conducteur du véhicule qui n'a jamais pris de nouvelles de Nourredine.

Assisté d'un avocat, le prévenu, tête baissée, est assis sur une autre rangée, près du dernier avocat de la partie intervenante, l'assurance Z.

L'atmosphère froide est tendue, le prévenu apparaît nerveux, cet homme m'indiffère, tourmenté, je pose mes yeux sur une boiserie.

Je pense intensivement à tout ce qu'a vécu Nono depuis cette terrible journée, à ses souffrances interminables, à ses perpétuelles angoisses, à cet océan de douleurs, à sa vie gâchée.

La Juge déclare l'audience ouverte. La magistrate rappelle les faits, puis procède à l'interrogatoire du prévenu :

– Comment n'avez-vous pas vu Monsieur X. et le passage pour piétons ?

– J'ai été gêné par une voiture au début du boulevard, alors, j'ai pris la voie de droite, j'ai klaxonné pour prévenir les piétons.

– Donc, vous confirmez que vous étiez sur le couloir de bus, et vous n'avez rien fait afin d'éviter Monsieur X. ?

– J'ai klaxonné, il n'a pas bougé, je n'ai pu empêcher l'accident.

Isabelle, impatiente, demande la parole :

– Désolée, Monsieur, je ne vois aucune trace dans le rapport des témoins de votre prétendu coup de klaxon.

Il ne répond pas, ne regarde que les magistrats, son avocat intervient :

– Monsieur Y. conduit depuis longtemps, mon client est chauffeur de métier, d'ailleurs, c'est son premier accident, il a certainement klaxonné, mais les témoins ne l'ont pas entendu. Sur un boulevard à quatre voies, la circulation est dense, et le bruit intense à cette heure de la journée.

– À ce jour, ajoute Isabelle, à l'attention du tribunal, soit plus d'un an après les faits, la victime se trouve durablement handicapé à 100 % avec de multiples séquelles sévères. Monsieur X. se constitue partie civile, je demande au tribunal d'ordonner une expertise médicale.

La Juge examine les documents versés au dossier, et reprend :

– Je lis le rapport de Police, établi le 10 mai 1990, à 13 heures. Vous avez déclaré, je cite, '' *Je circulais dans le couloir des bus, allant de la République vers Barbès, arrivé à la hauteur du n° 8 boulevard de Magenta, un piéton a brusquement surgi devant moi. Je l'ai heurté avec le côté de la voiture* '' D'après trois témoins, vous rouliez à vive allure, ils ne mentionnent pas de coup de klaxon, mais signalent le passage protégé où le piéton allait s'engager. D'autre part, les agents de police n'ont relevé aucune trace de freinage de votre véhicule. En conséquence, vous êtes poursuivi pour conduite d'un véhicule avec maladresse, inattention, négligence ou inobservation des règlements, et avoir involontairement causé des blessures à Monsieur X., ayant entraîné une incapacité totale de travail pendant plus de trois mois.

Madame la Juge, balaye la salle du regard, et poursuit :
– Faits constituants l'infraction de blessures involontaires, avec une incapacité supérieure à trois mois, réprimée par l'article 320 du Code pénal, R 220, R 232 du Code de la route. Dans ces circonstances de temps et de lieu, vous n'avez pas respecté la priorité due à un piéton qui s'engage sur la chaussée.
La Juge demande au prévenu :
– Avez-vous quelque chose d'autre à ajouter ?
Le conducteur relève la tête et déclare :
– Non, mais … je n'ai pas pu l'éviter.
Yeux baissés, il n'exprime aucun regret, quasiment insensible.

À son tour, Isabelle résume les faits, présente ses arguments pour la défense de Nono :
– J'insiste sur la vitesse excessive, la conduite irresponsable du prévenu, et regrette qu'il ne se soit nullement préoccupé de la santé de sa victime. Compte tenu de la gravité neurologique des séquelles, je sollicite un expert neurologue.

Ensuite, le Ministère public énonce ses réquisitions contre le prévenu. Son avocat et celui de la compagnie d'assurance, plaident. Le tribunal délibère un court instant et, dans la foulée, rend sa décision.

Madame la Juge condamne le prévenu à un an de suspension de permis, adjoint à une amende de mille cinq cents francs, le conducteur versera une provision de dix mille francs. Un expert médical est désigné afin d'évaluer le préjudice corporel, et remettra son rapport au tribunal, avant le 1er décembre 1991. Ce verdict, empêche le chauffeur-coursier d'exercer son travail pendant un an.

Face aux graves blessures, au handicap, et aux lourdes conséquences de l'inconscience du conducteur, la condamnation me paraît trop modéré.

À l'extérieur du palais, Isabelle, satisfaite, me prévient :
– La suite judiciaire sera très longue. Comment va Nono ?
– Il évolue en dents de scie et ses fugues me déstabilisent énormément.
– Sa famille réagit comment ?
– Le comportement trouble de la sœur, de plus en plus négative et son attitude ambiguë m'interpelle.
– Si tu es d'accord, je vais la recevoir à mon cabinet, pour lui expliquer la situation, l'informer, avec l'objectif d'assurer l'avenir de son frère.

Jeudi soir, tous les deux, nous rendons visite à Fatima, en banlieue. Nono, ravi de retrouver sa sœur, se souvient de l'adresse de l'immeuble et de l'étage où il a passé une partie de l'adolescence.

J'explique la décision du tribunal, le renvoi du dossier et de l'affaire à la fin de l'année. Fatima trouve la condamnation ridicule, elle se met en colère.

– Il mérite la prison et devrait payer pendant le reste de sa vie beaucoup d'argent à Nono.

Je partage son avis et comprends sa réaction.

Puis, furieuse, à propos de l'avocate, elle ajoute :

– Celle-là, c'est une incompétente, mon frère est mal défendu !

N'étant pas de cette opinion, je donne le contact d'Isabelle :

– Fatima, je te conseille de la rencontrer.

– Je n'ai pas que ça à faire ! lâche-t-elle, agacée, et, d'un mauvais regard, la sœur me juge également responsable.

Nous dînons en présence de son amie, une femme calme, discrète qui ne se mêle pas de notre conversation. Malgré l'excellent menu, composé de salade, brochettes d'agneau, boulettes de viande et légumes farcis, Nono ne termine pas son assiette. Aux gâteaux au miel servi avec le thé, il veut partir, sa sœur insiste, en vain, nous rentrons.

En moins de quinze jours, Nono a perdu deux kilos, grâce aux activités physiques encadrées par Karim.

À la fin d'un repas, je le laisse choisir un dessert :

– Soit un yaourt à la vanille, soit une pêche.

– Rien ! dit-il, d'un ton résolu.

– Si, Nono, tu choisis quelque chose.

– La pêche, se décide-t-il.

J'apporte le fruit, et vais au salon. Par la fenêtre ouverte, j'entends un drôle de bruit sourd :

– Ploff !

De retour à la cuisine, le fruit a disparu.

– Où est la pêche, Nono ?

– Je l'ai mangé.

– Tu l'as déjà mangée ?

– Oui.

Septique, de la fenêtre, j'aperçois la pêche écrasée sur le sol de la cour.

– Nono, viens ici.

L'air innocent, il se penche, du doigt, je désigne le fruit :

– C'est quoi là-bas ?

– La pêche, reconnaît-il, d'un haussement d'épaules.

Un samedi, invités à dîner chez Patrice et Jean-Jacques, à Vincennes, nous discutons au salon, Nono dans son coin, s'empiffre de pistaches et avale les petits fours, jusqu'au dernier.

Plus tard, ensemble, nous allons à Paris, le long des quais, près de l'île Saint-Louis, à la soirée du bal gay, il y a trop de monde, Nourredine a des vertiges, impossible de rester, alors, nous rentrons chez nous.

Le 14 juillet, la sortie à la campagne au cœur du Loiret, avec Fatima, Claudine et Fabien. Nous déjeunons dans une rustique auberge gastronomique, je choisis un menu enfant, sa sœur l'encourage :

– Regarde Nono, tu vas te régaler.

Malgré l'étoile du Michelin, à l'apéritif, il se goinfre d'olives, et ne mange plus rien.

De nouveau, il entre à la clinique d'Orgemont, pour une double intervention-greffe. Je pose des congés afin d'organiser une permanence, Karim restera du soir au matin, et moi, je prendrai le relais toute la journée. Après l'admission, les examens commencent, il refuse la prise de sang, crie à tue-tête. Gentiment, je l'encourage, le raisonne tel un enfant, à force, il accepte.

Sa chambre porte le nom d'Iris, nous retrouvons les sympathiques infirmières qui se sont occupées de sa première hospitalisation.

– Tiens, revoilà Nono l'aventurier de nos nuits ! Alors, comment vas-tu ?

Une interne rase son crâne, le pubis et l'entre-jambes, puisque l'os sera retiré du bassin.

Au dîner, il semble détendu, n'empêche, je le sens angoissé, préoccupé, je le rassure puis le laisse en compagnie de Karim.

Encore une période désagréable, triste, de souffrance, injuste à vivre, où il va subir une délicate opération.

Déjà, je supporte très mal cette sixième hospitalisation.

Le lendemain, à cause de gros embouteillages, j'arrive en retard.

– Il est descendu au bloc, m'annonce l'accompagnant.

– Dommage, j'aurais aimé le voir avant.

Karim s'en va, la responsable du service m'interpelle :

– L'intervention risque de durer au moins quatre heures, je pense qu'il restera en salle de réanimation, sous surveillance la nuit prochaine.

J'en profite pour lire, écrire et sortir prendre l'air.

Quinze heures, je vais au poste des infirmières, l'une d'elles appelle le bloc.

– Terminé, tout s'est bien déroulé, il passe en réveil.

Fin d'après-midi, on me confirme qu'il demeurera en réanimation toute la nuit, ce qui m'empêchera de le voir ce soir.

D'une cabine, sa sœur me téléphone :

– Très occupée, je ne pourrai pas venir demain. Promis, je rappellerai.

Karim arrive suivi de Claudine. En l'absence de Nono, nous décidons de dîner au restaurant, puis d'aller au cinéma et d'inviter l'accompagnant.

Le lendemain, lors du trajet, dans une boutique, j'achète un ours blanc, cette peluche sera sa mascotte.

– Nourredine est toujours en réanimation, m'explique l'interne, il faudra qu'il reste trois-quatre jours au lit sans bouger.

Vers onze heures, l'anesthésiste passe, paraît surprise :

– Quoi ? Il n'est pas de retour de la salle de réveil ? dit-elle, sans être informée de cette prolongation, elle jette un œil amusé sur le nounours.

Une demi-heure plus tard, Nono arrive sur un lit roulant poussé par des brancardiers. La tête totalement recouverte d'un bandage casque, vêtu d'une blouse jaune, avec une perfusion, trois drains, un de chaque côté du crâne et un au niveau de la hanche gauche.

Le visage enflé, la paupière supérieure de l'œil droit, violette, il est inconscient. Sur la fiche à l'avant du lit, est inscrit :

« *Crânio plastie-bifrontale* »

Midi, le Docteur Fournier ouvre la porte, serein, d'un rictus satisfait :
– L'opération s'est faite dans de bonnes conditions avec aucune infection à l'ouverture. J'ai fait un découpage et dédoublage de l'os du bassin, un os destiné à la greffe, et l'autre, déposé à la banque de la polyclinique, pour la suite, en cas de besoin. Après cette greffe prévoir quatre à cinq jours où le visage va enfler, trois jours sans marcher et, dans dix jours, nous saurons s'il n'y a pas de rejet. Le mois prochain, j'effectuerai un contrôle, la prise de la greffe sera définitive qu'au bout de trois mois. Je le revois demain, si tout va bien, il sortira dans une semaine.

Intrigué, le Docteur regarde l'ours blanc, et nous serre la main.

Du plateau repas, seul la compote l'intéresse, j'ai apporté des friandises au chocolat au lait, Nono adore.

Lorsqu'il veut aller aux toilettes, personne ne peut venir. Je l'aide, mais ai vraiment du mal à le descendre du lit, avec d'infinies précautions, je fais suivre la perfusion et les drains. De plus, il a des difficultés à se maintenir debout et à marcher.

Une fois recouché, j'installe les barrières protectrices, sa présence et si faible qu'il s'assoupit puis s'endort, l'ours dans les bras.

Après une bonne heure de sommeil, il se réveille, tourne la tête, les yeux immobiles, durant de longues minutes Nono me fixe.

Tout à coup, d'une faible voix, annonce :
– Courage, moral, volonté.

À ces mots, une bouffée de bonheur m'envahit. Un signe qu'il veut toujours se battre, je m'assois à côté de lui, l'embrasse :
– Bravo, Nono, tu as compris, continue, je serai toujours là pour toi.

La sonnerie du téléphone retentit.
– C'est ta sœur.

Il bafouille quelques mots, ne peut plus parler et raccroche.

D'un geste de la main, il désigne l'album souvenirs, enthousiaste, scrute chaque photo.

Karim revient au dîner, détendu, Nono mange difficilement, à cause d'un mal à l'estomac.

Le moral en berne, je quitte la polyclinique.

Minuit, sonnerie du téléphone, je sursaute, et, à moitié endormi, agrippe le combiné :
– Il s'est énervé, a arraché tous les tuyaux, explique l'accompagnant. C'était compliqué, j'ai donné un coup de main à l'infirmière afin de lui

faire une piqûre pour le calmer.

Le troisième jour, Karim, des cernes sous les yeux, m'informe :

– Nono n'a pas dormi, à l'aube, il a encore arraché un drain.

Visage énormément enflé, l'ours en peluche contre sa poitrine, il ne voit presque plus rien à cause de l'hématome des paupières.

Après le départ de l'accompagnateur, je décide de le raser.

Il souffre du côté gauche du bassin, au lit, il a de sérieuses difficultés à bouger.

Moralement, j'en prends un coup, ne supporte plus de le voir souffrir, mais je m'oblige à faire bonne figure. À ma demande, l'infirmière lui administre des calmants.

Malgré mon insistance, il n'avale presque rien, son mal au ventre persiste, sûrement l'effet des médicaments et le contre-choc opératoire. Nono s'exprime avec incohérence :

– Je vais au casino.

– Donne-moi une dragée.

Il divague, désigne la porte du couloir :

– Fatima est à la fenêtre.

Désarçonné, je le laisse dire, avant qu'il ne s'endorme.

Le Docteur Fournier l'examine et prescrit un traitement pour la douleur au ventre, puis me rassure :

– Ses délires sont liés aux effets secondaires des médicaments.

Après le week-end, son hématome l'empêche complètement de voir. Je guide la main de Nono pour manger le potage et la banane, lorsqu'il a soif, je mets le verre d'eau aux bords de ses lèvres.

Ses réflexions désordonnées reprennent :

– Huit jours, dix jours, je rentre à la maison.

– Claudine, c'est ta femme.

L'infirmière confirme que le contrecoup de l'intervention est agressif :

– Une réaction fréquente, surtout en l'absence de sa vision.

Claudine nous rend visite, Nourredine parle en arabe :

– *Wola ! intî baheb el nâsr*. Ce qui veut dire :

– Je te jure, tu aimes les gens.

Entre sommeil et perturbation ses gestes sont incohérents, il porte le cendrier à ses lèvres, alors que je parle à Claudine.

– Comment fais-tu, soupire Claudine, depuis plus d'un an pour supporter cette situation.

Samedi, à peine levé, Karim me téléphone :

– Nono a arraché les tubes, la perfusion, avant de passer par-dessus la barrière et de tomber par terre ! Réveillé en sursaut, j'ai eu très peur, aussitôt, un Docteur l'a ausculté, quelle chance, rien de cassé.

Exaspéré, triste, je me prépare vite et fonce à Orgemont.

Je retrouve mon ami fatigué par sa nuit agitée, il s'endort jusqu'au déjeuner. Lorsqu'il ouvre les yeux, Nono accepte des cuillères de compote et quelques carrés de chocolat.

Assommé, incapable de bouger, il plonge à nouveau dans le sommeil une bonne partie de l'après-midi, son ours blanc adossé à l'oreiller.

Entre lecture et écriture, j'éprouve un certain réconfort à jouer le rôle de gardien protecteur.

Au retour de l'accompagnateur, Nono demande à aller aux toilettes, péniblement, prudemment, pas après pas, nous le transportons.

De vilaines traces bleues dans le dos sont la conséquence de la chute de ce matin. Heureusement, il n'est pas tombé sur la tête, ni du côté du bassin sur la greffe.

Nourredine savoure des dattes offertes par Karim, suivies d'une banane, puis d'un geste nerveux, jette la peau sur le sol.

Dimanche, nous l'aidons à la douche, malgré une grande volonté, soutenu, il se déplace péniblement. Ses yeux désenflent un peu, sa vue revient progressivement, mais le visage demeure gonflé, les drains laissent s'écouler le surplus du sang dans les récepteurs.

L'après-midi, Patrice arrive avec des gâteaux et des fruits, Nourredine au fauteuil, mange des cerises et exprime quelques mots.

Sa sœur apparaît en compagnie d'un monsieur d'un certain âge.

– Mon ami m'a gentiment conduite à bord de sa voiture.

Nono sourit, parle un court instant en arabe. À la vue du volumineux pansement, de tous ces tuyaux, Fatima, d'une attitude négative, se montre pessimiste, alarmiste et, inévitablement, les critiques pleuvent :

– Mon frère régresse, il n'évolue plus à cause d'eux. Dis-leur d'arrêter de l'opérer cela ne sert à rien. Et, la fanfreluche sur l'oreiller, c'est quoi ça ? Nono n'est pas un enfant !

Je préfère me taire.

Au retour de Karim, sa sœur, dépitée, et le monsieur nous quittent. Patrice et l'accompagnant m'aident à installer Nourredine dans le lit.

Une semaine après son hospitalisation, il supporte plus d'être ici, et insiste en boucle :

– Je veux rentrer à la maison.

En présence du chirurgien, l'infirmière ôte le bandage et les pansements en forme de bonnet. La cicatrice épouse celle de la première intervention, d'une oreille à l'autre, elle longe la base du crâne, jalonnée d'une trentaine de points de suture.

– Elle a un bel aspect, estime, le Docteur Fournier.

D'un geste assuré, il enlève un premier drain du front, nommé Redon, tirant doucement sur le tube effilé qui glisse sous la peau, du sang s'écoule. Ensuite, il passe au second, à son tour, l'infirmière nettoie l'ensemble précautionneusement.

Nono calme, se laisse faire.

Désignant son bassin, le Docteur précise :

– Voyez, la cicatrice mesure une dizaine de centimètres, ce dernier drain sera retiré demain, puis les agrafes en deux temps. Je l'examinerai jeudi, nous programmerons une radio du crâne avant son départ.

J'apprécie le contact direct, clair et agréable de ce chirurgien.

Le traitement contre les douleurs d'estomac agit, il a meilleur appétit. Aujourd'hui, pas de sieste, il reste longtemps au fauteuil et me rejoint prudemment pour voir le paysage :

– Nono, regarde là-bas, à l'horizon, tu vois la tour Eiffel ?

Le lendemain, il fait des allers-retours dans le couloir, plus tard, l'infirmière retire le dernier drain et change le pansement.

Aux toilettes, il s'enferme, mais coincé ne peut plus sortir, une surveillante à l'aide d'un pass, le libère.

Lors d'une radio du crâne, brusque changement comportemental, il devient capricieux et absent, jusqu'à la fin de la soirée.

Mercredi, l'infirmière enlève une agrafe sur deux, elle confirme :

– Sa cicatrice est en bonne voie, je la laisse prendre l'air.

Une femme de ménage entre, découvre le front de Nono :

– Doux Jésus ! Quelle cicatrice ! s'exclame-t-elle. Ils font de belles choses les chirurgiens, dites-moi, comment il a eu ça ?

Je relate brièvement l'histoire.

– Eh bien, ce chauffeur, excusez-moi, monsieur, c'est une ordure !

Après quelques pas dehors, en compagnie de Karim, concentrés, ils jouent aux dames. Je pose une série de cinquante questions, Nono donne trente-huit bonnes réponses.

Jeudi, le chirurgien annonce sa sortie demain. Un ultime contrôle de la cicatrice au niveau de la greffe, il enlève les dernières agrafes :

– La radio est normale, si pas de soucis entre temps, je vous donne rendez-vous mi-octobre.

De nouveau, Nono se plaint d'un mal à l'estomac, le Docteur L. décide de prescrire une fibroscopie, avant sa sortie.

Depuis sa visite surprise, aucune nouvelle de la sœur, une attitude de plus en plus fréquente.

Fin de nuit, vendredi 4 heures, sonnerie du téléphone, l'accompagnateur s'effraye :

– Bonjour Monsieur Karim, ici le gardien, venez à la réception, votre jeune frère est descendu par l'ascenseur, il voulait une cigarette. Vous avez du bol, je ferme toujours la porte de l'accueil, sinon, il serait encore dans la nature.

À mon arrivée, Nourredine m'embrasse, m'entoure de ses bras, tellement heureux de quitter la polyclinique :

– Allez, on y va ! dit-il, impatient.

Le Docteur est rassuré :

– L'examen de fibroscopie ne révèle rien d'anormal, afin de l'aider à digérer je prescris un traitement.

Fièrement, à l'avant de la voiture, l'ours blanc sur les genoux, yeux grands ouverts, il observe l'autoroute, le périphérique et le défilé des véhicules. Karim nous quitte pour un week-end bien mérité.

Les jours s'enchaînent ; conséquences de l'intervention, il est perturbé, lunatique, déstabilisé.

Au déjeuner, Nono, de sa chaise glisse sous la table, assis sur le carrelage, il passe la main par-dessus la nappe et continue à grignoter les radis. J'exige qu'il se relève pour s'asseoir devant son assiette.

Debout, il a parfois des vertiges, ne peut fixer son attention, une nuit sur deux, retour des urines.

Impuissant, dépourvu, j'assiste à des régressions.

Cette semaine, j'ai repris le travail, l'accompagnant a de grandes difficultés à le stimuler, à le faire parler et à organiser des activités.

Début août, je note :

Des séquelles majeures s'éternisent : l'œil gauche négatif à 100 %,
la pupille désaxée vers l'extérieur, l'évolution de sa mémoire et
la pauvreté de son langage.

La dernière intervention a cassé la courbe ascendante.

À mon bureau, en cours d'après-midi, Nono m'appelle :

– Olivier, je suis à République.

– Où es-tu ?

– Euh… *Je sais pas*.

– Karim est avec toi ?

– Oui.

– Passe-le-moi.

J'entends qu'il appelle Karim, les bruits de fond ressemblent à ceux d'un café. Toutefois, personne ne vient.

Je pressens quelque chose d'anormal.

– Appelle-moi quelqu'un.

Il finit par demander de l'aide.

– Bonjour, il souhaite que je vous parle, dit une voix d'homme.

C'est le patron du café, je comprends qu'il a fugué.

– Il est tout seul ?

– Oui, il a demandé à téléphoner.

– Vous êtes à quelle adresse, monsieur ?

– Café du Comédia, rue René Boulanger dans le Xe.

J'explique son handicap, l'agence étant proche, je vais vite le récupérer. Je raccroche, Karim est en ligne sur un autre poste.

– J'appelle du métro, Nono s'est enfui, je l'ai cherché partout, j'avais peur et honte de te prévenir, je pensais le retrouver, il est incroyable, explique-t-il, paniqué.

– Viens à l'agence, on se retrouve dans une heure.

J'entre dans le café, ne vois pas mon ami.

– Votre fils est aux toilettes, me rassure le serveur.

– Il a l'air gentil, correct, poli, déclare le patron. Quelle tristesse, un garçon si jeune.

Le patron lui a offert un coca, une cigarette, mais refuse que je le règle, le remercie, puis allons à mon bureau.

Je l'interroge sur sa fugue, déjà, plus de souvenir.

J'imagine qu'en sortant du métro à République, au lieu du boulevard de Magenta, il a pris la rue Boulanger, et a marché quelques centaines de mètres. Ne retrouvant pas l'agence, Nono est entré dans ce café, à cet instant, il avait en tête le numéro de ma ligne directe, un réflexe positif.

Malgré les risques, ses petites évolutions montrent l'éveil de sa conscience.

Karim arrive, essoufflé, à voir sa tête, j'ai le sentiment qu'il est dépassé, choqué :

– Je préparais du thé, à mon insu, il a pris les clefs dans la poche de ma veste du survêtement, avant de partir.

– Garde tes clefs sur toi, je t'ai prévenu.

Coup de mou, je m'interroge, au fil du temps l'usure se ressent. À quelles séquelles irréversibles aurais-je à faire face ? Faire face à l'inattendu.

Les progrès se poursuivront-ils ? Et, jusqu'à quand ?

À partir de quel moment pourra-t-on me dire que c'est terminé ?

Serais-je en mesure de tenir longtemps s'il est handicapé toute sa vie ?

Les jours suivants, il reprend la piscine et l'orthophonie.

Un matin Karim veut me parler :

– Franchement, Olivier, je ne peux plus continuer à m'occuper de Nono. Trop de tensions, de déceptions, je m'estime incapable de le faire progresser davantage. Je vais reprendre un travail dans le bâtiment.

J'apprécie son attitude, le comprends parfaitement, même si ce ne sera pas simple de retrouver un accompagnant aussi compétent. Puisque nous partons en vacances, nous décidons d'arrêter le contrat dès le week-end.

Au mois d'août, à la fin d'un dîner, Nono me dit calmement :

– Moi, je vais changer.

– Changer quoi ?

– Bien manger, plus pisser au lit et parler bien, explique-t-il, convaincu.

Heureux, je veux poursuivre la conversation, hélas, aussitôt absent, il arrête. C'était juste un flash, une soudaine lucidité, qui me redonne un peu d'espoir dans une période où je me sens harassé par un tel investissement.

Nous préparons nos valises pour un départ dans le Sud-Ouest et les Pyrénées. Je compte beaucoup sur le bienfait de ces vacances, elles vont me permettre de retrouver ma famille et mes amis d'enfance.

Le trajet avec des arrêts se déroule parfaitement, dont un déjeuner sur une aire de l'autoroute A10. Mes parents, heureux de nous revoir, depuis l'hiver dernier, trouvent que Nourredine a peu évolué.

Ma mère demeure plus pessimiste que jamais, et mon père, sceptique.

– Comment va-t-il s'en sortir ? Dans quel état ? Le cerveau est si atteint, qu'il ne redeviendra pas celui que tu as connu, estime-t-elle, le regard sombre.

Aux repas, tantôt il mange juste quelques bricoles, tantôt il dévore tout. Je dois maintenir la pression, malgré cela, mes parents sont d'un autre avis :

– Tu le laisses trop faire ce qu'il veut, alors, il en profite.

Ayant vécu au plus près de sa souffrance, j'explique ma difficulté d'endosser le rôle d'éducateur, de l'obliger à réaliser ce qu'il refuse. L'atmosphère s'alourdit, les parents, préoccupés, doutent de mon objectif.

Le surlendemain, avec Nadine et sa fille Gaëlle, nous rejoignons les Pyrénées-Atlantiques, au cœur de la vallée d'Ossau. J'ai réservé des chambres dans un hôtel à Laruns, un cadre magnifique entouré de montagnes.

Pendant cinq jours, les excursions en altitude et les pique-niques s'enchaînent au gré de routes sinueuses, aux splendides décors.

Du col d'Aubisque à Artouste en passant par le lac de Fabrèges et Bious-Artigues, malgré l'attention continuelle envers Nono, le bienfait de la haute montagne aux majestueux paysages, me régénère.

Nono marche plutôt bien, il ne tarde pas à prendre des couleurs grâce au temps magnifique. À des moments inattendus, d'une attitude surprenante, il nous donne des sueurs froides.

D'abord, à l'hôtel, monsieur prend un bain, et laisse copieusement déborder l'eau, inonde le carrelage jusqu'à la moquette de la chambre.

Lors de la découverte d'un village espagnol, j'achète une glace à la myrtille, une fois dans la voiture, il la jette par la fenêtre et va s'écraser sur le pare-brise d'un véhicule qui nous croise.

En plein jour, il fouille dans mon sac à dos, ouvre le boitier de l'appareil photo, détruit la pellicule avec la totalité de nos souvenirs.

Plus tard, dans un restaurant huppé où le service s'éternise, il s'impatiente, gesticule, se mouche dans la serviette. Alors, que nous attendons le dessert, il se lève et hurle à la serveuse :

– L'addition ! !

Les clients nous dévisagent bizarrement.

– Chacun de nous doit porter sa croix, estime Nadine, il faut affronter l'inexplicable et garder espoir.

Le dimanche, nous revenons tous les quatre dans la région Bordelaise, via la belle traversée de la forêt landaise.

Le soir, Nono se couche tôt dans la chambre de mon enfance. Avec mes parents, nous regardons la télévision au salon. Soudain, on entend

un bruit bizarre, l'agaçant grincement d'une porte.
– Mais, c'est quoi ce barouf ? s'intrigue mon père.

J'accompagne ma mère, et là, nous découvrons Nourredine dans leur chambre, qui farfouille à l'intérieur de l'armoire.
Il a fait tomber des piles de sous-vêtements et de lingeries fines, toutes ces choses intimes, soigneusement rangées, se retrouvent en vrac sur le parquet. Choquée, maman, lève les yeux au plafond, hausse le ton :
– Mon dieu ! Sors-le d'ici !

Le lendemain matin, pendant que je me douche, de la fumée sort de ma chambre. Ma mère se précipite, la rustique lampe de chevet au pied d'acajou verni, issu du dernier héritage, brûle !
Mains sur la tête, catastrophée, elle crie à mon père :
– Jean ! Il y a le feu !
À l'aide du briquet, il a mis le feu à l'abat-jour de l'arrière-grand-mère. Traumatisée, d'une vive colère, ma mère devient incontrôlable, et moi, compréhensif, l'entoure de mes bras, la calme.
Nono, muet comme une carpe, ne se rend pas compte de son acte.

Après le déjeuner, afin d'éviter d'autres problèmes à mes parents, je préfère écourter nos vacances, nous rentrons à Paris.

Avant la reprise du travail, je cherche un nouvel accompagnant. Une petite annonce d'un journal attire mon attention :

« *J.H. 24 ans sérieux, compétent, avec références, cherche emploi garde-malade ou personne âgée : tél … »*

J'appelle, une voix d'homme mûr répond :
– Oui, il est libre, mais actuellement absent.
J'explique en deux mots la fonction d'accompagnant.
– Dès qu'il rentre, je l'informe, il vous rappellera.

À l'heure du dîner, le téléphone sonne :
– Bonsoir, Monsieur Dramane T., c'est pour la place d'aide handicapé.
La voix est calme, plutôt douce, le travail lui convient, on se fixe un rendez-vous chez nous, le lendemain matin.

Avec de l'avance, arrive un jeune noir, élancé, le physique d'un sportif, cheveux très courts, portant des vêtements raffinés.
Je détaille l'emploi et le comportement d'un trauma-crânien.

Dramane me donne les coordonnées du dernier employeur :
– Un monsieur âgé, paraplégique, que j'ai accompagné six mois à domicile.

Depuis le drame, je résume notre histoire, il écoute d'une oreille attentive, demande la permission de me tutoyer, avant d'ajouter :
– Bouleversant, je trouve très beau, très fort ce que tu fais.

Dans la conversation, il m'avoue être gay :
– Je vis également avec un ami depuis deux ans.
Après le week-end, je promets de le joindre et l'informerai de ma décision.

Lundi, j'appelle son dernier employeur :
– Un jeune très bien, j'étais satisfait de ses services. Si ma fille n'était pas rentrée de l'étranger, je l'aurais gardé, sans problème. Vous pouvez compter sur Dramane, c'est quelqu'un de confiance.

À la suite de notre retour de province, Nono ne tient pas en place, nerveux, instable, cela m'inquiète. Fréquemment, la cicatrice l'irrite, des deux mains, il se gratte la tête.

Avec Patrice et Fabien, nous l'emmenons au cinéma voir un film d'action. Rapidement, il somnole, veut aller aux toilettes, s'installe en biais sur deux fauteuils et désire fumer. Nono ne s'intéresse aucunement au scénario, inutile de rester.

Avant dîner, j'appelle Dramane :
– Bonsoir, mercredi matin, tu seras l'accompagnateur de mon ami.

Dernier jour de congé, nous allons faire des achats au supermarché. Aux caisses, nous rencontrons Pierre B., notre voisin d'immeuble, un monsieur retraité qui apprécie beaucoup Nourredine.
Le voyant, Pierre B. dit :
– Bonjour Nono, comment vas-tu ?
– Bien.
Je teste sa mémoire :
– Tu reconnais ce monsieur ?
– Oui, je connais…
– C'est qui ?
– François Mitterrand ! s'exclame-t-il, joyeux.

À l'heure du premier café, Dramane, l'accompagnant sonne, et ensemble, nous décidons du programme de la journée.
– Ce matin, piscine, cet après-midi, salle de jeux à Châtelet.
Je transmets un maximum de conseils et d'informations à Dramane. Rieur, il paraît calme, sûr de lui, patient, discret. Jusqu'à la fin de la semaine, ils vont à la piscine, à la rééducation et se baladent à Paris.

Au cœur d'une nuit, encore une crise épileptique ; des convulsions spectaculaires, la mâchoire crispée, de la bave et un râlement saccadé, puis le corps se relâche et il urine.

Une vingtaine de minutes, complètement inconscient, avant de, peu à peu, s'agiter de tous ses membres suivis d'une période d'incohérence.

Dès qu'il peut ouvrir la bouche, je glisse ses médicaments. La raison de cette crise reste inexpliquée, perturbé, je ne retrouve pas le sommeil.

La boulangère du quartier qui le connaissait avant, me parle seule à seul :
– À le voir comme ça, dans ce triste état, de vous à moi, je me demande s'il n'aurait pas mieux valu qu'il meure d'un coup. Moi, je n'aurais pas eu le courage de m'occuper d'un handicapé.

Septembre, d'un comportement stationnaire, Dramane,

l'accompagnateur, serein, vigilant, s'occupe sérieusement de Nono.

Ses légers progrès dans le langage font plaisir, les sorties à la piscine deviennent plaisantes et, six semaines après l'intervention, la cicatrice a un aspect satisfaisant.

Au cours d'une séance d'orthophonie, au cabinet de Philippe, il demande à s'allonger, prétend avoir mal au cœur.

Nono s'installe sur le canapé de la salle d'attente, pendant que Philippe et l'accompagnant l'attendent dans le bureau de l'orthophoniste. Lorsqu'ils reviennent le chercher, la salle est vide !
Dramane saute sur le premier téléphone, et me prévient.

Trois quarts d'heure s'écoulent, Nono sonne à la porte de l'agence.
Il a pris le métro, puis s'est dirigé vers la bonne sortie, a retrouvé le bon côté du boulevard Magenta.
De bureau en bureau, souriant, Nourredine, fier de la réussite de sa huitième fugue, salue tous les employés.

Le soir, il sort du fond d'une poche un billet de cent francs.
– Qui t'a donné cet argent ?
– C'est toi.
– Non, ce n'est pas moi. Tu l'as pris où ?
– *Je sais pas*, répond Nono, d'un haussement d'épaules.
Le matin, l'accompagnateur ne comprend pas :
– D'où vient ce billet ? Peut-être l'a-t-il pris au vestiaire de la piscine ou à la rééducation ?

Fin septembre, je participe à un voyage professionnel de dix jours en Égypte. Avec Dramane, Claudine et Michèle, nous organisons les permanences. L'accompagnant logera chez nous, sauf trois soirées, où mes amies prendront le relais, et le week-end Nono dormira chez Michèle afin que Dramane prenne du repos.

Au moment de partir, je promets à Nourredine de téléphoner fréquemment, il réagit calmement.

Claudine me conduit à Orly, je quitte la France, inquiet, avant de m'envoler pour le Caire. Connaissant très bien cet attachant pays où j'ai séjourné de nombreuses années, de retrouver l'Égypte est une joie.

Lors de la visite de la Citadelle, avec mes clients, j'entre dans la sublime mosquée de Mohamed Ali, une amie égyptienne musulmane m'informe d'une coutume.
– Si tu passes sous l'escalier de la chaire de l'Iman, il faut faire un vœu et celui-ci se réalisera.
Sous l'escalier en bois de cèdre, j'émets le souhait que Nourredine se rétablisse au mieux.

Le séjour se déroule parfaitement, de l'hôtel, j'appelle à la maison, l'accompagnateur me rassure :
– Nous n'avons aucun souci. Puis, je réconforte mon ami.

À peine l'avion atterrit, je ressens un profond attachement, mon compagnon me manque tellement. Sortie de la zone des bagages, parmi la foule, Nono est là, entre Claudine et Dramane, son sourire lumineux déclenche un intense bonheur.

Je frotte ma main sur sa tête, ses cheveux ont poussé, Nourredine ne lâche plus mon bras, visage contre ma joue, il sent bon l'après-rasage.

– Cette présence constante devenait pesante, me confie Dramane.

À l'appartement, j'offre ses cadeaux, un tee-shirt, des cassettes de musique arabe : Oum Kalsoum, Farid el Atrach et Abdel Halim Hafez. Réjoui, il rayonne de joie, me serre contre sa poitrine.

Le rythme des évolutions en dents de scie reprend son cours, je note qu'il parle un peu plus, et décide parfois de se rendre utile.

Sur le graphique, il oscille entre 6,5 et 7.

Dramane et son ami nous invitent à dîner, chez eux, au cœur du quartier du Marais. L'ami, un homme réservé, la quarantaine, cadre supérieur à la direction d'une grande chaîne de magasins d'articles de sport. Ils nous reçoivent avec prévenance dans un bel appartement bourgeois de style contemporain.

Dès l'apéritif, Nono se comporte mal. Au cours de nos conversations mondaines, il se gave de petits fours de chez Fauchon, renverse une bougie, fume et laisse tomber des cendres sur le parquet en chevron.

Et, le pire reste à venir.

Le repas, excellent, est arrosé d'un noble vin du Médoc, à température ambiante. Nono boit du coca, lâche un gros rôt sonore, engloutit un œuf aux crabes en se léchant les doigts, un morceau de Reblochon à la bouche, glisse d'un seul coup sous la table. Finalement, mon ingérable bonhomme termine pieds nus, allongé sur le divan.

Dramane a l'habitude, cela le fait rire aux larmes, à l'inverse, dépité, Pierre-Henry, l'ami de Dramane, s'irrite :

– Je n'ai jamais vu un handicapé du cerveau, mais celui-là, quel boulet !

Pour le dessert, accompagné d'un excellent champagne, nous passons dans un salon au décor intime. Pendant que Nono dort, Pierre-Henry, libéré par l'alcool, se lâche :

– Tu n'as vraiment que cet ami ?

– Oui, pourquoi ?

– Un mec comme toi, je l'imagine avec quelqu'un d'autre.

– Mais, tu ne le connaissais pas avant, Nono était un homme de qualité.

– Bien sûr, il y a eu cet accident, il a certainement changé, mais à le voir maintenant, comme ça, excuse-moi, on dirait un animal. Je veux dire… il parle peu, on le comprend mal, ne sait pas ce qu'il veut, ce qu'il pense, en plus, ton mec, c'est le roi des conneries. Quelle drôle de vie, moi, j'aurais dit à sa famille, reprenez-le et démerdez-vous.

Dramane, outré, fronce les sourcils et, d'un ton ferme, exprime son mécontentement :

– Tu dis n'importe quoi, tu ne peux pas savoir, aujourd'hui, si Nono est en vie, c'est grâce au combat d'Olivier. C'est ça, le véritable amour !

L'avis du compagnon est choquant, mais, hélas, d'autres pensent la même chose, sans jamais oser me le dire. Des personnes jugent que cela ne vaut pas la peine de se battre, qu'ils auraient honte, pas le courage de vivre avec un handicapé. Parmi ceux que je croise, beaucoup sont convaincus qu'il ne s'en sortira pas, ou que les séquelles seront insupportables. Dans notre société, le physique reste primordial, trop de gens regardent les handicapés d'un œil méprisant.

À dix-sept mois de l'accident, profitant d'un bref instant d'inattention, il cherche toujours à faire des fugues.

Un courrier m'informe de l'expertise médicale, elle aura lieu mi-octobre, pas de temps à perdre, il faut transmettre le dossier des mois à l'avance au cabinet de l'expert-psychiatre.

Un vendredi, après le déjeuner, je passe chercher Nourredine à la maison, direction l'expertise du Docteur Y. Deux autres experts-médecins sont présents, dont un de l'assurance adverse.

Le cabinet est vaste, le décor stylé, l'expert, la cinquantaine, un homme distingué, costume gris anthracite, cravate de soie, chemise blanche et boutons de manchettes dorés, nous reçoit.

D'une voix directe aux paroles précises, il fait les présentations et l'introduction, manifestement, le Docteur Y. a étudié notre dossier.

Un médecin, à côté de moi, nerveux, fouille dans sa mallette, perdu dans ses documents.

L'expert, Docteur Y., s'adresse à Nono :

– Vous êtes né en Algérie, Monsieur X. ?

Souriant, Nono approuve de la tête.

– En quelle classe, avez-vous terminé vos études ?

– Année moyenne, répond-il, après hésitation.

– Oui, mais au collège ? Au lycée ?

Sans répondre, Nono se gratte la tête, frotte sa casquette sur le crâne.

Le Docteur se tourne vers moi :

– Disons, niveau secondaire, classe de troisième ? me demande-t-il.

– Oui, niveau BEPC, il me semble.

– Voici une carte de France, montrez-moi où se trouve Marseille ?

Nourredine cherche et indique la Normandie.

– Et la mer Méditerranée ? Nono hésite et désigne la Corse.

– Vous pouvez me dire où se trouve la Manche ?

– *Je sais pas.*

– Vous vous souvenez de votre accident ?

– Non.

– Quand était l'accident ? Et où ?

Nono décroche, croise les doigts, imite celui qui fume, le Docteur Y. regarde ailleurs.

– Que faites-vous de vos journées ?

– Café, cigarette… Il réfléchit, c'est tout !
– Si je dis les mots pain et boulanger, pouvez-vous faire une phrase ?
Il clignote des yeux, l'expert répète, articule et parle plus fort.
Nono cogite :
– Le pain, c'est le boulanger.
– Si je vous dis argent et banque ?
– L'argent, la banque, c'est pareil.
– Approchez-vous du bureau, nous allons faire du calcul.

Le Docteur Y. propose de compter à l'envers de 10 à 1, mais comme Nono se trompe, il enchaîne avec des tests sur une feuille. Les quatre premières additions se révèlent justes, ainsi que deux soustractions sur quatre, à la première division, il repose le stylo et refuse de poursuivre.

L'expert, flegmatique, enchaîne par l'écriture et la grammaire.
Nono écrit quelques mots, hésite, recommence un instant et s'arrête :
– *Je peux pas.*
Il continue par le dessin, le Docteur Y. pose un cube sous ses yeux :
– Dessinez cet objet.
Il trace deux traits horizontaux, puis un troisième vertical et se bloque.
– Maintenant, s'il vous plaît, dessinez une voiture.

Nono tire des lignes avec des bouts arrondis et deux cercles aux extrémités, pour les roues. Au troisième dessin, il laisse tomber le stylo et exige une cigarette.
On l'autorise à sortir fumer dans le couloir, je l'accompagne.

À notre retour, le Docteur Y. réouvre le dossier, s'adresse à moi :
– Depuis quand êtes-vous son ami ?
– Trois ans.
– Au domicile, vous deux, comment ça se déroule ?
– Psychologiquement, c'est vraiment très lourd, malgré la présence de l'accompagnant, je dois tout anticiper du matin au soir et parfois le nuit.

Puis, je dresse un tableau de notre vécu quotidien, le changement complet de nos vies, la modification prononcée du comportement, la rééducation, les activités et les sorties.
– Vous répondez si vous voulez. Avez-vous actuellement des relations intimes ? demande-t-il.
Un de ses confrères, déconcerté, baisse la tête.
– Hélas, mon ami est tellement différent, mon blocage est tel, qu'il représente plutôt un petit frère. À part des câlins, je repousse tout acte sexuel, c'est franchement infaisable.

Il évoque les multiples opérations subies par Nourredine, et celles à venir, dont une future chirurgie esthétique.
– Déshabillez-vous, ne garder que votre slip, demande le Docteur Y.
Je le soutiens, l'aide à ôter son pantalon.

Le Docteur Y. après une série de tests sur les muscles, les articulations des membres inférieurs et supérieurs, note les réactions, le mesure, le pèse, le fait marcher, lever les jambes et les bras.

Il examine chaque œil, mesure la taille exacte des cicatrices d'une tempe à l'autre, du pourtour de la base du crâne et du bassin gauche.

Pour terminer, il inscrit les zones de déformation du front, des orbites, de l'œil, de la paupière, les détails du visage, et demande à mon ami :
– Avez-vous des doléances à exprimer ?
Nono muet, d'un geste de lassitude a envie de partir.

L'expert-neurologue sollicite l'avis des autres collègues, sans émettre de réserve, tous approuvent. Le Docteur Y. me pose la même question, j'acquiesce.

Droit dans le fauteuil, il débute la rédaction de sa synthèse, pendant que Nourredine enfile ses vêtements.

Le Docteur Y. lit sa conclusion à voix haute :
– Monsieur X., ici présent, loin d'être consolidé, présente un syndrome frontal responsable d'une perte d'autonomie avec des troubles comportementaux majeurs. En l'absence d'antécédents significatifs, l'intégralité de ces lésions nous paraît clairement résulter des conséquences du traumatisme. La présence d'une tierce personne est nécessaire du matin au soir et la nuit, lors des déplacements de son ami. Une récupération partielle reste encore possible sur le plan neuropsychique.

Il prévoit un rendez-vous dans un an afin de dresser un nouveau bilan, entre temps, il transmettra son rapport-expertise au juge.

Une fois dehors, Nono allume une cigarette, il a résisté sans s'impatienté à plus de deux heures de tests et de présence.

Samedi, Claudine, Patrice, son ami et nous deux, partons à bord de nos voitures en week-end à Trouville. Nous déjeunons à la Résidence Orion, près de la mer, l'après-midi, nous longeons la côte jusqu'à Cabourg, puis finissons par une promenade le long de la plage.
L'air bénéfique du large, n'empêche pas Nono d'être instable.

Le soir, devant un plateau de fruits de mer, il apprécie les moules et les crevettes. Dimanche, nous visitons Honfleur et la région, avant de reprendre l'autoroute de Paris.

Au moment de le rejoindre au lit, je termine les observations et prolonge les graphiques du quatrième carnet, soit 670 pages d'écriture.

De l'ensemble des mois écoulés, n'aura-t-il pas de souvenirs ?

De la guerre du Golfe, des attentats qui déchirent l'Algérie, de l'hôpital, de la rééducation, des sorties et voyages, des accompagnants, des dangereuses fugues.

Nulle mémorisation de ses douleurs, de ses souffrances, de nos peines, de nos peurs, de nos pleurs, et de tant d'événements malheureux ou heureux, qu'il ne se rappellera, jamais.
Un vide, un trou, une interruption, un effacement de sa mémoire.
Jusqu'à cette fin 1991, que va-t-il encore perdre de sa jeunesse ?

Un autre jour, après le départ de Dramane, je prépare un dîner spécial, en tête à tête.

Le cœur en fête, j'ai allumé des bougies, sorti les assiettes de porcelaine, la nappe et les serviettes de coton orange, la panière à pain, la carafe de cristal. Il aura même, exceptionnellement, sa petite bouteille de coca light.

L'ambiance d'une heureuse soirée, semblable à celles d'avant, baignée d'une lumière tamisée, agrémentée d'une musique romantique. Dans l'attente de la moindre réaction positive, l'espoir d'un déclic m'occupe l'esprit.

– Assieds-toi, ici. Bon appétit, Nono.

En guise de réponse, il incline la tête, me sourit.

Mon ami mange correctement, se tient droit, nous parlons trop peu, qu'importe, l'essentiel, il est là. Sans pouvoir s'exprimer davantage, sûrement une concentration difficile, un effort trop compliqué, toute conversation paraît encore inaccessible. Il doit avoir tant de choses à extérioriser, à expliquer, si seulement je savais communiquer rien qu'avec son regard, j'arriverais à lire dans ses yeux.

Je pourrais mieux le comprendre, mieux partager sa dépression, mieux soulager son handicap. Si je pouvais prendre une partie de ses séquelles, je le ferais volontiers.

Notre dîner d'amoureux s'écoule, sans le flash espéré, juste le bonheur d'être ensemble, c'est déjà une belle satisfaction.

Un ultime verre d'un excellent Saint-Emilion premier grand cru, avant de sortir du réfrigérateur une onctueuse mousse au chocolat noir, telle qu'il l'aimait.

– Nono, goûte, tu vas te régaler.

Indifférent, il regarde l'appétissante coupe et repose la petite cuillère.

La surprise escomptée n'a pas eu lieu.

Peut-être, n'a-t-il plus faim ?

J'attends, va-t-il changer d'avis ?

Son dessert préféré le laisse de marbre, d'un geste de dépit, Nono quitte la table.

Seul au milieu du salon, contrarié, je débarrasse la table, souffle les bougies, éteins la musique. Un cruel silence m'attriste profondément. Une après l'autre, des larmes identiques à des perles amères s'écoulent de mes joues.

LES SEQUELLES
LA CONSOLIDATION

Les activités de sa vie quotidienne deviennent calmes, régulières, grâce à l'encouragement de Dramane, au tempérament équilibré et hyper patient.

À l'occasion d'un contrôle, nous retrouvons le Docteur Fournier, accueillant, souriant, il examine le front à l'endroit de la cicatrice toujours très visible.

– Parfait, cela semble en bonne voie, une évolution est possible sur un an, sans risque d'infection.

Tranquillisé, je demande :

– Est-ce normal qu'il se gratte souvent ?

– Oui, pendant plusieurs mois, ça le démangera, et dans six ou sept mois, nous ferons une radio.

Il écrit quelques notes, nous parlons de rééducation, d'évolution, puis jette un œil sur mon carnet :

– Heureusement, si on peut dire, qu'il a eu l'accident jeune, il a plus de chances de s'en sortir, conclut-il, d'une franche poignée de main.

Le jour de la Toussaint, il se prépare seul une omelette saupoudrée d'une bonne dose de sel, et la réussit.

Début de semaine, l'accompagnant m'appelle :

– Nono, au salon, a eu une crise de convulsions avec bave et urine, à la reprise de sa conscience, j'ai donné son médicament, actuellement il se repose.

Le soir, le visage blême, il est levé, paraît incommodé, au dîner, soudain, Nono pousse un long cri grave :

– Aaah !!

Yeux révulsés, il se soulève, se raidit, s'agite de tous ses membres.

Bloqué entre la chaise et la table, je le retiens du mieux possible, l'empêche qu'il ne tombe. Sa respiration devient forte, bouche fermée, contractée, heureusement, sa langue n'est pas coincée. Graduellement, les convulsions se calment ainsi que la perte de connaissance.

De toutes mes forces, péniblement, je le transporte sur le canapé.

174

Une dizaine de minutes plus tard, lentement, il émerge, yeux hagards, gestes incontrôlés. Encore un moment avant la récupération de la parole, d'abord confuse, agité, déséquilibré, puis, il avale un comprimé antiépileptique avec un verre d'eau.

J'appelle Philippe :

– Demande une prise de sang, tu auras le taux de Dépakine et un examen détaillé. Peut-être manque-t-il de sel, ou a-t-il eu froid à la tête ? Procure-toi du Valium, cela limite les risques de convulsions.

Ces crises impressionnantes, à vivre me désarment, elles sont imprévisibles, parfois dangereuses.

Finalement, il reste traumatisé avec une chute de l'évolution.

Le lendemain, au bar du salon, je remarque que le niveau du whisky a baissé.

– Nono, hier, as-tu bu dans cette bouteille ?

Je repose la question, il répond non, et dix secondes plus tard :

– Oui, j'ai bu.

S'il boit dans notre dos, l'alcool favorisait-il le déclenchement des convulsions ? Afin éviter qu'il ne recommence, je descends les bouteilles à la cave.

Début novembre, milieu de matinée, il m'appelle au bureau :

– Bon anniversaire, Olivier !

Au bout du fil, je le perçois si heureux que sa joie augmente mon bonheur. Nono n'a pas oublié, cette date est imprimée dans sa tête.

Samedi soir, la fête a lieu chez Claudine, en compagnie d'une dizaine d'amis, l'ambiance de mon anniversaire est sympathique. Instable, Nono grignote une ou deux bricoles, quitte la table, s'avachit au fauteuil, puis termine la soirée dans une chambre.

Fin novembre, son langage se limite à des phrases courtes, d'une prononciation défectueuse.

L'orthophoniste m'explique :

– S'il articule mal, c'est qu'il ne s'entend pas, n'oublions pas, l'hémisphère gauche du cerveau a été très endommagé.

Seul, dès que je m'éloigne, il jette continuellement des aliments sur la moquette ou derrière les meubles, cela oblige à un entretien constant de l'appartement, et, malgré les shampoings, à changer de moquette.

Un matin de décembre, l'accompagnant est au téléphone, Nono prend la clef posée sur le buffet et discrètement, ouvre la porte.

Le voici sur le trottoir, vêtu d'un simple pyjama vert, pantoufles aux pieds, par une température de 2°.

Dramane fonce à sa poursuite, l'aperçoit au fond de la rue à côté de la station de métro. Un policier étonné par sa tenue étrangement légère, perplexe, interpelle Nono :

– Bonjour monsieur, vous allez où comme ça ?

– À la République, répond-il, grelottant de froid.

– Vous avez vos papiers, s'il vous plaît ?

– Non, rien !

Dramane arrive, explique la situation :

– Je m'occupe de ce monsieur, il est handicapé.

Nono, catégorique, refuse de rentrer, l'accompagnateur l'attrape gentiment par le cou, il gesticule, crie au visage du policier qui patiente, impassible, mains sur les hanches.

Dramane a une idée :

– On retourne à la maison, je te donne une cigarette.

À cette alléchante promesse, il se calme et, docilement revient.

Nouveau rendez-vous à la Salpêtrière, en neurochirurgie, pour une enquête-test face à un psychologue, un neurologue et un autre médecin, qui ne se présentera pas.

On me demande d'attendre dans le couloir, l'examen à huis clos dure très longtemps. Nono supporte plutôt bien, va une seule fois aux toilettes et ouvre la lucarne pour fumer.

Le week-end, je dresse un dernier bilan.

Points positifs : fixe un peu mieux. Mange davantage 8 fois sur 10.

Encéphalogramme plus régulier, avec une légère atténuation du risque épileptique. Cicatrice-greffe, une réussite.

Se rase volontiers, un jour sur deux. Chute des mictions accidentelles.

Points négatifs : conscience très limitée du danger, de l'espace, du temps, de l'inquiétude et de l'angoisse de l'entourage.

Toujours des fugues et des vertiges. Œil gauche vision nulle, bien que parfois, il prétend le contraire. Langage répétitif et restreint.

Moments amorphes. Crache souvent par terre.

Nous revoilà à la CPAM, le médecin ajuste ses lunettes, feuillète les comptes rendus, recto-verso et verso-recto, complètement perdu :

– Quel fouillis ! Il en est où ?

Je dresse un bref résumé, il jette un œil sur l'état civil de Nourredine, subitement, m'interroge :

– Vous êtes qui pour ce jeune homme ?

Je réponds, il reste indifférent.

Le médecin lit un rapport, se gratte la tête.

– Sa rééducation c'est quoi, exactement ?

J'explique les détails, étonné qu'il ignore le contenu du dossier.

– Bon, eh bien… à revoir dans six mois, décide-t-il d'un coup, avant de griffonner une courte phrase.

Le patron du salon de coiffure considère que la texture des cheveux de Nono a changé et me conseille d'éviter le port trop fréquent d'une casquette :

– Cela limitera le risque de chute.

Les fêtes de fin d'année sont de retour, nous passons le réveillon à Paris auprès de nos amis, ceci, à cause des précédents ennuis générés par Nourredine, je préfère ne pas me rendre chez mes parents.

Début janvier, Dramane, à son tour, moralement usé d'encadrer et de surveiller Nono, me propose d'attendre février et de décider s'il continue ou préfère arrêter.

Lors d'une sieste, je dessine mon ami, mentionne qu'il donne l'impression d'un mannequin désarticulé, sans expression.

À la fin janvier, je pars pour l'Asie avec un groupe d'une trentaine d'amis sur un circuit de deux semaines. Depuis Bangkok, je téléphone à l'accompagnateur :
– Hélas, il ne s'alimente plus, se lamente Dramane.
Dépressif depuis mon départ, il refuse toute activité.
De Chang Maï, j'appelle et parle longuement à Nono :
– Il faut que tu manges, fais-le pour moi, si tu m'aimes. Garde le moral, je serai bientôt à tes côtés. Répète ta promesse s'il te plaît.
En arabe, Nono me jure de manger, j'espère qu'il a enregistré.

Dans la nuit du lendemain, à cause du décalage horaire, je rappelle :
– Rassure-toi, Olivier, côté nourriture, il termine tous les plats.

Pendant le congé de l'accompagnant, il retrouve Michèle et ses enfants, une dernière fois, je téléphone de Pukhet :
– Ton bonhomme se porte bien, mais fait la tête.

À mon retour, mi-février, à l'aube, il se réveille, me regarde sans réagir. Je l'embrasse, le serre dans mes bras, aucune manifestation de joie ni de tendresse. Monsieur boude, il m'en veut de l'avoir laissé.

Malgré mes cadeaux, des polos Lacoste et une montre sport Rolex, de belles imitations, devant ces jolies choses, il reste de marbre.

Dramane résume la rééducation :
– Trop médiocre les sorties à la piscine, à peine, il glisse ses mollets dans le petit bassin, que ton homme m'invective !
L'accompagnateur, démotivé, désabusé, a une proposition d'emploi dans la restauration.
– Si cela ne te gêne pas, je souhaiterais arrêter dans dix jours.
– J'apprécie ta franchise et comprends ta décision.

Un après-midi, je lave la voiture dans la cour de l'immeuble, Nono, les clefs en main, s'y enferme, bloque la télécommande des portes et refuse de sortir. La peur qu'il enclenche le contact, je me fâche, menace de casser la vitre, il hésite, réflexion faite, décide de sortir.

Lundi, je passe une annonce dans le quotidien Libération à la recherche d'un autre accompagnant.

Mardi et mercredi, je reçois les candidats à l'agence, dont un jeune homme originaire du Maroc, âgé de vingt-huit ans. Ses références comme employé de maison auprès de personnes âgées sont excellentes. Le dernier employeur m'informe :
– Monsieur Abdelnabi est patient, calme, sérieux.

Cet homme marié, reste deux jours avec Dramane, s'informe,

apprend à connaitre Nourredine, signe son contrat puis commence seul.

Jusqu'à fin mars, tout se passe relativement bien, le nouvel accompagnant s'adapte vite, Nono le respecte sans trop de caprices.

À l'hôpital, en cachette, il ouvre une porte donnant derrière le bâtiment de la rééducation et, une fois de plus, une fugue !

Par le métro, rapidement, il arrive à l'agence, souriant, satisfait de sa quatorzième escapade.

Coup de fil de dernière minute, nous allons chercher sa sœur à Orly.
– Je reste pour un court séjour, mon frère commençait à me manquer.
Nono l'accueille chaleureusement, nous l'accompagnons chez ses amis.

À peine Fatima remet les pieds à notre domicile que son comportement déplaisant recommence. D'une moue dubitative, elle critique tout, doute de l'évolution, de l'efficacité de la rééducation, trouve la nouvelle tierce personne trop renfermée :
– Il faut se méfier des Marocains, un Algérien serait mieux pour lui.

Le jour d'après, elle entre comme dans un moulin, sans prévenir, au cabinet de notre avocate. Nerveuse, elle se plaint de moi, des médecins et des inutiles accompagnateurs ; la sœur cherche des histoires, l'entrevue est écourtée. Isabelle me résume la discussion :
– Elle prétend que son frère est malheureux avec toi, qu'il n'a jamais été attiré par les hommes, que seule sa famille peut s'en occuper.

Isabelle devine qu'elle essaie de récupérer son frère, et lui explique la clairement situation. L'avocate insiste sur les points importants : le procès est en attente de jugement, Nono n'a pas encore été défendu ni protégé, sa vie loin d'être consolidée est gâchée.
Isabelle clôt la polémique et avise Fatima :
– J'ai une entière confiance en Olivier, cela se ressent, Nono est heureux d'être avec son ami, il a de la chance de l'avoir rencontré.
De colère, sa sœur quitte le cabinet.

Jeudi, la doctoresse du service de neurologie effectue un contrôle trimestriel, d'après elle, les évolutions dominent :
– Celles-ci devraient se poursuivre sur deux à trois ans. Votre ami compense mieux sa vision droite, je n'envisage pas d'intervention dans les mois à venir, en revanche, si les crises épileptiques persistent, on passera au Gardénal d'un effet plus durable que la Dépakine.

Le week-end, je l'emmène presque partout, il doit participer le plus possible à une vie normale. Parfois, je perçois l'incompréhension de certaines personnes dans les magasins, le métro, la rue, le café.

Les réflexions dans notre dos m'agacent, la méfiance se repère au regard et le rejet se lit sur les visages. D'une bonne dose de détermination, je fais en sorte qu'il se sente à l'aise.

Au bout de quelques semaines d'assistance, je dois décompresser.

Quelquefois, je vais seul ou avec des amis au cinéma, à une soirée ou une exposition, dans ce cas, l'accompagnant reste plus tard et touche une rémunération majorée.

Mon cinquième carnet se termine, à partir de maintenant, après vingt-deux mois de synthèses, d'évolutions, de graphiques, mes notes deviendront hebdomadaires.

Nono a vingt-quatre ans, j'organise une petite fête et invite nos amis.
Il reçoit en cadeaux, un survêtement, un bel anorak et un pull de laine.
Capricieux au repas, l'instabilité progresse jusqu'en fin de soirée.

Au mois d'avril, des grimaces surgissent, j'ai le pressentiment qu'elles sont incontrôlées, soit il s'agit d'une séquelle faciale, soit d'une séquelle neurologique.

À l'opposé, le langage s'améliore légèrement, il suit mieux les émissions de télévision, sans forcément réagir.
Abdelnabi, l'accompagnateur, se révèle vigilant, efficace, actif, et l'entraîne trois fois par semaine à la piscine.

Début mai, la gérante du pressing m'interpelle :
– Il faut que je vous parle. Votre petit, l'autre jour, son pain à la main, hurlait dans la rue, on aurait cru qu'il était fou, le pauvre, il risque de terminer dans un asile.

Un matin, l'air absent, il démonte le réveil et jette les pièces partout.
– Pourquoi as-tu fait cela ?
– *Je sais pas*.

Fin mai, je pars en Californie, un circuit de dix-sept jours. Quatre fois, je téléphone à l'accompagnant et à Nono. Abdelnabi me rassure :
– Si je le stimule, il mange correctement. Ton absence le perturbe, Nourredine demande souvent où tu es, et quand tu reviens.

À mon retour, tellement heureux de me revoir, il me parle davantage et marche plus vite que moi.

Une semaine plus tard, nous déménageons dans le même quartier. J'ai acheté un appartement plus grand dans une résidence, au milieu d'un parc, au neuvième étage avec une très belle vue sud-est. Un immeuble assez récent, deux ascenseurs, un gardien et un parking privé. J'ai hésité à cause du balcon, de ce fait, notre surveillance devra être plus grande, la porte de la baie, pour l'instant, restera condamnée.

Le déménagement le perturbe, entre les cartons, l'installation des meubles, il reste assis, désœuvré, d'un moral et d'un comportement négatif ; l'accompagnant à de grosses difficultés à le motiver.
Un jour, il casse la plaque de cuisson de la cuisine avec une casserole.

Un après-midi de juillet, il fugue, pieds nus, en bermuda, arrive à l'agence juste avant la fermeture. Étant en rendez-vous extérieur, Marie le raccompagne à bord d'un taxi.

Depuis un mois, il a perdu cinq kilos, en revanche, moralement mieux, plus présent, les bêtises s'estompent.

À mon grand désespoir, il ne mange que des œufs, des frites, de la viande hachée, du fromage et boit du coca à la bouteille. Le blocage perdure pour les volailles, le poisson, les légumes et les fruits.

Août, direction le Pays Basque, une dizaine de jours, puis une semaine dans le Sud-Ouest rendre visite à mes parents.

Nadine constate des progrès :
– Cela fait plaisir, il est plus souriant et déborde d'énergie.
La location apaisante d'Ustaritz est au milieu de la verdure.
Un soir, Nono joue avec Gaëlle à la belote, monsieur perd, vexé, il crie et jette ses cartes :
– Va te faire foutre ! Jamais, il n'avait fait ce genre réflexion.
Chez mes parents, il demande soudain à ma mère :
– La nuit, tu dors encore avec ton mari ?
Embarrassée, bouche pincée, elle le dévisage :
– Cela ne te regarde pas, tu es trop curieux.

Sur le trajet vers l'Île-de-France, lors d'une pause, un bref instant, seul dans la voiture, il appuie avec la résistance de l'allume-cigare, brûle la garniture de la portière passagère. Résultat : un vilain trou !
L'habitacle enfumé empeste une odeur âcre.

J'entre en colère, n'obtiens pas d'explications, regard fixe, il se mure dans le silence. Occupé au volant, soudain, il murmure :
– Olivier, cigarette.
– Ah ! Non, pas maintenant.
Une minute s'écoule :
– Cigarette !
– Nono, pense à autre chose.
J'augmente le son de la musique, trente secondes de répit.
– Cigarette, s'il te plaît Olivier.
Les yeux suppliants, il insiste, rabâche à chaque kilomètre :
– Olivier, cigarette.
Une aire de repos en vue, de guerre lasse, je cède et mets le clignotant.

De la rentrée au mois d'octobre, son comportement paraît stationnaire, ce que constate le Docteur Pradat :
– Rien ne peut être prévisible, l'évolution peut s'étaler sur deux, trois années, voire plus. La prochaine expertise approche, voici une ordonnance pour un électro encéphalogramme et un test visuel.

Nouvelle crise épileptique en pleine nuit, la dernière remonte à onze mois, chaque fois, les mêmes symptômes impressionnants me laissent impuissant.

Samir, un ami d'enfance Algérien, vient séjourner à Paris, rend visite à Nono, une retrouvaille positive où ils racontent leurs matchs de football.

Novembre, il rayonne davantage, et passe à 7,5 sur l'échelle-graphique. Malgré la surveillance constante de l'accompagnant, il fait des tentatives de fugue, heureusement, Abdelnabi le rattrape dans le parc ou dans la rue.

Chute des bonnes réponses aux questions, sur des événements récents, il se trompe huit fois sur dix. Exemple : au sujet de l'accident, de l'hospitalisation, l'amnésie est complète, Nono répète machinalement ce qu'il entend ou ce que je raconte.

Devant un miroir, seul, il grimace, gonfle les joues, tire la langue, tord la bouche, si je le surprends, il s'arrête et détourne le regard.

À nos amis et à ceux que nous croisons, il pose les mêmes questions :

– Quel est ton nom ?

– Où tu habites ?

– Tu viens d'où ?

– Par exemple, quoi ?

Jusqu'à la fin de l'année, les bêtises s'enchaînent, tel un enfant agité, il touche à tout. La gardienne de la résidence m'informe qu'à chaque fois où je l'envoie chercher le courrier dans le hall d'entrée, il arrête l'ascenseur à tous les étages et sonne l'alarme.

L'accompagnant remarque qu'il crache parfois sur les voitures. Quand je prends ma douche, il téléphone au hasard à n'importe quel numéro, ou cherche les clefs pour essayer de sortir. Enfin, dans mon dos, il imite mes gestes et fait le pitre.

En décembre, il a grossi, 62 kg, en janvier 1993, je dresse un bilan.

Côté positif : en trente-deux mois, Nourredine a réalisé une récupération évolution très lente, mais toujours dans le bon sens.

Au graphique, il gagne un point par an, il est à 2,5 points d'atteindre 10. Sera-t-il autonome fin 1995 ?

Langage > de nouveaux mots surgissent. Mémoire > progrès en cours. Incontinence > très espacées. Rééducation & loisirs > stationnaires.

Piscine > ne prend aucun plaisir dans l'eau. Cinéma et jeux > prématurés. L'accompagnant > Abdelnabi est le seul à tenir aussi longtemps, néanmoins, le plus dur a été réservé aux précédents.

Côté négatif : vision gauche 0 %, vision droite réduite entre 50 & 60 % ?

Expressions > phrases limitées, conversation restreinte, répétition de questions et prononciation défaillante. Nourriture > la déglutition reste la séquelle durable. Physique > déformation du visage, du front, prise de poids par manque d'exercice. Comportements inadaptés > crachements, cris, grimaces et gestes incontrôlés.

Nourredine reçoit une mise en demeure recommandée du Trésor public, à propos d'une somme de 4 060 francs. Deux amendes impayées datant de 1989 ! Sans courrier précédent, je n'étais pas informé, Nono ne m'avait rien dit. Je téléphone au Centre des amendes du Trésor :

– Monsieur, il s'agit de contraventions dans le métro pour un dépassement de zone, majorées de nombreuses fois.

Il avait donné l'adresse de sa sœur, et trois ans plus tard, grâce au fichier des impôts, ils ont fini par le retrouver.

J'explique sa tragique histoire, l'employé me passe la chef de service :

– Faxez-nous la déclaration d'accident de la Police.

La dame me rappelle aussitôt :

– Nous décidons la suspension de la mise en demeure.

Touché, ce bel exemple de compréhension me va droit au cœur.

Nous retrouvons le Docteur du service de neurologie, pour un bilan général avant l'expertise de consolidation et remplir le dossier de la sécurité sociale.

– D'après le dernier examen, je crains qu'il n'ait pas conservé l'odorat.

Le Docteur lui demande de respirer des parfums, il prétend sentir, malgré ça, nous restons méfiants.

– Docteur, pourquoi mange-t-il toujours la même nourriture ?

– Dans les cas de trauma-frontaux, c'est habituel. Attention, je ne fais pas de pronostics, je constate et parle à court terme.

Fin janvier, je pars deux semaines en Indonésie avec un groupe d'amis, un superbe circuit. Cinq ou six fois, je téléphone à Abdelnabi :

– Nono réagit convenablement, aucun problème.

Dès l'arrivée à Paris, mon ami cherche à me parler davantage, même s'il répète inlassablement la même chose.

Une seconde fois, nous sommes convoqués chez l'expert neurologue désigné par le tribunal. Notre avocate et celui de la partie adverse sont présents. Seul le médecin de l'assurance est absent, note le Docteur Y.

– Une attitude regrettable, reconnaît-il.

Il reprend le bilan de la première expertise : l'examen, les tests, les séquelles, le vécu, et donne sa conclusion. Pour finir, il s'adresse posément à Nourredine d'une voix grave :

– Que faites-vous pendant la journée ?

– Je bois *le* café, *cigarette*, je mange… il s'arrête, réfléchit, et ajoute, c'est tout !

– Allez-vous à la rééducation ?

– *Je sais pas*, dit-il, les yeux fermés.

– Quelle rééducation par exemple ?

– *Je sais pas* ! répète-t-il plus fort.

– Je remarque des séances d'orthophonie, avec qui ? Dites-moi le nom ou le prénom de l'orthophoniste ?

– À l'hôpital, répond Nono, qui frotte sa tête à l'aide de la casquette.

– Passons à l'examen médical, déshabillez-vous s'il vous plaît, demande le médecin.

Une fois en slip, il exécute divers mouvements : debout, jambe levée et repliée, assis, bras tendus, et accroupi où il vacille.

L'expert note à voix haute :

– Pas de déficit moteur, sauf une lenteur dans l'exécution des mouvements et pas de véritables troubles de la statique. On observe une asymétrie faciale gauche de type central. Au niveau des mouvements fins, je relève une maladresse.

Il s'approche, examine les cicatrices, le front, les tempes, les paupières, puis poursuit par un contrôle de la vision.

– Une acuité visuelle de 6/10e à droite, déclare-t-il, nulle à gauche, avec un léger strabisme divergent de l'œil.

Nono remet ses vêtements, insiste pour fumer, l'expert refuse.

– Passons maintenant aux tests.

D'abord, le calcul, où Nourredine donne des résultats moyens, puis la grammaire, aux réponses médiocres à la recherche de mots. Il termine par l'écriture, Nono s'arrête au bout de deux phrases, laisse tomber son stylo, accompagné d'une grimace de refus.

Le médecin enchaîne par sa mémoire :

– Pouvez-vous me dire quelle est la capitale de la Belgique ?

– Euh, Londres. Non, Bruxelles.

– Parlons cuisine. Pour faire de la purée, vous avez besoin de quoi ?

– La pomme de terre, le sel, on mélange, c'est tout.

– Vous oubliez le lait, le beurre, précise l'expert. Au sujet de la dernière guerre entre la France et l'Allemagne, elle a eu lieu en quelle année ?

– Quelle guerre ?

Le Docteur d'une articulation lente, repose la question.

– En… 1945, non… euh…1930. Qui a gagné ? l'interroge Nono.

– La guerre a duré de 1939 à 1945. Nous avons gagné grâce à l'intervention des pays alliés, précise le Docteur.

– Dans un moteur de voiture, donnez-moi le nom de trois pièces.

Nourredine hésite une poignée de secondes :

– Le pistolet… l'huile, les bougies.

L'expert corrige :

– Le piston, pas le pistolet.

Le Docteur, écrit vite, feuillette les rapports médicaux puis, solennel, mains à plat sur le bureau, s'adresse à nous tous :

– Nous le constatons, à trente-trois mois de cet accident, ce dossier s'affirme lourd. Les séquelles demeurent considérables, je demanderai dans mon rapport à l'assurance, des indemnités égales ou supérieures à 80 % de l'ITT *(incapacité totale de travail)* et de l'ITP *(incapacité temporaire partielle de travail)*. Une évolution dans le temps est possible, cependant, la présence d'un auxiliaire de vie sera indispensable pour les années à venir, voire davantage. Il survit sans autonomie, au prix de difficultés quotidiennes, ne peut plus pratiquer d'activités sportives, de loisirs, et le préjudice sexuel est majeur. En définitif, ajoutés aux préjudices esthétiques, du pretium doloris *(indemnisation de la douleur)*, aux séquelles chirurgicales, aux réactions dangereuses, aux fugues, je retiens, l'impossibilité de tout exercice ou reconversion professionnelle.

Les avocats prennent des annotations, puis l'expert demande :

– Messieurs, avez-vous des points à débattre ou des commentaires ?
Personne ne soulève de question.

Après deux heures de présence, nous quittons le cabinet.

Mi-février, Ali, son frère aîné, téléphone de Marseille, il arrivera demain à Paris et restera trois jours. Nous l'accueillons à la gare de Lyon, Nono est très heureux, il logera dans notre appartement auprès de son jeune frère qu'il n'a pas revu depuis l'accident.

Ali, quarante-six ans, marié, père de trois enfants, travaille dans une épicerie au bled. Le premier soir, tout se passe bien, ils évoquent leur mémoire commune, son frère donne des nouvelles de la famille et raconte la guerre civile au pays :

– Les attentats des mouvements extrémistes islamistes armés, terrorisent la population.

Le lendemain, après le dîner, le grand frère souhaiterait, à son tour, que Nono lui prête cinq mille francs :

– Lors du retour à Marseille, je veux acheter des pièces à mon camion. Un jour, je vous inviterai en Algérie et te rendrai l'argent.
L'ambiance se tend.

– Désolé, Ali. J'ai déjà refusé à Miloud l'année dernière et auparavant à Fatima. Impossible d'utiliser son compte pour des prêts personnels.

– Comment ça ? Mon frère va toucher de l'assurance beaucoup d'argent, il peut nous aider, on s'occupera de Nono plus tard.

– Nourredine, le jour où il sera responsable décidera, personne n'a le droit de dépenser son argent. Devenu handicapé, ton frère n'a pas gagné le loto, ces sommes lui permettront de vivre décemment.

– De toute façon, réplique Ali, froissé, un jour, il reviendra en Algérie, même s'il est Français, Nono restera parmi nous.

– Pour le moment, pas question d'un retour au pays, en France, il suit une rééducation, reçoit des soins médicaux et la justice le défend. N'oublie pas qu'il reste mon ami, nous avons choisi d'être ensemble, jusqu'au bout, je m'en occuperai.

Fâché, il m'observe à distance. Pendant la discussion, Nono, assis, n'a pas dit un mot. Je donne à Ali les coordonnées de l'avocate ; contrarié, il quitte le salon, s'enferme dans la chambre.

Jeudi, sans avoir joint notre avocate, Ali rentre à Marseille, avant de regagner Alger.

Face à l'attitude suspecte de sa famille, je décide qu'au moment du versement de la rente et des indemnités, de bloquer ses comptes à la banque puis d'instaurer un contrôle de la justice.

– La solution la plus sereine, c'est la mise sous tutelle, conseille Isabelle, la décision du tribunal évitera à quiconque d'abuser de ton ami.

– Isabelle, je te prépare un courrier de suite et te le faxe.

Perturbé, ma déception de ses proches vis à vis de Nono est profonde. La présence et l'aide de sa famille seraient primordiales, un point très positif à l'évolution. Au lieu de cela, face à son handicap, une partie des siens ne s'intéresse qu'au compte bancaire du jeune frère.

Un matin, tranquillement, je me rase, il trouve les clefs de l'appartement, prend l'ascenseur et sort de l'immeuble, en survêtement et chaussons. Vite, je cours, le rattrape dans l'impasse à côté de la résidence, à deux pas du métro, de justesse, j'évite une fugue.

Victime d'une crise d'appendicite, l'accompagnant Abdelnabi est immédiatement hospitalisé, son cousin le remplace au pied levé.

Mars, les bêtises redoublent, à l'aide du fer à repasser encore chaud, il brûle la moquette, un outil en main, Nono dévisse les poignées des placards et, à des voitures en stationnement, donne des coups de pied dans les pneus.

Les dégradations se poursuivent, il déchire la tapisserie de la chambre, casse le siphon de la chasse d'eau des toilettes et, à la cuisine, arrache les boutons de la plaque chauffante.

De pénibles séquelles quotidiennes qui nécessitent une surveillance permanente.

Néanmoins, de temps en temps, j'ose prendre des risques. À sa demande, je l'envoie chercher le pain à la boulangerie, de l'autre côté de la rue, tenue par un Tunisien. Uniquement le dimanche où la circulation est calme, depuis le balcon, je ne le quitte pas des yeux, à chaque fois, l'angoisse me paralyse.

Il faudra bien un jour qu'il retrouve un minimum d'autonomie de déplacement, Nono, inconsciemment, le fait déjà seul lors des fugues.

Le jour de ses vingt-cinq ans, nous invitons des amis et l'accompagnant à fêter son anniversaire.

Nous allons à Euro-Disney où il participe volontiers aux attractions les moins turbulentes, même si les files d'attente l'énervent. Très fatigué, il veut rentrer avant la parade de l'après-midi.

À trois ans de l'accident, il stagne toujours à 7,5 sur le graphique.

Un couple de résidents de l'immeuble m'informe qu'il crache sur leur voiture, et le boulanger l'a surpris devant sa boutique, en train de secouer le panneau indicateur, comme un prunier.

Fin mai, je pars pour un long circuit en Chine, de Pékin à Hong-Kong, à chaque étape, j'appelle Abdelnabi. Triste de mon départ, voilà cinq jours qu'il refuse de manger, inquiet, je me fâche :

– Tu dois t'alimenter, je t'en prie, si tu m'aimes, il faut que tu restes en bonne santé. Tu m'écoutes ?

– Oui.

– Alors, tu manges immédiatement ! Dis-moi les trois mots importants.

– … ? Allez ! J'écoute Nono, dis-les-moi !

– Moral, courage, volonté, répond-il, en articulant.

Ce blocage me préoccupe, me gâche le voyage, à mon retour je le retrouve plutôt faible, il a perdu quelques kilos.

Depuis la visite d'Ali, le frère aîné, sa famille n'appelle pas, en revanche Nono téléphone souvent à ses parents.

Mi-juin, la CPAM requiert une autre expertise en vue d'une éventuelle rente pension, successivement trois médecins l'examinent.

L'ophtalmo mesure 6/10e de l'œil droit et cécité définitive à gauche. L'ORL prétend que l'odorat n'est pas atteint.

La neurologue, d'une voix caverneuse, nous reçoit un cigare entre les doigts :

– Excusez-moi, je fume. Cela ne vous dérange pas ?

– Euh… non.

Elle nous pose de multiples questions, pendant que Nono, silencieux, observe les flottements des ronds bleutés de fumée du cigare.

La neurologue examine le dossier, s'intéresse à mon carnet :

– Une bonne idée toutes ces notes, je pense plutôt à une récupération sur cinq à sept années.

Dans cette perspective, mes prévisions s'étirent jusqu'en 1998 ou 1999.

– Vu son historique médical et les abondantes synthèses de collègues, conclut la neurologue, je décide d'une rente à 100 %.

Durant l'expertise, malgré l'inattendue tentation, Nono n'a pas fumé.

Les semaines passent, Claudine et Patrice constatent un meilleur comportement, les petits progrès se poursuivent, sauf pour les séances de grimaces nerveuses devant les miroirs.

Le boulanger-pâtissier du quartier offre à Nono des gâteaux à la crème. Un soir, il nous rend visite, apporte une cassette vidéo de musique raï. Azedine, boute-en-train, lui parle arabe et chante des chansons tunisiennes.

En août, nous passons les vacances dans le cadre verdoyant des Hautes-Pyrénées. Cette année, avec Nadine et sa fille, de la location d'un gîte rural, en voiture, nous rayonnons aux alentours parmi de fabuleux sites. Ce séjour permet une véritable détente, l'altitude convient parfaitement à Nourredine.

À Saint-Lary, d'un télésiège, suspendus tous les deux, au-dessus du vide vertigineux, à flanc de montagne et de forêt, face au sublime paysage, les pensées de monsieur sont ailleurs :

– Quel est le prénom de ma sœur ? Je mange quoi ce soir ?

Je ne réponds pas, accaparé entre le vertige et l'émerveillement du panorama. Indifférent, il ajoute :

– Omelette-frites !

Au snack, à 2 000 mètres d'altitude, sous un soleil radieux, il sirote son coca.

– Nono, comment s'appelle les sièges tractés par un câble pour monter jusqu'ici ?

– Le périphérique !

– Non, le téléphérique.

Escale en Gironde, sur le chemin du retour, pour une courte visite à mes parents. À table, malgré un menu gastronomique : potage velouté d'asperges - œufs mimosa - gigot d'agneau aux légumes - plateau de fromages - tarte aux abricots. Il ne mange que trois radis avec de gros morceaux de beurre. Bras croisés devant son assiette, au moment du café, décomplexé, il fixe ma mère, la faim au ventre, s'exclame :

– Omelette-frites !

Contrariée, les yeux au plafond, elle réplique, sceptique :

– Il n'évoluera pas, terminé à mon avis.

Début septembre, j'examine son œil droit, une petite peau attachée entre le globe et l'intérieur de la paupière m'inquiète. Serait-ce due à la première intervention ? Cachée sous la paupière, je ne l'avais jamais remarquée, les médecins non plus.

Aussitôt, je prends rendez-vous dans le service d'ophtalmologie.

Le lendemain, Abdelnabi me téléphone du Maroc, à cause d'un grave problème familial, il ne rentrera pas avant fin septembre.

Azedine, le voisin boulanger, heureusement en vacances ce mois-ci, me propose de garder Nono. Ce jeune homme énergique, souriant, le fait manger presque normalement, prétextant un jeu, il se rase seul.

L'examen de l'ophtalmo révèle que cette peau n'est nullement gênante et qu'il vaut mieux la laisser telle quelle.

– Cette infime bout de peau s'est greffé au globe lors de la première opération.

Samedi, j'envoie Nono chercher un colis chez le gardien de la résidence, un quart d'heure s'écoule, il ne revient pas.

Je descends, le gardien ne l'a pas vu. Aussitôt, je pense à une fugue.

Je pars jusqu'au métro, cherche dans les couloirs, sur les quais, il n'est pas là, je rentre.

Une heure passe, le gardien alerté par la sonnerie d'alarme frappe à ma porte :

– Nono est coincé dans l'un des ascenseurs.

Après sa libération, ce long enfermement ne l'a pas traumatisé.

Un dimanche, Nono range la vaisselle, et hop, sans scrupule, jette un verre par la fenêtre de la cuisine. Par chance, vingt-sept mètres plus bas, le verre explose sur la pelouse.

L'accompagnant revient du Maroc début octobre, Azedine le boulanger, reprend son travail de nuit.

Un an après les dernières convulsions, à l'aube, retour d'une crise épileptique ; nerveux, agité, l'évolution est cassée.

Novembre, lors de la rééducation, il se faufile par une autre pièce et fugue pour venir en métro à l'agence. Heureux de revoir ses anciens collègues, il boit du coca et fume avec Marie.

Notre avocate termine l'assignation contre l'assurance adverse, développe clairement les divers points des préjudices. Son dossier sera comparé aux propositions de l'assurance, très souvent inférieures ou sciemment sous-évaluées. Isabelle précise :

– Seul, le tribunal tranchera face à l'ensemble des éléments.

Fin novembre, je termine le sixième carnet, désormais, j'aurai un grand cahier pour me permettre d'établir un graphique complet. Mes notes deviendront hebdomadaires puis mensuelles.

Voici des chiffres depuis mai 1990, certains impressionnent :

Téléphone > plus de 2 300 appels, dont 120 en Algérie.

Hospitalisation totale > 242 jours. Opérations-interventions > 7.

Coût médical, d'après un document de la sécurité Sociale > 3,2 millions de francs, un accident du travail pris en charge à 100 %.

Consultations diverses > 45. Visites-présence > 700 heures.

Fugues > 46. Mictions constatées > 87.

Crises convulsions à domicile > 9. Tierces personnes > 7.

Expertises-contrôles > 8.

Coût des salaires nets > 280 000 francs (42 690 € environ)

Notes > 1 000 pages.

Sur décembre, deux autres tentatives de fugue, dont une en peignoir et savates, par chance, l'accompagnant court très vite et le rattrape à la sortie du parc.

Au début de 1994, il rencontre toujours des difficultés à manger normalement. Capricieux à la douche, d'un comportement caractériel, il poursuit ses grimaces accompagnées de gestes nerveux, je remarque aussi, d'infimes évolutions positives, mais je finis par ne plus avoir le recul nécessaire pour affiner mon jugement.

Obligé de demander autour de moi s'ils constatent des changements.

Dès février, à cause de sa vision réduite, j'observe sa difficulté à saisir un objet, se déplacer dans un espace étroit, un lieu sombre ou d'observer à distance.

Les premiers jours de mars, il vient à l'agence avec l'accompagnant. Grâce à Marie, entre le suivi des dossiers, il participe volontiers à des exercices d'écriture et de dessin.

Un samedi soir, nous assistons à un concert de Cheb Khaled, au Zénith, j'ai réservé nos places, précisant son handicap. Un grand moment d'émotion, puis, au fil de la soirée, je perçois dans son regard de la tristesse. Au dernier rappel, afin d'éviter la bousculade nous quittons la salle.

Mitigé, je m'attendais à plus de joie de sa part.

Mi-mars, au supermarché du quartier, je fais un test. Je lui donne une liste de cinq achats et de l'argent. J'attends à l'entrée près d'une demi-heure. Nono revient, le sac à la main, me remet le ticket de caisse et la monnaie, sans commentaire, il ne s'est pas trompé, sauf qu'il a pris du sucre en poudre au lieu de celui en morceaux.

En sortant du parking, dans la voiture, il me dit :

– Le Maghrébin Algérien au magasin.

– Oui, et alors ?

– …

Aujourd'hui, je n'en saurai pas plus.

Souvent, il n'arrive pas à m'expliquer, à exprimer sa pensée, à construire des phrases élaborées.

Au milieu de la nuit, au lit, je me réveille fréquemment en sursaut, glisse ma main entre les draps, m'assure que Nono est là. Ses fugues obsèdent mes cauchemars.

Lors d'un arrêt à une station-service, il insiste gentiment pour faire le plein.

– Prends le pistolet de gauche, attention, celui du gazole !

Au début, je le laisse faire, hélas, il se trompe de pompe et met de l'essence, juste quelques litres. Je l'arrête, évitant un délicat problème au moteur.

Le jour de ses vingt-six ans, il ne participe aucunement à sa soirée, laisse ses cadeaux déballés au milieu du couloir, avant d'aller se coucher.

La veille de Pâques, nous retrouvons notre neurologue de la Pitié-Salpêtrière, lors du bilan trimestriel. Malgré ce que prétend Nono, elle fait un autre test pour savoir s'il a conservé l'odorat. La conclusion négative contredit la dernière affirmation du confrère ORL :

– Désolée, il ne sent pas, les fibres de la zone olfactive sont détruites.

À propos de sa vue, la neurologue précise :

– Sa vision limitée réduira les activités professionnelles et sportives.

À ma demande, elle me propose de prendre contact avec l'association des paralysés de France : l'APF.

Docteur Pradat note une progression du langage et de la compréhension. À l'éternelle question sur la durée des évolutions, elle demeure prudente :

– Je n'annonce aucun pronostic, disons, un certain nombre d'années.

Selon les médecins, leurs prévisions vont du simple au triple.

En mai, à quatre ans de l'accident, il atteint 8 sur l'échelle, un niveau quasiment stationnaire depuis onze mois. Des séquelles disparaissent, d'autres les remplacent.

En réaction à la dernière expertise, Isabelle m'envoie la photocopie des conclusions de la compagnie d'assurance, dont voici le résumé :

« S'adressant au tribunal, l'assurance défendue par Maître Y. considère que les demandes formulées par le demandeur sont excessives. Elle sollicite auprès du tribunal, leurs réductions à de plus justes proportions. Suit la liste des postes : l'ITT, l'ITP, avec des

exemples d'arrêts de jugements de victimes de trente-deux à quarante-et-un an, et l'IPP à 70 et 75 %. »

Ces antécédents sont incomparables avec ceux de mon ami.

Pour le préjudice économique, Isabelle s'oppose aux remarques désobligeantes du style :

« La victime invoque une hypothétique évolution de carrière, mais on peut penser qu'au mieux, Monsieur X. aurait à plus ou moins long terme occupé un emploi rémunéré au Smic. »

S'ensuit un long exposé sur la tierce personne, les salaires, les frais sollicités par notre avocate et les dépenses futures. Quant au préjudice personnel, Maître Y. chicane sur les mots, « *important et non très important* » comme l'a qualifié l'expert neurologue.

À propos du préjudice d'agrément, des sorties, du judo, de la natation, l'avocat de l'assurance ose écrire :

« Lors de l'expertise, il n'exprime d'ailleurs aucune doléance. »

Concernant le préjudice sexuel majeur, au dire de l'expert, Maître Y. défenseur de l'assurance, qui semble ne pas avoir les yeux dans sa poche, estime :

« … même réduit à la masturbation, il n'est pas vraiment établi que la vie intime avec son ami soit effectivement limitée à la tendresse. »

Enfin, après le préjudice matériel où l'avocat rejette le remboursement d'une grande partie des factures, la conclusion à ses dires, porte sur des sommes « *plus justes »,* que l'assurance envisage de verser.

Au cabinet d'Isabelle, point après point, nous préparons la réplique avant le renvoi du dossier.

Les mois d'été, Nono, avec l'accompagnant, à la moindre occasion jouent au football. Côté langage, nous constatons des réflexions qui indiquent une prise de conscience ou un déblocage.

Quelques exemples :

– Je règle ma montre.

– Bon week-end.

– Où sont mes lunettes ?

– Non, je ne mange pas ça.

Direction les Pyrénées-Orientales et le Roussillon. Toujours accompagnés de mon amie et de sa fille, d'abord un premier séjour à Font-Romeu à 1 800 mètres d'altitude, puis le second, dans la petite ville du Boulou, près de la frontière espagnole.

Au cœur du Sud-Ouest, nous retrouvons mes parents, hélas, Nourredine s'agite.

Seul, dans le salon avec mon père, il prend ses lunettes posées à côté, sur la table, les glisse dans la poche de son blouson. Bientôt, il ne veut plus les rendre. Mon père les demande gentiment à plusieurs reprises. Nono refuse, fait non de la tête, cela finit par énerver mon père, au premier haussement de voix, j'arrive, reprends les lunettes de force et les remets au propriétaire.

Ma mère mécontente, surgit :

– Insupportable, Olivier, une vie comme celle-là. Il est temps de te rendre compte que ce garçon est irrécupérable. Tu ne peux plus t'en occuper, trop tard, terminées les évolutions, regarde la réalité en face, inscris-le dans un centre spécialisé.

Afin d'éviter tensions et disputes, l'après-midi, j'abrège nos vacances, nous remontons vers la capitale.

Outre ma profonde détermination, mes parents ne peuvent comprendre son handicap cérébral, ils n'ont pas à supporter mon choix et les infirmités de celui que j'aime.

Bien que Nono n'exprime pas verbalement de regrets, je sais qu'il ressent les choses. Quelque part dans sa tête, entre deux déconnections, il prend conscience des ennuis que cela engendre entre ma famille et moi.

Les premiers trois cents kilomètres, visage soucieux, il ne dit rien. Dans la région de Tours, Nourredine, blême, me demande de m'arrêter, à peine la voiture s'immobilise qu'il vomit. Je le réconforte, il prend l'air, se repose, puis poursuivons jusqu'à Paris.

Début septembre, aucune place de disponible à la rééducation de l'hôpital, en accord avec le neurologue, je cherche un orthophoniste et un kinésithérapeute privés, proches du domicile.

Il verra le kiné deux fois par semaine avec l'accompagnant, l'orthophoniste se déplacera chez nous, le lundi et le jeudi. J'espère ce changement d'environnement, positif.

Progressivement, en fonction de l'évolution du handicap, mon attachement, mes sentiments se transforment, je m'adapte.

Octobre, l'avocate m'informe que le jugement prévu pour l'indemnisation est repoussé à fin décembre.

Sa famille ne prend plus la peine de téléphoner, lorsque Nono appelle, personne ne décroche. Plus le temps passe, plus ils se désintéressent de sa santé.

Un soir, un autre copain d'enfance, Ahmed, qui habite dans le même bled, rend visite à Nono. Au cours d'une conversation, il me confie :

– Attention à sa grande sœur et à ses frères, seul, l'argent les intéresse. Ma mère m'a dit que Fatima envisagerait d'acheter un commerce avec ce qu'il va toucher.

Fin octobre, au retour d'un déplacement en Afrique, j'ai la grippe. Continuellement, Nono vient me voir au lit, me parle calmement, et à l'idée, en l'absence de l'accompagnant, de ranger la vaisselle.

Un samedi, monsieur cuisine, il cuit des merguez dans un poêle, soudain, de l'huile tombe sur la plaque électrique et s'enflamme, paniqué, Nono m'alerte :

– Le feu ! Le feu, Olivier !

J'étouffe les flammes à l'aide d'un torchon.

Mi-novembre, Abdelnabi et nos amis relèvent de légers progrès, telle la lecture des gros titres de magazines ou, il prend un tournevis et démonte une cassette vidéo. Ses souvenirs se font plus précis, il participe plus aux tâches ménagères.

Depuis un an, Nourredine n'a ni de convulsion ni d'incontinence.

À présent, je note quinzaine après quinzaine le positif et le négatif, puis tous les mois je reporte les informations, avant une synthèse.

Sur l'échelle il est à 8,25.

Sans prévenir ni téléphoner après deux ans d'absence, Fatima débarque ; un bonheur pour Nono et une appréhension pour moi.

Pas d'explication sur ce long silence, elle me parle seulement des problèmes en Algérie. Aussitôt, je la trouve soupçonneuse, antipathique, Fatima me cache quelque chose.

– Je repasserai dans quelques jours, dit-elle, avant de s'éclipser.

À la soirée de mon anniversaire, les invités remarquent que Nono a progressé, qu'il est plus calme. Claudine, à son tour, devient pessimiste :

– Je pense que, malheureusement, Nono ne redeviendra pas celui qu'il était. Olivier, les médecins te disent quoi ?

Michèle n'est pas de cet avis, elle rejoint celui de ma collègue, Marie :

– Sa reconstruction exige énormément de temps, de la patience, de la présence et une rééducation sérieuse.

Sa sœur téléphone, malgré mes craintes, nous l'invitons à dîner :

– D'accord, je serai là demain vers 20 heures.

On prépare le repas : potage, côtes d'agneau du boucher, pommes frites, fromages, salade de fruits. Nono s'occupe de la table.

20 h 30, personne.

21 heures, pas de Fatima, refusant de donner son numéro de téléphone, impossible de la joindre, nous dînerons que tous les deux.

Deux jours plus tard, à l'improviste, Fatima réapparaît en début de soirée, Abdelnabi l'accueille. Je rentre du travail, trouve Nono ravi, assis à côté de sa sœur, regard froid, visage fermé, Fatima ne s'excuse même pas de son absence à notre dîner d'avant-hier.

Gêné par l'atmosphère lourde, l'accompagnant préfère partir.

Durant ma présence en cuisine, elle parle nerveusement en arabe à son frère, mais je comprends l'essentiel de ce qu'elle dit :

– Tu es mal habillé, il ne s'occupe pas de toi. Je vais rester en France, je m'occuperai mieux de mon cher petit frère.

Lorsque je reviens au salon, Fatima redevient gentille :

– Olivier, il faut que je m'installe en France, je vais avoir un travail. Au bled, j'ai peur pour moi et mes enfants, les islamistes barbus menacent de mort mon grand fils, Nono et toi, aidez-moi, aidez-nous.

À cause de sa précédente conversation et de son attitude ambiguë depuis trois ans, je reste dubitatif.

Madame se ressaisit, mais ne perd pas le nord :

– Où en est-il avec l'assurance ? Il n'a pas encore touché d'indemnités ?

J'explique que la décision du tribunal aura lieu dans quelques mois.

– Avec l'avocate, nous demanderons une mise sous tutelle pour le protéger, gérer ses comptes tant qu'il restera inconscient et incapable.

Changement de tête, Fatima réalise que son discret projet de commerce risque de tomber à l'eau :

– C'est anormal de décider une chose pareille, réagit-elle, coléreuse, nous sommes là, c'est sa famille qui doit s'occuper de lui et de l'argent, pas des étrangers. Moi, je ne suis pas d'accord, je le dirai à mes frères et à nos parents. Toi et l'avocate, vous n'avez aucun droit.

Sans m'énerver, j'expose franchement mon point de vue.

– L'état neurologique de ton frère nécessite une protection, ni vous ni quiconque, ne s'occupera des prochains versements alloués. Cet argent doit assurer uniquement son avenir, le protéger et éviter des problèmes. Lorsqu'il deviendra, de l'avis des médecins, autonome et responsable, il fera ce qu'il voudra de ce capital.

Fatima proteste, le verbe haut :

– Inadmissible, mon frère ne peut pas profiter de son argent !

Agacé, j'enchaîne :

– Et après, dans cinq ou dix ans, que deviendra-t-il ? S'il y a des complications médicales ? S'il reste handicapé à vie ? Imaginons qu'il nous arrive quelque chose, qui se consacrera à Nourredine ?

– Moi, je m'occuperai toujours de mon frère, coupe-t-elle, hurlante.

– Tu oublies, nous sommes amis depuis le début, et nous vivions ensemble de son plein gré. Si Nono redevenait indépendant, je ne veux pas qu'il me reproche de m'être mal occupé de lui ou d'avoir profité de la situation.

Verte de rage, furieuse, elle embrasse son frère et déclare en arabe :

– Il décide des mauvaises choses pour toi, il n'est pas bien, cet homme va profiter de mon malheureux petit frère.

Elle quitte l'appartement sans un au revoir.

Ne pouvant ni s'exprimer ni réagir à ce qu'il vient d'entendre, Nono est à nouveau perturbé.

Au cours de la nuit, en plein sommeil, une crise épileptique se déclenche. Long cri rauque, morsure de la langue et convulsions. Graduellement, il se remet de cette treizième crise, retrouve des gestes cohérents, récupère la parole. Cette crise est certainement la cause du choc émotionnel lié à l'attitude de sa sœur.

Les jours d'après, il est instable, nerveux.

Début décembre, Abdelnabi m'appelle à l'agence :

– Je viens d'avoir sa sœur en ligne, elle veut que je la retrouve avec

Nono à la cafétéria, en face de la station métro. Qu'en penses-tu ?
– Tu y vas, normal qu'elle voie son frère. Reste calme, même si Fatima lance des réflexions sur toi ou sur moi.

Au milieu d'une réunion commerciale, un inspecteur du commissariat de notre quartier demande à me parler :
– Bonjour, Monsieur Mayeux, j'ai avec moi Madame Fatima X., son frère Nourredine et Monsieur Abdelnabi N., l'accompagnateur. Madame se plaint que son frère handicapé serait en otage chez vous, elle souhaite l'emmener au pays, pouvez-vous m'expliquer ?

Stupéfait, je raconte toute l'histoire, donne les coordonnées de notre avocate, du neurologue, puis propose de venir.
– Ce ne sera pas nécessaire, estime l'inspecteur, son frère est majeur, de plus Français. À part, je vais interroger l'accompagnant, contacter l'avocate, le médecin, et je vous rappelle.

Énervé, préoccupé, écœuré, je sors prendre l'air.

Au début de ce drame, Fatima et moi, étions assez proches, réunis par la même souffrance et nos sentiments envers Nono.
Face à ce handicap, j'étais loin d'imaginer les intentions futures de sa sœur et de ses frères.

L'officier de police me retéléphone :
– J'ai eu les personnes concernées, vous avez raison de déposer une mise sous tutelle. Ce sera une bonne chose et vous éviterez bien des problèmes. Sa sœur étant de mauvaise foi, je décide donc de le laisser repartir avec l'accompagnant qui semble quelqu'un de bien, il a d'ailleurs pris votre défense, j'ai confirmé qu'il était responsable de Nourredine. Évidemment, elle vous déteste, cette dame ne pense qu'à son intérêt et guère à l'avenir du frère.

Il m'informe rédiger une simple main levée pour garder une trace.

Le soir, Abdelnabi, encore choqué, m'avoue un détail révélateur :
– Lorsqu'elle a réglé les boissons à la cafétéria, avant de l'emmener de force au commissariat, la sœur a sorti des liasses de billets du sac à main.

Les trois jours suivants, Fatima et une inconnue téléphonent à diverses reprises à l'avocate, elles se fâchent vivement avec Isabelle.

Même pression sur l'accompagnateur, elle reproche à l'employé d'être de mon côté, ensuite, la sœur m'appelle à l'agence et m'invective d'un ton menaçant :
– Tu le gardes comme un otage, tu profites de lui, mes frères viendront le chercher, tu vas le regretter !

À partir des fêtes de fin d'année, après cette période mouvementée, Nono évolue doucement, redevient plus équilibré.

Selon l'orthophoniste, il fixe davantage, et Louis, le kiné, estime les séances plus concentrées.

La veille du Nouvel An, Fatima téléphone, elle recommence ses

reproches vis-à-vis d'Abdelnabi, puis ajoute des menaces en arabe.
Nono demande son numéro de téléphone, elle refuse.

Janvier 1995, l'avocate dépose une requête auprès de la justice, avec l'objectif de déclencher une mesure de protection pour les majeurs. Isabelle suggère la désignation d'un médecin expert afin de conseiller la décision du juge.

Nous recevons d'intempestifs coups de téléphone d'Algérie, le neveu prend position contre notre relation :

– Nono, écoute-moi. Olivier est injuste envers ma mère, tu es malheureux, tu n'aimes que les femmes, tu ne dois pas rester avec un homme, mais avec ta famille, auprès de nous. Tu comprends ?

Le neveu insiste, joue sur les sentiments, répète les mêmes phrases, au bout d'un moment, mon ami, agacé, lui raccroche au nez.

Chaque communication tourmente Nourredine, déclenche des gestes incontrôlables. Je décide de changer de numéro et d'être sur la liste rouge.

Les bêtises reprennent, il brûle un rideau au salon, casse le mécanisme de la chasse d'eau, et téléphone au hasard, en cachette, à n'importe quel numéro :

– Comment tu t'appelles ?

– Tu es qui, toi ?

Mi-janvier, bilan périodique auprès du Docteur Pradat. Elle constate une évolution douce dans l'élaboration des phrases et la recherche des mots. Les rapports du kiné et de l'orthophoniste vont dans le même sens, avec une participation plus assidue.

La neurologue conclut :

– Cette fois-ci, j'estime qu'il y a une possibilité d'évolution sur trois, cinq, voire sept années. Côté retour à l'autonomie, impossible de me prononcer.

– Docteur, et les séquelles à vie ?

– Ce dont je suis certaine, ce sont celles devenues définitives, telle la vision gauche. Pour le reste, je n'anticipe pas.

Dans les années à venir, j'apprendrai à vivre avec cette acquisition, et, de temps à autre, j'aurai la bonne surprise d'un inattendu progrès.

L'accompagnement avec Abdelnabi depuis plus de deux ans et demi, s'avère positif ; discret, ferme, ponctuel, patient, il résiste au temps et aux pressions de la sœur.

Fin janvier, enfin, la chambre civile spécialisée dans les réparations corporelles du Tribunal de Grande Instance de Paris, délibère. Devant trois magistrats, plus notre avocate et celui de l'assurance adverse, Isabelle plaide.

Les conclusions, de l'expert-neurologue Y., désigné trois ans et demi auparavant, sont les suivantes :

« *Blessures initiales, embarrure frontale, fracture zygomato-malaire*

droite, un fracas ethmoïdal, fractures des parois antérieures et des parois externes des deux orbites avec coma profond immédiat.
L'ITT s'est prolongée jusqu'en janvier 1991.
L'ITP à 90 % de janvier 1991 à février 1993.
L'IPP est de 85 %.
Le pretium doloris est important.
Le préjudice esthétique est important.
Le préjudice professionnel est total.
Le préjudice sexuel est majeur.
Le blessé doit être aidé d'une tierce personne. »

Suit la liste des préjudices, avec les différents calculs établis par notre avocate, nettement plus élevés que la proposition écrite de l'assurance. L'avocat adverse conteste vivement ces barèmes.

Le tribunal se donne un délai de réflexion d'un mois, en fonction de ces éléments et de l'avis de l'expert. Il met en délibéré son jugement concernant l'attribution des sommes de chaque poste.

Février, Isabelle reçoit par courrier le jugement définitif. Le barème fixé par le tribunal augmente de 50 %, les sommes allouées tiennent compte de la jeunesse de la victime au moment de l'accident.

Une grande partie du capital sera versée sous forme de rente viagère trimestrielle à vie. La totalité des montants affectée aux préjudices, moins les provisions perçues, sera virée sur un compte bloqué.
La compagnie d'assurance ne fera pas appel.

Notre avocate se félicite d'un arrêt qui prévoit décemment les dépenses avec l'indexation de la rente sur le coût de la vie.
– Je suis également satisfaite, ajoute Isabelle, que le tribunal ait retenu l'IPP de 85 %.

Un jugement final rendu quatre ans et neuf mois après la catastrophe.

LES PETITS PROGRÈS

Lors d'un câlin, tendrement enlacés, à la partie supérieure du front, j'aperçois un petit bouton marron foncé, il prétend ne rien sentir et ça ne le démange pas.

Inquiet, je prends rendez-vous avec Philippe, il me conseille de contacter le Docteur Fournier.

J'obtiens une consultation le surlendemain à la clinique d'Orgemont. Le chirurgien préconise une intervention rapide afin d'éviter la prolifération de l'infection. Sa huitième opération est prévue début mars ; une hospitalisation en présence de l'accompagnateur.

Trois ans après la dernière greffe, j'ai du mal à admettre l'apparition inexplicable de ce germe. Rien n'est acquis, les allers et retours en salle d'opérations peuvent durer longtemps.

Sérieuse chute du moral, le pessimisme me gagne, cet échec de la médecine me préoccupe. Il va pourtant falloir reprendre confiance.

Combien de fois, aurais-je entendu Nono dire à longueur de journée :
– Olivier !
– Olivier ?

Des dizaines, des centaines de fois. Pour m'appeler, me montrer ce qu'il fait, m'interroger, me dire quelque chose, venir me chercher, l'aider, se plaindre ou simplement se rassurer.

Le déconcertant Nono mobilise quasiment tout mon temps, toute mon énergie. Je dois m'occuper que de lui, sinon, impatient, il coupe la parole, ne veut ou ne peut pas attendre, monsieur passe devant et veut toujours être le premier.

C'est lui, d'abord, lui, maintenant, tout de suite, immédiatement. Ce n'est surtout pas après et, en aucun cas, tout à l'heure.

Nourredine ne vit que dans le présent.

Pendant la publicité à la télévision, il enregistre les slogans. Dès que le spot passe, il bondit du fauteuil, bras en l'air, yeux rieurs et répète joyeux :
– Chambourcy, oh oui !
– Ça vous a plu, c'est Lustucru !
– Pas d'erreur, c'est Lesieur !

– On se lève tous pour Danette !

Mi-février, il a mal à une dent à cause d'un abcès, à peine le dentiste le soigne, Nono s'agite, angoissé, le repousse violemment. Pour éviter toute infection, le dentiste prescrit des antibiotiques.

À présent, du pus s'écoule du bouton frontal, je recommence les soins, des pansements journaliers. Progressivement, se forme un trou de quelques millimètres où j'entrevois l'os.

Des interrogations reviennent. Est-ce un germe interne, de la peau ou de l'os ? L'anxiété refait surface.

Autre conséquence de tous les traitements, ses cheveux devenus difficiles à coiffer, secs et électriques, s'emmêlent.

Sous sa chevelure, la cicatrice se devine, elle se termine par une rainure disgracieuse sur les côtés du crâne.

Le dernier jour de février, il vient à l'agence saluer Marie et Francy. Il éprouve un vrai plaisir à retrouver les collègues, l'ambiance des bureaux et de son lieu de travail. Marie l'invite à boire un café à l'extérieur, Nono décide de descendre seul par un rustique ascenseur art-déco, déglingué. Marie prend l'escalier en colimaçon qui tourne autour de la cage grillagée de l'ascenseur.

Nourredine tripatouille les boutons blanc-noir-doré, provoque un court-circuit, grésillements, étincelles, et clac ! paf ! …

Marie sursaute de peur. L'ascenseur reste coincé entre le premier et le rez-de-chaussée.

– Nono ! Que se passe-t-il ? Ça va ? Ne bouge pas, calme-toi !

Désemparé, le bonhomme gesticule, panique. Marie, impuissante, inquiète, s'effarouche, avant de prévenir le concierge, qui le libère après une intervention au tableau de commande.

Lundi, il entre en clinique, plus conscient que lors des interventions passées, Nono accepte volontiers la série d'examens.

Plus nerveux que jamais, face à cette regrettable hospitalisation, mes difficultés à revivre les mêmes angoisses ressurgissent.

Après trois heures d'intervention, j'arrive dans l'après-midi, l'inquiétude au ventre.

La porte de sa chambre s'ouvre, il apparaît, un pansement-casque sur la tête, un drain à droite, à gauche une perfusion. Plutôt lucide, pour l'instant, il ne parle pas.

À l'idée d'endurer toutes ces opérations chirurgicales, je ressens un profond malaise, mélange d'accablement, d'indignation et d'amertume.

Tôt le matin, il sort clandestinement de la chambre, le drain à la main, s'assied au milieu du couloir, en slip, jambes écartées.

L'accompagnant se réveille, le trouve dans cette posture sur le linoléum :

– Lève-toi, Nono. Allez, revient dans ton lit.

D'un balancement de tête, il refuse, fixe Abdelnabi :

– Cigarette ?

L'accompagnateur résiste au chantage, face à sa détermination, Nono cède.

Ce soir, Nono, curieux, demande le nom et prénom à chaque membre du personnel, les aides-soignantes le trouvent complètement changé depuis 1991, mais l'amnésie l'empêche de se souvenir.

– C'était une légère infection de provenance indéfinie, explique le chirurgien, peut-être due à la poudre d'os qui a servi aux raccords de la première intervention. Normalement, Nourredine sort samedi matin.

Le séjour se déroule sans bêtise ni fugue, comme l'année précédente. Les infirmières l'estiment bavard, tranquille lors des soins, une question chasse l'autre :

– Quel est ton âge ?

– Et moi, je m'appelle comment ?

– Olivier, il a quoi comme voiture ?

Le week-end, un bandage plaqué au front, il retrouve notre domicile.

Par un simple courrier, nous sommes convoqués au tribunal. La Juge des tutelles pose des questions précises en présence de notre avocate. Nourredine répond convenablement, sérieux, calme, il semble comprendre l'importance de cette démarche pour l'aider et le protéger.

Je présente le détail de ses comptes, joints aux relevés de banque depuis l'accident, Madame la Juge les examine :

– Il est préférable de maintenir un droit de vote. Je pencherais plutôt pour une curatelle, au lieu d'une tutelle, qui est moins contraignante, estime-t-elle.

La Juge réfléchit, avant de poursuivre :

– À première vue, votre gestion me paraît convenable, et du fait que vous vous occupez sérieusement de Nourredine, je propose de vous désigner comme curateur.

Après réflexion, afin d'éviter un conflit avec sa famille, je préfère que la Juge nomme une personne extérieure, quelqu'un de neutre.

La magistrate, désigne un expert médical, le Docteur Pradat :

– Ensuite, je choisirai une tierce personne, gérante de ses finances. Prochainement, vous recevrez la notification de la mesure.

Une fois les points de suture de la cicatrice enlevés, je m'occupe quotidiennement des pansements. Ses cheveux rasés jusqu'au milieu du crâne l'amuse, devant les miroirs de l'appartement, il éclate de rire.

Le retour d'attitudes, incontrôlables, désagréables, réapparaissent. Quand Nono se retrouve seul, il hurle ou parle fort, prononce des mots vulgaires en arabe ou en français, une façon d'exprimer sa hargne ou son refus, accompagnés de gestes d'impatience.

Après chaque intervention, la cassure de l'évolution donne l'impression d'une régression.

Un soir, je rentre d'un bref déplacement professionnel à Stockholm,

heureux de me retrouver, d'un beau sourire, il m'enlace tendrement.
– Bonsoir, Olivier. Je t'aime beaucoup.

Content, d'un frottement de mains, il manifeste sa joie. Ravi de l'accueil affectueux, j'ôte veste, cravate, pantalon, chaussures, chaussettes, pousse une chansonnette sous la douche, me coiffe, me parfume, enfile un jogging et reviens au salon.

Le baume au cœur, à l'idée d'une fabuleuse évolution, ou pourquoi pas d'un formidable progrès, je m'assois à côté de lui et prends sa main.

Avachi au fond du fauteuil, les joues gonflées, la bouche molle, l'œil sombre, pensif, mon ami est subitement devenu absent.

La voix douce, je tente d'éveiller ses pensées :
– À midi, qu'as-tu mangé ?

Haussement d'épaules, il hésite, fronce les sourcils :
– Heu… j'ai mangé… café… cigarette, c'est tout.

Sidéré de ce brusque changement d'humeur, au dialogue limité, je m'effondre, la tristesse me gagne.

Fin mars, je pars pour un long circuit en Syrie et Jordanie, ce voyage me permet de décompresser, des hôtels, je téléphone à Abdelnabi.

Arrivé chez nous, à peine ma valise défaite, Nono, enjoué, plaisante, range mes vêtements, m'apporte un pyjama ; ces délicieuses réactions m'enflamment de bonheur.

Le lendemain, monsieur bricole, démonte le réveil, le répare, et m'aide à installer un tableau contre le mur.
– Olivier, très bien comme ça.

Lors des élections présidentielles d'avril, nous allons voter, Nono ne change pas d'avis, fait son devoir avec application, de l'isoloir à la signature du registre.

Cinq ans après l'accident, malgré un dossier validé à 100 %, j'ai toujours des difficultés à obtenir les remboursements de la CPAM. Au total, une centaine de lettres ont été adressées à la caisse départementale pour régler les multiples blocages.

Au mois de mai, excité, il court dans l'appartement, avant une inattendue réflexion :
– Ce sont mes nerfs, dit-il, désolé.

À la télévision, il s'intéresse davantage aux informations, aux films ainsi qu'aux matchs de football, devant l'écran, plus détendu, les pieds posés sur un coussin. Si le film ou l'émission l'intéressent, il maintient son attention jusqu'à la fin, entrecoupée d'exclamations, de rires ou de déception lors d'une action intense.

À la demande de Madame la juge, nous retrouvons la neurologue, ses tests d'aptitude révèlent une évolution.
– J'hésite entre une tutelle et la mise sous curatelle, à réévaluer dans quelques années, au juge de prendre la décision.

Un après-midi, quelqu'un appelle ma ligne directe à l'agence :

– Allô, bonjour.

Je reconnais sa petite voix, puis j'entends :

– Pfeeut !

Il souffle dans le combiné, et monsieur raccroche.

Nourredine recommence, cinq ou six fois, sans un mot :

– Allo, Nono ? C'est toi ?

– Pfeeut ! Ci-ga-rette, finit-il par dire, d'une articulation en trois temps, la voix étouffée.

– Où es-tu Nono ?

– Sous la table, murmure-t-il.

Et, clac ! Il coupe la communication.

Je compose le numéro de la maison, la ligne est occupée.

Surpris de ne pas l'entendre, l'accompagnant quitte le salon, le découvre dans la chambre, caché sous la couette, téléphone en main.

Une nouvelle manie. À chaque passage au portail de la résidence, dans le dos de l'accompagnateur, il sonne intempestivement à l'interphone du gardien.

Parfois, il fait tomber un objet, et s'écrie « Aie ! », comme s'il avait mal. Face à l'imprévu, il est craintif, fragile.

Mi-juillet, lettre recommandée du tribunal. La Juge nous informe de sa décision, Nourredine va être placé sous curatelle.

Je prends contact avec Madame Z. gérante de tutelle, nous convenons d'une rencontre à notre domicile. Devant elle, Nono, assiste à la remise des comptes et des informations détaillés.

– J'apprécie la bonne tenue de votre dossier, ce n'est pas le cas de tous mes protégés dont certains sont surendettés. Le conjoint ou la famille profite de l'inconscience d'un proche, pour dépenser l'argent.

Face à cette gérante énergique, discrète, je suis rassuré et soulagé, ne serai plus responsable de la gestion des finances, la meilleure solution afin de garantir l'avenir face aux pressions de sa famille.

Au bout de trois années de présence auprès de Nono, Abdelnabi souhaite prendre de longues vacances dans son pays, je l'autorise à rester deux mois avec son épouse, à Oujda au Maroc.

Un autre accompagnant le remplacera pendant cette période.

Nous séjournons plusieurs semaines en Bretagne avec nos amies d'Aquitaine. La location d'une maison près de Dinard et d'une autre à côté de Lorient, permettront de mieux visiter différentes régions.

Nono capricieux avec Gaëlle, veut toujours être assis à l'avant de la voiture. Dans les boutiques, à cause de sa vision, il bouscule fréquemment un client :

– Vous ne pouvez pas faire attention ?

Dans les lieux publics, il grimace et tire la langue à des enfants ou à des jeunes, dont certains se sentent agressés :

– Oh ! C'est à moi que tu fais ça ?

À chaque fois, d'une succincte explication, je l'excuse, aussitôt les gens font preuve d'indulgence.

La plage ensoleillée est vraiment belle, une irrésistible tentation de se baigner, Nono met les pieds dans l'eau, à la première vague, monsieur s'enfuit en courant :

– Non ! Trop froid ! crie-t-il, contrarié.

Assis sur le sable, dégoûté de ne pouvoir nager, il maudit l'océan.

À la rentrée de septembre, un autre Nourredine, le frère d'Azedine, le boulanger, s'occupe de Nono, ce nouvel accompagnateur de remplacement, se révèle joueur et habile d'esprit. Enthousiaste, grâce à lui, mon ami reprend la rééducation avec Philippe et Louis.

L'accompagnant se révèle obstiné, au bout de quelques jours, il mange sans rechigner avec appétit, se rase seul, et commence des mouvements de gymnastique.

Depuis trop longtemps, Nono répète et pose les mêmes questions à longueur de journée, oubliant ce qu'il a dit l'instant d'avant. De même, il regarde en boucle nos albums photos, reconnaît un visage, prononce le prénom à voix haute. Il réenregistre, réimprime sa mémoire, reconstruit son passé.

À ses côtés, vu de l'intérieur, à force, c'est pénible à vivre, à comprendre, à endurer.

– Comment faites-vous ? remarquent des personnes qui l'observent.

– Il est énervant, m'avoue un voisin de palier, quelle patience, je ne pourrais pas le supporter.

Octobre, première crise épileptique depuis un an, rien que d'assister à ces convulsions me désarment.

Quelle cause ? La prise irrégulière du médicament ? Le temps froid depuis avant-hier ? Les crises, seraient-elles plus fréquentes à l'entrée de l'hiver ?

Sa famille a rompu tout contact téléphonique, à cause de cette rupture impossible à Nono de revoir les siens, et face aux événements dramatiques en Algérie, le danger de s'y rendre est réel.

Compte tenu de leurs intentions, je doute fortement qu'il puisse revenir librement, une opinion partagée par les médecins, nos amis et copains Maghrébins. S'il m'était possible, je souhaiterais tenter l'expérience d'un retour aux sources dans l'environnement de son enfance.

Serait-ce un choc positif pour sa mémoire ?

Azedine, dans sa boulangerie, toujours aussi sympathique, malgré son travail de nuit très pénible, lui offre un chausson aux pommes :

– Tiens Nono, pour toi !

Un jeune beur, physiquement élancé, l'allure d'un mannequin, entre dans la boutique, fixe Nourredine :

– Bonjour, comment vas-tu ? dit-il, souriant, main tendue.

– Quel est ton prénom ? demande mon ami, qui semble ne pas le reconnaître.

– Moi, c'est Djaouad. Tu ne te rappelles pas, en juillet à la station de métro avec ton accompagnant ?

Le jeune homme affirme connaître Nono :

– La première fois, je l'ai rencontré, seul, au centre commercial, il cherchait le rayon du sucre. J'ai compris qu'il était handicapé, mais, j'ai pensé que c'était de naissance.

Immédiatement, le jour où je l'attendais à l'entrée du supermarché me revient.

Au fil des sorties, je me rends compte que peu de gens lui adressent la parole. Méfiants, ils l'observent, remarquent sa démarche hésitante et ses gestes désordonnés. À part nos proches voisins de la résidence, les autres l'évitent, ou ne s'intéressent pas à Nourredine.

Novembre, chez Claudine, elle et moi, fêtons nos anniversaires, une quinzaine d'amis sont présents, dans une ambiance conviviale. Certains, n'ayant pas vu Nono depuis longtemps sont étonnés de ses progrès. Ce soir-là, il reste tard et ne demande pas à partir.

Décembre, l'accompagnant l'oblige à nager dans le grand bain de la piscine et, à développer la gymnastique. Ces résultats, mêmes variables permettent d'être moins enveloppé, plus souple physiquement.

Ce qui demande à l'accompagnateur une forte détermination, de la volonté, et une stimulation permanente. Les efforts portent leurs fruits.

Au cinéma, nous assistons à la projection du film comique des Inconnus, *Les Trois Frères*, il s'amuse jusqu'à la fin de la séance.

Pour Noël et le 31 décembre, à Paris, nous terminons les réveillons dans une discothèque en compagnie d'amis.

Début 1996, il prend l'habitude de mettre un doigt à sa bouche pour réfléchir, exactement comme avant l'accident.

À cause du temps qui passe, ma mémoire s'estompe, le présent et le passé ont tendance à se confondre, c'est seulement après un moment de concentration que je retrouve les jours heureux d'autrefois.

En définitif, j'aurai connu mon ami « normal » près de deux ans, puis six années entre les hospitalisations et son handicap.

Mi-janvier, la période du Ramadan débute. Nono ne peut pas le faire, comme le précise le Coran à l'égard des musulmans malades, des vieillards, des femmes enceintes, des enfants et des voyageurs.

Avec des amis, nous sortons plus souvent le soir dans Paris, il adore les quartiers de l'Opéra, de Châtelet, se comporte posément, observe tout autour de lui, écoute davantage la musique.

Lorsqu'il veut partir, d'un geste de la main, il me souffle à l'oreille :

– On y va.

À bord de la voiture, Nono contemple les vitrines et apercevant l'enseigne du BHV, l'interprète d'une façon comique :

– Bar Homme de Vice.

Interloqués, nous éclatons de rire.

Abdelnabi rentre du Maroc et reprend son emploi d'aide à domicile. Le bilan avec l'accompagnateur remplaçant est très positif ; vif, débrouillard, il a permis à Nono de réaliser d'importants progrès.

À l'occasion du départ du frère d'Azedine, leurs parents nous invitent à partager un copieux dîner tunisien, Nono aux anges, se lèche les babines.

Au printemps, Djaouad sympathise, devient copain avec Nourredine, au moindre temps de libre, ils jouent à des jeux vidéo. Difficile de maîtriser les commandes de la console Nintendo achetée récemment, l'attention est trahie par la vitesse des scénarios.

Visite impromptue du neveu Sélim, j'hésite à l'accueillir, mais la présence de l'accompagnant me rassure. Nono est content de revoir Sélim qui a fui l'Algérie.

– J'espère m'installer en France. Au bled, notamment le soir, une atmosphère de guerre civile perdure, avec d'abominables crimes.

L'un après l'autre, ils parlent des amis, des voisins, Sélim, ne tarde pas à évoquer sa tante et ses oncles :

– Compliquée notre famille. Fatima et ses frères ont une attitude regrettable, ils pensaient que Nourredine ne resterait pas avec toi, d'après eux, leur frère préfère les femmes. Sa sœur attend l'argent de l'assurance pour ouvrir un magasin.

Mal à l'aise, Sélim baisse les yeux, marque une pause :

– Je comprends la mise sous tutelle, je vois que Nono est protégé et heureux chez toi. Mon oncle a toujours souhaité vivre en France.

En partant, il promet de prendre des nouvelles.

Aux petits progrès, succèdent les bêtises et vice versa, au fil des humeurs. Encore une fois, il sonne l'alarme dans l'ascenseur et reste bloqué. Un matin, je gare la voiture et achète le journal, à l'aide de l'allume-cigare, il brûle le tissu du siège passager.

– Pourquoi as-tu fait ça ? Pas de réponse.

Un matin, Nono, résolu, veut recoudre un bouton à sa chemise, prend du fil et une aiguille, mais c'est moi qui passe le fil dans le chas. Le geste précis, lentement, il fixe le bouton au bon endroit et réjoui, demande :

– C'est bien comme ça ?

Au petit déjeuner, il se comporte tous les matins de la même manière. D'abord, Nono désire une cigarette avant de se servir un café au lait, l'accompagnateur ou moi refusons. Vexé, il met deux ou trois sucres dans le bol, à la dernière goutte de café, il se jette sur la cigarette.

Pour stimuler l'envie de manger, nous présentons des assiettes appétissantes. Une viande, peu épaisse, assez cuite, posée sur une feuille de salade entourée de légumes variés, ceux qu'il préfère, tels la tomate, le concombre, la purée ou les lentilles. Quelquefois, je coupe la viande, cela l'incite à avaler moins goulûment, sinon, la nourriture reste bloquée dans sa bouche, on dirait un hamster.

À la déglutition, yeux fermés, il dit :

– J'arrête… je me repose.

Trop fréquemment, il pioche dans la corbeille à pain, et pour limiter le coca, sa boisson favorite, je l'encourage à boire de l'eau.

Après la douche, si nous ne jetons pas un œil sur ses vêtements, il porterait les mêmes pendant une semaine. Avant de sortir, il ne fait plus la distinction entre mettre une chemise ou d'enfiler un pull.

– Olivier, viens voir. Qu'est-ce que je mets ? interroge-t-il, en slip, au fond du couloir.

Il n'a plus la notion de choix, de couleurs, de température, qu'importe si dehors il fait froid ou chaud ; le conseiller, le laisser décider de lui-même est utile, néanmoins, nous devons établir un cadre.

Au mois d'avril, direction l'Aquitaine, l'appréhension qu'il puisse se passer quelque chose de fâcheux avec mes parents, monopolise ma vigilance. Finalement, le week-end se déroule sans soucis, il goûte un peu à tous les plats et reste calme.

Devant moi, ma mère ne dit plus un mot à son sujet, elle nous accueille de bon cœur ainsi que mon père. Au moment de partir, Nono soulève poliment sa casquette et embrasse ma mère :

– Au revoir, Paulette !

Vers mi-mai, de lui-même, il choisit et s'intéresse de plus en plus à la vidéo, à la télévision, aux livres et aux jeux de société. Parfois, il apporte une boite et me propose :

– Tu viens jouer avec moi ?

Dès qu'il perd, stop, monsieur, mauvais joueur, arrête la partie, bras croisés, et prétexte :

– Je suis fatigué.

Lors d'un séjour à New-York, j'achète des tee-shirts et un jean Levis, à peine déballés de ma valise, joyeux, il les porte illico.

Un jour, seul en cuisine, Nono jette par la fenêtre une bouteille vide en verre, elle tombe sur un véhicule stationné au pied de la résidence. La vitre de la lunette arrière est pulvérisée, le bord du montant de la carrosserie, cassé.

J'étais occupé, je n'ai rien vu, à cause du bruit ambiant, n'ai rien entendu. Nono revient au salon, sage comme une image. Bientôt, le gardien sonne à la porte, avec une drôle de tête :

– Monsieur Mayeux, une bouteille a été lancée sur la voiture d'un voisin, elle provenait de votre appartement, m'annonce-t-il, paniqué.

Je me tourne vers Nono, l'air fautif.

– C'est toi ? Pourquoi as-tu lancé cette bouteille ? Il reste muet et rougit.

– Rien, dit-il, vexé, secouant les mains.

– Te rends-tu compte, si c'était tombé sur un enfant ?

Affecté, il se lève, va dans la chambre, tourne autour du lit.

Je contacte le propriétaire du véhicule, compréhensif, il accepte une déclaration à l'amiable, les frais seront couverts par mon assurance habitation.

Juillet, l'orthophoniste relève une amélioration de la participation et de la réflexion. Le graphique paraît figé, il plafonne à 8,5.

Une moyenne d'un demi-point par an, si la courbe s'avère exact, il atteindra, éventuellement, le niveau 10, à l'été 1999.

Ce pronostic rejoint ceux de deux médecins, qui prévoyaient de sept à dix années d'évolution, toutefois, la réalité est là, les années passent, mes espérances s'éloignent.

Août, accompagnés de Nadine, nous prenons l'avion pour des vacances tunisiennes à Monastir, j'ai réservé un hôtel-club au bord de la mer. Dès l'arrivée, Nono parle à tout le monde, pratique l'arabe, à l'aise, il profite du généreux accueil et de la gentillesse des Tunisiens.

Malgré la chaleur, une mer idéale et une belle plage, il ne se baigne pas. À bord d'une voiture de location, nous visitons les sites et déjeunons dans des restaurants locaux.

Un matin, Nono, en short, tee-shirt et casquette Nike, se retrouve derrière le comptoir de la réception, avec la complicité du personnel, à distribuer les clefs des chambres aux clients.

Au souk, installé sur un tapis d'une boutique, le patron l'invite à boire le thé, à fumer la chicha et à écouter du raï, Nono, au nirvana, rayonne.

À l'aéroport, avant l'embarquement, il fait la connaissance d'un employé au guichet de change, il se penche par l'étroite ouverture, jusqu'aux épaules, reste coincé, gesticule dans tous les sens.

De retour dans l'hexagone, direction l'Auvergne, avant de poursuive la route jusqu'en Gironde. Après une visite à mes parents, nous allons près de Bordeaux, chez mon frère, Jean-Luc, et sa famille.

Au jardin, il joue à la pétanque, se met bien droit, ajuste son tir d'un beau geste, la boule arrête sa course à côté du cochonnet.

– Bravo, Nono ! dis-je, étonné. Jusqu'à la fin de la partie, attentif, il observe la position des boules de chaque joueur.

Le surlendemain, à Paris, à l'aube, surgit une crise d'épilepsie virulente, notre ami Philippe a une explication :

– L'exposition au soleil de sa tête, les semaines précédentes, a favorisé le déclanchement de convulsions.

– Le médicament, trois fois par jour, couvre-t-il assez le risque ?

– Oui, je pense, d'ailleurs, peut-être, devra-t-il prendre la Dépakine à vie.

Septembre, cap sur la Normandie pour un week-end avec Patrice et son ami dans un charmant hôtel de Courseulles-sur-Mer. Le temps frais, pluvieux, ne nous empêche pas de profiter des éclaircies pour de belles promenades le long des plages désertes.

Inquiet, je découvre une petite infection sous-cutanée à l'endroit de la dernière intervention au front, rapidement, le médecin à la Pitié-Salpêtrière l'examine :
– Une hospitalisation est nécessaire, le plus vite possible, m'annonce-t-elle, perplexe.
Pour la neuvième fois, immense déception ! Après dix-huit mois, je n'admets pas l'apparition d'un germe inexpliqué.

Le médecin constate quelques progrès aux réponses et à sa participation aux tests :
– Maintenant, il formule de pertinentes questions.
Je joins le chirurgien de la clinique, il fixe l'intervention mi-octobre.

Notre voisin de quartier, l'énergique Djaouad, sportif, danseur de hip-hop, certains dimanches, vient chercher Nono pour pratiquer un sport ou aller à la piscine. Ses parents nous invitent à un dîner oriental, Nourredine mange très peu, en revanche, il parle inlassablement algérien.

Entrée à la polyclinique d'Orgemont ; identiques démarches et examens, à force de le revivre, l'habitude devient déplaisante.

Il reste hospitalisé une semaine, tout se déroule comme prévu, l'accompagnant et moi, le surveillons en alternance. Nono garde le moral, de l'avis du chirurgien l'intervention est un succès.

Nerveux, anxieux, je m'efforce de paraître optimiste, hélas, tourmenté, j'ai du mal à croire à la réussite de cette ultime opération.

De la maison, il reprend la rééducation sans trop de perturbations. Côté déglutition, le blocage des aliments continue, une séquelle que les neurologues rencontrent fréquemment chez les ex-accidentés frontaux.
Le point très positif, plus aucune fugue.

Entre novembre et décembre, il retourne régulièrement à la piscine, mais nage rarement. Louis le kiné, note une meilleure participation, et grâce à Philippe, il écrit volontiers des phrases.

Nono a des attitudes plus sympathiques, plus calmes, moins agitées, accompagnées d'instants de déclic ; intéressé par une émission de télévision, gentiment, il me propose :
– Tu viens t'asseoir à côté de moi ?
À la fin d'un dîner, je veux qu'il termine son assiette :
– Oui, mon chéri, et après, je peux fumer s'il te plaît ?

Nous passons Noël dans la capitale et le Nouvel An en compagnie de mes parents. Au réveillon, attentionné, bavard, il grappille dans tous les plats, arrive l'alléchant gigot d'agneau, il se lève de table.
– Je vais me moucher, précise-t-il à ma mère étonnée.

Dans le couloir, il se mouche à se faire sauter les tympans, revient à sa place, remet sa serviette autour du cou et, délicatement, termine sa tranche de gigot. Cela fait sourire mon père, j'éprouve une certaine satisfaction à voir sa réaction d'invité de plus en plus raffinée.

Avant de regagner Paris, nous visitons le Futuroscope de Poitiers, avec une nuit d'hôtel, dommage, malgré le soleil le froid est glacial.

La plus étonnante attraction à ses yeux : *Captain Eo*, de Mickaël Jackson. Le lendemain, sur l'autoroute, je vérifie sa mémoire :

– Hier, qu'avons-nous visité ?

– Le *camérascope*-parc.

Janvier 1997, je récapitule ces trois dernières années.

Côté positif : mange avec moins de stimulation.

Mémoire plus précise, retour de sa bonne humeur et de sa gentillesse.

Les fugues ont disparu. Quelquefois, il se rase.

Côté négatif : évolution extrêmement longue, quasi stagnante.

Amnésie complète depuis l'accident. Pas de discussion prolongée et structurée. Autonomie inenvisageable, encadrement permanent.

Front déformé, visage enflé et surpoids. Comportements incontrôlés.

Absence de relations sexuelles, onanisme. Observation, huit crises d'épilepsie sur dix ont eu lieu pendant son sommeil, entre 4 et 8 heures.

Février, chute des progrès, l'incertitude s'installe, je dois reprendre confiance et replonge dans mes anciens carnets.

Ces jours-ci, nouvelle toquade, Nono joue continuellement avec les interrupteurs :

– Clic, clac.

Il allume et éteint aussitôt, les lumières en plein jour.

– Clac, clic.

Devant le vidéo-clip de Cheb-Khaled sur M6, il se met à danser, bras tendus, souriant, chante : « *Aïcha, écoute-moi…* »

Aux dernières paroles, il s'assoit, le regard assombri, l'air absent.

Très fréquemment, des clients, des relations de travail, y compris ceux qui ne le connaissent pas, me demandent de ses nouvelles :

– Comment va-t-il ?

Tous, sont étonnés de constater qu'il faut si longtemps pour se remettre d'un traumatisme crânien.

Sur la recommandation d'amis, à l'aide de mes innombrables notes, je décide d'écrire son histoire. Après le travail et entre les déplacements aux quatre coins du monde, le soir, la nuit, au calme, seul, je revis ce lourd témoignage. Une vraie thérapie qui me permet d'évacuer une partie de la douleur qui sommeille en moi.

De temps en temps, Nono se penche :

– Tu écris quoi, dis-moi tout.

Je lui lis un passage, il écoute, silencieux, ne se souvient de rien, ému, m'embrasse et va se coucher.

Pour son vingt-neuvième anniversaire, dans une boutique de sport, il choisit un survêtement Lacoste vert et une casquette assortie.

Par une délicieuse journée d'avril, nous flânons dans les jardins des Tuileries, avant de se balader sur les Champs-Élysées. Enchanté, il marche, sautille devant moi, d'un balancement du corps de gauche à droite.

Sur le chemin du retour, il fredonne la chanson de Joe Dassin :
– *Aux Champs Élysées, à minuit, à midi, au soleil, sous la pluie…*

Parfois, il chante devant la télé, les paroles reviennent :
– *On ira où tu voudras quand tu voudras, et on s'aimera encore lorsque l'amour sera mort.*

Bientôt, tout change. Assis, inerte, fermé, visage inexpressif, yeux immobiles, il repousse l'idée de faire quoi que ce soit.

À l'heure du coucher, il se blottit contre moi :
– Olivier, je t'aime à 98 %.
– Et les 2 %, c'est pour qui ?
– 1 % pour mes parents et 1 % pour Dieu.

En mai, nous remarquons qu'il pense plus à lui et aux autres :
– On achète du lait.
– Tu téléphones à Michèle ?
Et, cahier d'orthophonie ouvert :
– Regarde ce que j'ai écrit avec Philippe.

Un soir, il remarque que la porte de la cuisine ferme mal, la serrure est bloquée. Nono prend la caisse à outils, démonte les poignées, retire la serrure et la répare avec application. Une fois terminé, il remet le tout en place, fixe les vis, et ça marche.
– Très bien comme ça, dit-il, fier.

Ce dernier trimestre, j'observe son visage, il change insensiblement d'expression, moins rond, la forme et les traits ressemblent davantage à celui qu'il était.

Actuellement, il devient ordonné, range ses vêtements, remet les objets à leurs places et éteint les lumières. Dans les magasins, Nono participe aux achats, donne son avis.
Côté graphique, il passe à 8,75.

Je pars au Brésil effectuer un repérage, accompagné de clients, au téléphone, il semble tranquille, ce que confirme l'aide à domicile.

De retour à Paris, Nono ne me quitte pas d'une semelle, me remercie des cadeaux brésiliens, m'interroge puis commente les photos.

Au Divan du Monde, nous assistons à divers concerts de musique orientale et à un spectacle au Zénith, sa participation augmente, il se souvient mieux de ces soirées.

Le dernier samedi de juin, avec un groupe d'amis, nous participons à la traditionnelle Gay Pride. Cette année, à Paris, c'est l'Euro Pride, plusieurs heures de marche, de danses, entrecoupées de pauses le long du parcours. Nono apprécie la fête et l'ambiance chaleureuse.

À la campagne du Loiret, avec Michèle et ses fils, il a du plaisir à jouer au ping-pong. Lors d'échanges rapides, face à Romain, la petite balle ne tombe pas, malgré sa vue réduite, il se montre plutôt doué.

Mathieu et Romain devenus adolescents se souviennent, avant l'accident, de leurs débuts encadrés par Nourredine à la piscine, ils étaient admiratifs, par son aisance et sa passion pour la natation.

Mi-juillet, treizième crise en fin de nuit, je m'aperçois qu'il n'a pas avalé son médicament la veille au soir, je le retrouve dans la poubelle.

Au supermarché, nous prenons la file d'une caisse réservée à la carte prioritaire, arrive notre tour, nous vidons notre chariot sur le tapis roulant, lorsque la caissière me signale :

– Désolée, ma caisse est réservée aux personnes invalides !

– Voici la carte de handicapé, madame.

– Excusez, monsieur, je ne l'ai pas remarqué.

Sa réflexion prouve que Nono ne paraît pas handicapé.

Depuis deux ans, silence complet de sa famille, ni téléphone ni lettre, et son neveu n'est plus revenu.

Au mois d'août, nous allons en vacances au pays Béarnais à Laruns, au creux de la somptueuse vallée d'Ossau. Sur le plateau de Benou, au col de la Marie Blanque, Nono a envie de faire du cheval en compagnie de Gaëlle, la fille de notre amie.

Heureux, Nono, confiant, monte une belle pouliche, robe acajou, il la dirige sans peur, un large sourire illumine le visage, et part pour une belle promenade. Agréablement surpris de cette première, il m'épate.

Dans la vallée d'Aspe, la plus rustique des Pyrénées, on s'arrête au village de Borce, à la terrasse d'un bar. Nono boit un coca, en pleine forme, il décide de nous jouer une scène d'un film de Bruce Lee, une de ses vidéos préférées. Devant nous, debout, motivé, débute son imitation, prend la position d'un justicier, les mains sur la taille :

– Vous, messieurs les Japonais, venez ici !

Nourredine toise ses adversaires, d'arrogants guerriers.

– Ah ! Ah ! s'exclame-t-il, d'un air méprisant, qui caricature un Japonais nullement impressionné.

Face à sa figuration surprise, nous éclatons de rire. Nono, poursuit son sketch, se met en garde, bras tendus, tel un karatéka :

– Nous, les Chinois, vous nous prenez pour des chiens ! Je vais vous montrer, moi.

Un couple de touriste passe, tellement nous rions aux éclats, la femme et l'homme s'arrêtent. Démonstratif, Nono imite la manœuvre d'un nunchaku dans tous les sens, en criant :

– Haï ! Haï ! Haï !

Je découvre un Nono comédien.

– C'est tout, fini, dit-il, yeux brillants de malice, avant de s'asseoir.

Nadine les yeux humides, déclare :

– Étonnant ton bonhomme, il pourrait faire du théâtre.

Aux Eaux Bonnes, une station thermale, nous nous promenons le long d'un chemin dissimulé par la forêt, à flanc de montagne. Un parcours aménagé pour le sport, où, avec nous, il effectue des exercices.

Nono s'accroche aux barres horizontales, le dos contre une échelle en bois, les bras tendus à l'arrière, il tente de relever les jambes, un mouvement difficile, ses muscles affaiblis le laisse bloqué, suspendu, coincé, l'air d'un pantin. Il me regarde, sourire forcé, pour dire :
– J'ai l'air bête comme ça.
Surpris, j'éclate de rire, Nono descend du portique.
Ses attitudes singulières, pourtant positives, me déconcertent.
Aujourd'hui, il m'a rendu heureux, Nadine partage ce bonheur.
Nous venons de constater son désir de progresser, de dévoiler son potentiel, de développer son énergie. De légers progrès en légers progrès, Nono dope mon optimisme, m'estompe l'usure du temps.
Outre les trois mots que je lui répète en permanence : moral, courage, volonté. Ce soir, j'ai envie de déclarer à mon ami ces compliments :
« *Continue, avance, vas-y, sois constamment courageux.*
C'est une évidence, tu es ma fierté.
Allez ! Bouge, remue-toi.
Redouble d'efforts, j'ai eu la preuve de ta volonté.
Lutte à chaque occasion, tu vas t'en sortir, ne te démoralise pas, n'abandonne pas. Je crois en toi.
Notre combat, c'est celui de ta vie.
Suis-moi, je t'accompagne, le chemin te semblera peut-être trop long.
Rassure-toi, le plus dur est derrière nous.
À présent, tu m'as convaincu, un atroce cauchemar prend fin.
Écoute, Nourredine, j'ai une vérité essentielle à te dire.
Je t'aime, cela, tu le sais, et, je t'aimerai toute ma vie.
Nono, désormais, jour après jour, je t'offrirai des gerbes d'amour. »

UNE VIE NOUVELLE

Septembre 1997, le neurologue prescrit six séances de rééducation par semaine, trois de kinésithérapie et trois d'orthophonie.

Vu l'évolution, je souhaite qu'il commence des séances d'ergothérapie axées sur les travaux manuels, qui pourraient déboucher, plus tard, vers un hypothétique stage de réinsertion. Convaincu qu'il est prêt pour des activités bénéfiques à une réadaptation, je pense également à son avenir.

À mes demandes auprès des centres spécialisés ou des structures pour handicapés, la réponse reste la même : les places sont limitées. Notamment, la majorité des centres ne sont pas adaptés aux trauma-crâniens, ils concernent les paraplégiques et les hémiplégiques.

La liste d'attente d'un centre de rééducation neurologique s'allonge.

Depuis les années 90, le nombre de traumatisés crâniens est en augmentation constante. Les cas les plus graves s'avèrent les victimes d'accidents ou d'agressions d'une violence extrême, dus à notre monde perturbé.

Grâce à l'intervention rapide des secours, à une prise en charge plus efficace, dès la réanimation, les traumas-crâniens peuvent davantage être maintenus en vie. Hélas, les structures médico-sociales manquent, les capacités d'accueil réduites et le suivi des patients sont presque inexistants.

Progressivement, on prend mieux en compte la spécificité de ces traumatisés et de leur rééducation. Néanmoins, la recherche cérébrale doit s'amplifier, dans le traitement du coma, la compréhension de la douleur et la souffrance des malades.

De même, s'agissant de la formation adéquate du personnel médical et paramédical, les structures pour patients et leurs familles, désemparées, ne bénéficient pas d'aides encadrées.

Les traumatisés crâniens demeurent des malades troublants, perturbants, imprévisibles, invisibles, problématiques, autant pour les soignants que pour l'entourage familial.

L'énorme travail d'associations, comme l'UNAFTC, permettent aux blessés, malades, familles et proches, de défendre leurs intérêts, leurs droits, d'engendrer par leurs actions une médiatisation, d'apporter une aide globale et d'importants services.

C'est justement ce qui m'a manqué le plus après l'accident ; avoir des conseils, du réconfort, des expériences, éviter les erreurs, profiter de l'acquis des aidants dans le but de mieux l'accompagner.

Ce dernier semestre, l'aide à domicile, les amis, les praticiens, s'accordent pour constater un changement comportemental.

Un jour de décembre, Abdelnabi a du retard, devant son petit-déjeuner, Nono réagit :
– Je reste seul, tu me donnes les clefs ?
Il l'a dit sérieusement, dans l'attente d'une réponse.
– Ce jour viendra, tu as une bonne idée.
– Dis-moi, quand ?
– Je ne sais pas encore, mais ce jour arrivera.
Il allume une cigarette sans poursuivre le dialogue.

Début d'année 1998, il me parle parfois de la mort :
– Qui va mourir le premier ? Toi ou moi ?
Ou bien, il interroge une amie :
– Ton père, il est mort ?
Actuellement, la mort est devenue une de ses préoccupations.

Quant à moi, le malheur de notre vécu m'a mûri, je prends du recul devant les événements, j'analyse les situations désagréables de la vie, je maîtrise davantage mes angoisses.

Février, je reviens du bar-tabac, alors qu'il hurle seul dans la voiture :
– Ouh ! Waaouh !
Si fort qu'on l'entend de loin, j'ouvre la porte, le surprends, il s'arrête :
– Pourquoi tu vocifères comme ça ?
– Non, rien, me répond-il, d'une grimace négative.
Silence, puis Nourredine ajoute :
– Je suis fou.

Il se sent perçu, tel un déséquilibré, c'est une façon d'exprimer sa douleur. Notre communication passe plus par le regard que par la parole, la tragédie a tout modifié, tout métamorphosé.
Lui et moi, étions un couple en harmonie avec un idéal de vie, un couple en pleine construction, la fatalité a fait de nous, deux amis liés à jamais par un drame.

Courant mars, tout d'un coup, il s'interroge :
– J'ai combien d'argent à la banque ?
À cette question inattendue, je réponds simplement :
– Tu as assez d'argent, tu vivras heureux et n'auras aucun problème plus tard.
Il reste muet. Intrigué, j'ajoute :
– Qu'en penses-tu ?
– C'est malheureux, dit-il, préoccupé.

Un déclic, des mots nouveaux jaillissent de sa mémoire.

Ce matin, Nourredine a trente ans, le voici au niveau 9 sur le graphique. Je doute fort de l'exactitude de cette échelle ; soyons réaliste, il ne peut pas être à un point de l'autonomie !

Il aura fallu quarante-et-un mois pour passer de 8 à 9, si cette progression continue, arrivera-t-il au niveau 10 vers l'an 2001 ?

Onze ans après l'accident, l'hypothèse d'une indépendance s'éloigne.

Finalement, nous nous sommes tous trompés. Les médecins avaient pronostiqué de trois à sept années de récupération, moi et mes petits graphiques qui n'en finissent pas de s'allonger, ainsi que les défaitistes aux prédictions alarmistes.

Depuis le coma, plus rien n'est devenu prévisible.

Autonome, peut-être le redeviendra-t-il, quant aux séquelles, certaines sont déjà irréversibles. Aujourd'hui, combien a-t-il récupéré de ses facultés : 60 % ? 70 % ? 80 % ? Personne n'a la réponse.

Quasiment vain de cerner le bonheur ou le chagrin qu'il éprouve, je ne peux pas être persuadé d'un ressenti, et n'affirme rien à sa place.

Cloisonné dans son espace neurologique si impénétrable, je m'interroge. Pourvu que les périodes de dépression n'étouffent pas les moments heureux.

Il s'exprime trop peu, ne peut pas ou ne veut pas me dire ses angoisses, ses peurs, ses souffrances. Parfois, je les devine, je les ressens, à l'attitude, à des gestes, au timbre de sa voix.

Hors de ma vue, par pudeur, il dissimule ses larmes.

Nono a tant de choses à dire qu'il faudrait réécrire ce livre, ou en écrire un autre, certainement différent de celui-ci.

J'espère lui redonner la force d'accepter ce nouveau destin.

Avril, grâce à l'intervention de la neurologue, un centre de l'Adapt me reçoit, un dossier de prise en charge est déposé :

– Vous aurez une réponse dans quelques mois.

Intégrera-t-il ce centre de rééducation neurologique de jour ?

Je l'amène au club de billard, il joue avec réflexion, attention et observation pendant une bonne heure. D'un tir ajusté sur la boule blanche, il percute la boule orange, la projette dans un des trous d'angle, et voilà treize points ! Un clin d'œil, il se redresse, fier.

Désormais, devenu plus sensible aux qualités humaines qu'à la beauté, j'ai accepté ce physique différent, ce visage déformé, ce corps enveloppé. J'ai adopté un autre Nono et son handicap, puis fait mon deuil du personnage que j'ai tant aimé. Après une pareille tragédie, j'ai dû admettre la disparition d'une part importante de sa mémoire, d'un trou dans son vécu, de sa vie suspendue à ce vide.

Pour l'un et l'autre, à la suite de la traversée de cette interminable mutation, une vie nouvelle est née.

Conclusion : ne jamais capituler devant la douleur.

Dimanche 10 mai 1998.

Par une douce soirée, d'un printemps tardif, Place du Trocadéro, je gare la voiture à côté des bus touristiques, et rejoignons l'esplanade des Droits de l'Homme.
Un panorama prodigieux.
Les touristes du monde entier se mêlent aux Parisiens, banlieusards et provinciaux venus voir ou revoir l'un des plus beaux sites de Paris.
De jeunes blacks, à la sauvette, vendent des objets africains et des oiseaux volants mécaniques. Ici, tout ce mélange, les familles bourgeoises accompagnées d'enfants élégants et sages, croisent d'adroits patineurs, des couples d'amoureux ou des militaires en permission.
Nono me prend le bras pour descendre les marches menant à la terrasse qui surplombe les jardins et le plan d'eau. La nuit, le Trocadéro devient féerique, magique.
Les tam-tams aux rythmes du Maghreb, des musiciens amateurs, côtoient les danseurs de break, qui exécutent de souples figures harmonieuses. Un groupe d'adolescentes, enjouées, prennent des photos souvenirs avec des poses de stars.
La princesse de toutes les nuits et de tous les jours se dresse fièrement. La reine de Paris, le symbole de la France, c'est elle, surplombant la capitale de ses 320 mètres de poutrelles métalliques.
La tour Eiffel illuminée arbore un imposant panneau où est inscrit :

J - 601 avant l'an 2000.

Réjoui, Nono aime tant se promener parmi cet ensemble de monuments exceptionnels.
– Olivier, c'est quand l'an 2000 ?
– Dans un an et sept mois.
D'un doux regard, sa main dans la mienne, il ajoute :
– Je resterai avec toi jusqu'à la fin de ma vie.
Aujourd'hui, voici exactement huit ans que sa vie est suspendue.
Suspendue à la médecine, à l'avancée des recherches, au savoir-faire des intervenants, aux accompagnateurs, aux anonymes, et au hasard de ceux qu'il le rencontre.
Suspendue aux événements et à sa détermination.
Une vie suspendue à la mienne.
2 900 jours de sa vie suspendus à un seul espoir.
L'espoir, constamment présent dans mon cœur, que Nono redevienne l'homme séduisant, attachant, l'unique ami vertueux d'avant ce triste mois de mai 1990.

LA LIBRE CIRCULATION

Quatre ans plus tard, plus que jamais, attachés l'un à l'autre, il se couche, se lève avec moi, son premier sourire du matin, c'est ma vitamine de bonheur pour la journée.

Lors d'un déplacement professionnel en France ou au bout du monde, pas un jour sans qu'il me manque. Au bureau, pas plus de quelques heures sans l'avoir au téléphone, Nono, m'est indispensable.

On vit l'un avec l'autre, et l'un pour l'autre.

Mes notes plus espacées, moins fréquentes, confirment l'inexactitude de l'échelle du graphique. Je l'ai modifiée, adaptée à l'évolution des séquelles, avec l'ajout de dixièmes de points.

Maintenant, Nono stagne à 5,20 sur 10, ce n'est pas un recul, juste une graduation plus proche de la réalité.

J'arrête les pronostics, inutiles, imprévisibles, il faudra énormément plus de temps que je ne l'espérais. Un temps indéterminé.

Contrairement aux prévisions pessimistes du début, ses progrès s'affirment spectaculaires, néanmoins, je doute de le revoir autonome. Qu'importe, je l'aime comme il est.

S'il n'évolue plus, je m'habituerai à cette déception, seul l'espoir me fait espérer le contraire. S'il reste à ce palier, pour moi, avec l'approche de la cinquantaine, ce sera plus lourd à gérer.

Suivant les années, je note de zéro à quatre crises épileptiques. Depuis longtemps, il n'a plus d'incontinence et, dans un coin, Nono a abandonné l'ours en peluche.

Sept ans que la famille ne donne aucune nouvelle ; Nono évoque les parents et les souvenirs de sa première vie qui s'est arrêtée au seuil de sa jeunesse.

Sa présence est plus attentive, il veut tout savoir :

– Pourquoi ?

– C'est qui ?

– Après quoi ?

Lors des repas, stimulation oblige, il mange de la pizza, du poisson, du steak haché, des lentilles, du concombre, du raisin et des clémentines. Il arrive même, que Nono termine son assiette jusqu'au dernier grain de riz. Cette année, ses « frites-omelettes » chutent.

J'ai calculé qu'il aura mangé plus de 8 000 omelettes, soit : 16 000 œufs et 800 kilos de pommes de terre.

Monsieur Omelettes-frites est incollable sur les capitales des pays, le numéro des départements et les présidents Français.

Les jeux de cartes et la vidéo le passionnent, ses films préférés passent en boucle. Nono connaît par cœur les répliques de Louis de Funès, les photos de nos albums, les modèles des voitures, l'âge de nos amis, leur métier, les prénoms de mes neveux et nièces.

Parfois, sa mémoire me surprend :

– Hier, au cinéma, tu as payé avec un billet de 20 €.

Ou, plus ennuyeux, au supermarché, il annonce à la caissière, à voix haute, le numéro de code de ma carte visa.

Hélas, mon ami s'exprime fort, répète tout ce qui lui passe par la tête et, exubérant, déploie des gestes ou des grimaces inattendues. Si, je le laisse seul, le temps d'une douche, il se lâche et crie sa rage aux murs.

À l'aide d'une lime à ongles, il enchaîne les trous dans ses pyjamas, dès que je me fâche, sa réaction est subite, il hurle, mes tympans vibrent. Un bref instant, Nourredine devient coléreux, avant de rougir, honteux d'un égarement, puis, incessamment, se calme.

Un lavage automatique de la voiture a failli tourner au drame, lorsque le shampooing recouvrait la carrosserie, il a appuyé sur le bouton de l'alarme, impossible de remettre le système en marche. J'ai dû joindre un employé et terminer le nettoyage à la main.

Ses troubles répétés, incontrôlés, cumulés, irritent, déconcertent.

Des commerçants le reconnaissent, l'apostrophent :

– Nono, comment vas-tu ? Tiens, prends un bonbon.

– Bonjour Nono, viens, j'ai un briquet pour toi.

– Salut Nono, voici un cadeau, je t'offre ce stylo !

Au contraire, les indifférents et les méfiants tournent la tête.

Un samedi, je laisse Nono fumer une cigarette à l'extérieur de la poste, puis je rejoins la file du guichet.

Soudain, une femme, affolée, entre, interpelle l'employé :

– Venez ! Un homme bizarre trifouille le distributeur de billets.

– Ce n'est pas mon problème, appelez la police !

Des gens nous croisent et s'étonnent :

– Est-il handicapé ?... Au moins, il n'est pas dans une chaise roulante.

Pour ceux-là, le handicap reste synonyme de chaise roulante, pour d'autres, une anomalie qu'il faudrait cacher. Ces personnes sont très loin d'imaginer les séquelles d'un sévère traumatisé crânien, d'un vécu qui ne rentre dans aucune case de la normalité.

Un traumatisé crânien, c'est d'abord le handicap du silence. Un silence suspendu à la vigilance de l'autre, à l'intuition, à la compréhension et à l'investissement de l'entourage.

D'après de nombreux témoignages d'associations des handicapés, de lectrices et de lecteurs, par suite d'un traumatisme, d'un AVC, d'un accident ; près de deux hommes sur trois se désintéressent de leur conjointe, ou l'abandonne dans les mois ou les années qui suivent.

Inversement, moins d'une femme sur trois quitte leur époux.

Ces personnes ne supportent pas l'invalidité, la modification du comportement et du physique.

À part ces difficultés continuelles, nous avons reconstruit une vie presque paisible, trouvé un rythme plutôt équilibré. Sa santé ne pose plus de gros soucis, à part le risque épileptique.

Il faut continuellement, à sa place : prévoir, penser, prévenir, anticiper.

Les séances de rééducation se poursuivent, il garde les mêmes spécialistes : neurologue, kinésithérapeute et orthophoniste.

Nono a ses habitudes, ses repères :

– Mon cahier, n'est pas dans le tiroir.

– Il est huit heures, on y va.

– Elle est où la casserole rouge ?

Me concernant, il remarque tout :

– Tu as mis le costume gris.

– C'est pour qui cette lettre ?

– Tes clefs, elles sont à côté de la lampe.

– Tu parlais avec qui au téléphone ?

Nos sentiments demeurent forts, alors que notre relation amoureuse a subi une métamorphose, une transformation imposée.

Nono est en quelque sorte, le fils que je n'aurai pas, le frère cadet assisté, malicieux. Plus joueur que jamais, il me fait des taquineries de cour d'école et, par surprise, des chatouilles :

– Guili-guili… dans un grand éclat de rire.

Ses gamineries d'adolescent, ajoutées à sa conscience diminuée, augmentent le blocage de l'acte sexuel, un bouleversement primordial.

Philippe m'a préconisé une thérapie, malgré ces séances, le blocage perdure. Une des conséquences vitales d'un handicap complexe, insaisissable, c'est aussi, une sexualité restreinte.

Début janvier 2002.

Après une journée chargée à l'agence, j'arrive à notre domicile avec l'envie de le retrouver, de l'embrasser, le serrer dans mes bras.
J'ouvre la porte.
Stupéfaction ! Quel choc !
Sa sœur Fatima est confortablement assise sur le canapé à côté de Nono. Comme d'habitude, par surprise, elle réapparaît en compagnie de son fils aîné Khaled, aujourd'hui, adulte.
Ils sont là, après toutes ces années d'absence.
Quel culot ! Figé, mon sang ne fait qu'un tour.
Nono se lève, enthousiaste :
– Olivier, ma sœur est revenue.
Abdelnabi, l'aide à domicile, inquiet, croise mon regard, interloqué. Mais, pour quelle raison, leur a-t-il ouvert ?
L'accueil, déjà froid, devient glacial :
– Bonsoir.
– Bonsoir, répète Fatima.
Je pose ma sacoche. La gêne est flagrante, l'atmosphère tendue.
À la suite de succinctes banalités, pour faire bonne figure, une question me brûle les lèvres :
– Où étais-tu, pendant toutes ces années de silence ? Sans téléphone ni lettre ? Sans venir le voir ?
L'accompagnant mal à l'aise, devant la tournure des échanges, enfile un blouson et prend congé.
La sœur s'emporte :
– Tu ne voulais pas que sa famille vienne ! Tu as demandé au policier de m'interdire les promenades avec mon frère.
La tension monte :
– Faux ! Fatima, ne raconte pas n'importe quoi, je n'ai rien interdit, sauf de venir en mon absence.
– Ce n'est pas vrai !
– Souviens-toi, sous prétexte qu'il était traité comme un otage chez moi, tu as essayé de l'emmener en cachette, direction l'Algérie.
– Menteur ! hurle-t-elle. Désormais, notre frère ne peut plus être avec toi, il doit retrouver la famille.
– Ici, nous sommes chez nous, c'est mon ami depuis quinze ans, cela vous arrange de le reprendre maintenant qu'il va nettement mieux !
Elle grimace :
– Quoi chez vous ? Et sa famille alors ?
– J'ai toujours souhaité que Nono rende visite à ses parents et, s'ils désiraient, venir le voir. Au lieu de cela, vous restez une éternité sans le moindre signe et, lorsque vous réapparaissez, vous nous imposez une séparation avec son retour direct au bled.

– Impossible, il ne passera pas sa vie chez toi ! me coupe-t-elle.

– Nono a fait le choix de rester en France, il a décidé de vivre à mes côtés et, n'oublie pas, ton frère est sous protection de la justice.

– Quelle protection ? Quelle justice ?

– Je t'avais informée, il est sous curatelle, sans autorisation, ni vous ni moi, ne pouvons modifier son lieu de vie.

– Tu racontes que des mensonges !

Son fils, énervé, s'en mêle :

– Écoute, Olivier. Tu t'es bien occupé de mon oncle, mais c'est terminé, il faut qu'il rentre au pays. Regarde, Nourredine est content de nous revoir, j'ai parlé avec lui, il est d'accord pour partir. N'est-ce pas Nono ?

Perturbé, yeux baissés, il n'arrive pas à répondre.

– Alors, insiste Fatima, dis-le à Olivier que tu veux venir avec nous !

Son neveu hausse le ton, met davantage de pression.

– Je vais chez ma sœur, lâche Nono, contraint.

Vexé, je réplique :

– Vous l'avez influencé avant que je n'arrive, vous agissez d'une façon malhonnête, par surprise. Il est hors de question que ton frère parte d'ici, je préviens le curateur.

– C'est qui celui-là ? interroge Fatima, agacée.

– La personne gestionnaire de ses dépenses et des biens. Je viens de t'expliquer qu'il est sous protection de la Juge des Tutelles.

– Tu mens ! Tu es le seul à s'occuper de Nourredine, crie-t-elle, mauvaise. De toute façon, je n'en ai rien à faire, un étranger n'a pas le droit de donner son avis. La famille, c'est nous !

Je m'énerve :

– Libre à vous de ne pas me croire, vous en subirez les conséquences.

Nono, blême, paralysé, assiste impuissant à la bruyante agitation.

Angoissé, je compose le numéro du curateur, mais tombe sur la messagerie.

– Ça suffit, donne-nous ses papiers, exige Khaled, impatient.

Je riposte sèchement :

– Non ! D'ailleurs, je ne les ai pas.

– Si, tu as son passeport, Nono nous l'a dit, insiste sa sœur, furibonde.

– J'ai remis tous ses documents au curateur.

– Il ment, ce pervers ! lâche-t-elle, odieuse, en arabe à son fils.

– Tu profites de lui ! braille Fatima. Donne-nous sa pièce d'identité française et sa carte de sécurité sociale, puis on s'en va.

– Non, vous n'aurez rien.

– Sois raisonnable, Olivier, enchaîne son fils.

– C'est interdit, d'abord, vous devrez écrire à Madame la Juge.

– Il invente cette histoire de juge ! crie sa sœur.

Menaçant, Khaled s'approche de moi :

– Remets-nous ses papiers de suite !

Je ne bouge pas, d'un geste haineux, il me pousse :
– Tu n'as pas le droit de refuser. Ne fais pas de problème, ou tu vas le regretter !
Bras tendus, je le fais reculer.
– N'as-tu pas honte de me bousculer chez moi ? Et de me menacer ?
Furieux, Khaled d'une poignée ferme, force Nono à se lever et ajoute en algérien :
– C'est un sale *atay* (*pédé*), Dieu le punira.
La moutarde me monte au nez, d'un ton autoritaire, j'explose :
– Stop aux insultes ! Allez ! Sortez !
Le neveu tient Nono agrippé par le bras, Fatima attrape son sac et entraîne son frère vers la sortie. Sur le palier, mon ami, visage livide, me dit :
– Je vais là-bas ce soir, je rentre demain.
Persuadé du contraire, le cœur serré, désarmé, je referme la porte.
Une nouvelle épreuve douloureuse commence, désemparé, secoué, je m'assois puis réfléchis. Dans la précipitation, Nono est parti en oubliant ses médicaments.
L'instant d'après, Frédéric, le curateur, m'appelle :
– Retrouve-moi de suite au commissariat, déposons une plainte.
Les jours suivants, n'ayant ni téléphone ni l'adresse, sans nouvelles, je ne peux joindre la sœur.
Une angoisse incessante monte et redescend.
Notre plainte pour « *enlèvement et mise en danger d'autrui* » est transmise dans un commissariat spécialisé. Nous n'avions pas encore déposé une requête au service des tutelles afin de contracter un PACS, la loi nous considère comme concubins notoires.
La Juge des tutelles est informée, hélas, pour une raison juridique, elle ne peut intervenir rapidement. Frédéric, m'apprend que la mise sous curatelle n'interdit pas :

« *La libre circulation des personnes.* »

Je reste interloqué :
– Autrement dit, Nono, peut aller et venir avec les membres de sa famille, à leurs guises.
– Exactement, reconnaît Frédéric, la police ne pourra le récupérer que dans le cas avéré, d'enlèvement ou de séquestration.
Immense déception, la situation se complique.
À l'époque de ma demande de protection, Madame la Juge avait estimé que Nono était en phase d'évolution, plutôt qu'une tutelle contraignante, elle préférait le mettre sous le régime d'une curatelle.
Un reproche à l'accompagnateur, son erreur me déçoit :
– Pourquoi les as-tu laissés entrer ?
Gêné, Abdelnabi, s'explique :

– Ils n'avaient pas le code de l'interphone, un résidant leur a ouvert la porte de l'immeuble.

Ce que me confirmera le gardien de la résidence :

– J'ai refusé de les accompagner.

– Lorsqu'ils ont sonné chez vous, poursuit l'aide à domicile, juste avant ton arrivée, une fois la porte ouverte, c'était trop tard.

– Il fallait m'appeler sur le portable.

– Surpris, j'étais coincé, car Nourredine était très excité, dit-il, confus.

Le lendemain soir, le téléphone sonne, c'est Nono !

– Comment vas-tu ?

– Bien.

– Tu reviens quand ? Quelqu'un, à côté, souffle en arabe.

– Je vais rester avec ma sœur. Olivier, rends mes papiers, répète-t-il.

– Non, impossible, Nono. Pourquoi, tu ne veux plus revenir ?

– Je… Il hésite, on lui dicte ce qu'il doit répondre. Chez ma sœur, c'est mieux… mon passeport, réitère-t-il.

Nono ne parle pas librement, je me propose d'apporter ses médicaments. J'entends Fatima, brailleuse :

– Inutile. Qu'il aille se faire foutre !

La communication est coupée.

Le jour d'après, sur le répondeur, j'ai deux messages, une voix d'homme, dont un en algérien, agrémenté d'insultes et l'autre qui déclare : « *Je maudis ta famille.* »

Tard, le soir, la sœur m'appelle. J'évoque le vulgaire message et explique l'importance des médicaments :

– Il y a urgence, sinon Nono fera de violentes crises.

– Non, il n'en a pas besoin, mon petit frère va très bien, affirme-t-elle.

J'insiste, peine perdue. Fatima refuse de me communiquer son téléphone et, coléreuse, exige :

– Apporte-moi son passeport, sa carte d'identité, sa carte Vitale !

– Franchement, entre-nous, tu veux l'emmener en Algérie ?

– Juste pour huit jours, après il reviendra.

– Je n'ai aucune confiance en toi, c'est un coup monté, Nono est piégé.

– Tu peux parler ! dit-elle, hurlante. Depuis longtemps, tu profites de son argent, tu prétends que seul le juge décide ! Tu ne reverras plus jamais mon frère ! Puis raccroche.

Je ne la supporte plus, je la déteste, énervé, j'informe Frédéric :

– À mon avis, tant qu'elle n'aura pas le pactole, Nono ne franchira pas la frontière.

Mes amis pensent de même.

Vendredi soir, nouveau coup de fil :

– C'est moi, Fatima, la voix est plus douce. Écoute, il faut qu'on se rencontre, on va discuter, viens près de chez moi, demain après-midi.

– Non, je préfère notre station de métro, c'est plus facile, depuis ton domicile, c'est sur la même ligne.

Elle refuse, je tente de la convaincre en douceur :

– J'apporterai ses médicaments et des vêtements, nous parlerons tranquillement. Viens avec Nono, cela me fera plaisir de le voir.

– Bon… On verra.

Aussitôt raccroché, je prends contact avec Philippe, l'ami médecin et Nordine K., un accompagnant qui le garde par intermittence, ces dernières années, l'un et l'autre, seront témoins de la rencontre.

Samedi à l'heure du déjeuner, sa sœur m'appelle, ennuyée :

– Ma voiture est en panne, vient me chercher.

– Impossible, à cause des embouteillages, je mettrai trop de temps. Comme convenu, venez avec le métro.

Finalement, je parlemente, elle accepte, s'assagit et ajoute :

– Je voulais te dire, achète un billet d'avion pour Alger, il reverra ses parents et ses oncles, juste quelques semaines. Son neveu l'accompagnera, et il n'y aura aucun problème, entre-nous.

Calmement, j'enchaîne :

– J'ai toujours été partant, seulement dans un cadre établi par la justice et la garantie qu'il puisse revenir.

– Euh…, nous en reparlerons, soupire-t-elle.

Nono, encadré par Fatima, Khaled et son dernier jeune fils Faouzi, sortent du métro.

Sacs dans les mains, tendu, je m'efforce de paraître calme. Découvrant les personnes qui m'accompagnent, Fatima fronce les sourcils et murmure quelque chose à Khaled.

Nous allons dans un parc, au calme. Mal rasé, les yeux cernés, fatigué, Nono est heureux de me voir ainsi que Philippe et Nordine K.

– C'est qui ces gens ? me demande Fatima.

– Tu ne reconnais pas Philippe, notre Docteur ?

– Non, je ne vois pas. Et l'autre, là ?

– Son nom, Nordine K., il s'occupe de Nono en l'absence d'Abdelnabi.

Après une poignée molle, la conversation s'engage :

– Voici les médicaments et ses habits d'hiver. Il y a un blouson, un manteau, plusieurs pulls, pantalons et une paire de chaussures.

Elle fouille dans l'un de mes sacs, attrape un jean, presque neuf, examine l'étiquette d'une vilaine tête :

– Regardez, ce n'est pas normal ! Avant, il ne portait que des habits de marque, dit-elle, en guise de reproche.

– Nono, choisit ses vêtements, la marque n'est pas essentielle.

Puis, j'enchaîne, pour la Dépakine :

– Trois fois par jour, plus un Tranxène avant le dîner. Et, concernant sa rééducation…

La sœur ne m'écoute plus, elle observe Philippe qui parle avec Nono.

– Pourquoi crache-t-il n'importe où ? s'agace Fatima, il urine sur le mur

des toilettes, refuse de prendre sa douche. Depuis quand fait-il ça ?
– Étonnant, répond Nordine, chez Olivier, il se lave deux fois par jour.
– Je ne comprends pas, il ne mange que des omelettes, ajoute Fatima,
d'une moue crispée, c'est votre faute tout ça !
– Inexact. Il apprécie d'autres plats, vous devez le stimuler.

Ses neveux ne le lâchent pas d'une semelle. Nono demande une
cigarette avec insistance, Khaled d'un ton sec refuse.
– De temps en temps, c'est un de ses seuls plaisirs, estime
l'accompagnant.
– Un malade ne doit pas fumer, réplique le neveu, dangereux pour sa
santé.
Khaled évoque le respect de la famille et glisse sur ses convictions
religieuses. Nordine K., plus modéré, exprime sa position, en arabe.
– Êtes-vous d'origine algérienne ? l'interroge la sœur.
– Oui, madame.

Elle aborde le projet d'un petit voyage au pays. Une nouvelle fois,
j'explique ne pas être le curateur, Philippe, d'un ton posé, confirme.
– Alors, ce n'est pas toi qui en as la garde ?
– Fatima, je te répète que non.
D'amertume, la sœur tord la bouche.
Je tends un papier :
– Voici l'adresse du tribunal.
– Donne-moi le téléphone de cette Juge.
– Appelle au tribunal, ils t'expliqueront.

Nono se crispe, s'énerve :
– Cigarette !
– Non ! coupe la sœur.
Il s'approche, fouille dans mes poches, j'interviens, et lui donne une
cigarette. En manque, Nono aspire de longues bouffées, puis d'un
geste agacé la jette à moitié consumée.
– L'autre, le Marocain, il s'occupe mal de mon frère, dit-elle,
grimaçante, Nono fait le ménage et la vaisselle !
– Ce n'est pas vrai, Abdelnabi est un bon accompagnateur.
– Il lui faut une femme, pas un homme. Moi, je vais m'en occuper.

Devant les témoins, je repose la question capitale :
– Pourquoi, l'avoir laissé tomber depuis 1995 ? Explique-nous ce long
silence ?
– Je ne l'ai pas abandonné ! Tu m'as empêché toute visite ! dit-elle,
enragée.
– Inexact Fatima, tu pouvais le rencontrer avec l'accompagnant, à
l'extérieur de chez nous, il te suffisait de téléphoner.

Elle change de sujet :
– Nos parents veulent venir le voir.
– Eh bien, nous organiserons un voyage, accompagné d'une tierce

personne, demandons l'avis au curateur.

Muette, elle tourne la tête. Soucieux, je m'adresse à Nono :

– Avec qui veux-tu rester ?

En l'attente de sa réponse, mon cœur bat très fort.

Faouzi le neveu, serre le bras de Nono, l'attrape par le cou, l'embrasse, mon ami hésite, bloqué. Fatima le fixe, paniquée par ce qu'il va dire.

– Avec ma sœur, dit Nourredine, d'une voix tremblotante.

Dégoûté, je m'incline.

Avant de se quitter, j'insiste pour avoir son numéro de portable, finalement, elle me le donne.

De retour à notre domicile, Philippe est convaincu :

– Cette intervention était préparée de longue date.

– Avec nous, Nono cherchait ses mots, et là, il ne s'exprimait pas librement, a noté Nordine K.

– Il est endoctriné, ajoute, persuadé, Philippe.

Le soir, Fatima m'appelle, redemande les horaires des médicaments.

La semaine qui suit, à chacun de mes coups de fil, soit il n'est pas là, soit, sous surveillance, il répète les mêmes paroles :

– Chez ma sœur, je vais bien… mon passeport… je ne reviens plus.

Aucun mot d'affection.

Trois fois sur quatre, je l'appelle, un jour, je suis bien accueilli, le lendemain, elle me hurle dessus :

– Tu es fautif ! Il n'a pas fait d'évolution ! En cachette, chez toi, tu reçois un homme et tu prends tout son argent !

Face à ses accusations, je proteste vertement.

Bizarrement, tard, un soir, Fatima veut une photocopie de la carte d'identité du frère :

– Pour joindre à mon dossier de demande de nationalité Française.

Sans m'opposer de vive voix, je ne le ferai pas. Innocemment, au cours de la conversation, elle ajoute :

– De toi à moi, on aurait pu s'arranger…

L'absence de la voix de Nono est un grand vide, un douloureux silence. Soir après soir, il m'attendait le nez collé à la vitre. Indispensable à mon existence, sa présence me manque terriblement. Preuve d'un immense attachement ; son œil droit cherchait mes yeux, sa tête adossée à ma poitrine et ses câlins affectueux engendraient d'intimes moments, qui resteront gravé dans ma mémoire.

Tel un guide, je représente un repère, un équilibre, le centre de ses joies, je ferai tout pour le soustraire de leurs griffes.

Le second week-end, belle surprise, Nono m'appelle ! L'émotion est à son comble, malheureusement, il est seul dans l'appartement :

– La porte est fermée à clef.

– Depuis quand ?

– Après déjeuner, ils sont sortis.

– Où sont-ils ?

Il ne sait pas.

– Que fais-tu la journée ?

– Rien.

– Tu ne sors pas ?

– Non.

– Où dors-tu ?

– Avec mon neveu.

– Surtout…

L'émotion me submerge, de grosses larmes chaudes s'écoulent.

– Prends ton médicament, matin, midi et soir. Mon chéri, ne reste pas avec eux, une fois qu'ils auront ton argent, ta famille ne s'occupera plus de toi. Nono, depuis le premier jour, je t'aime très fort.

– Moi aussi, dit-il, d'une voix tremblotante.

– N'oublie pas : M.C.V. Moral, Courage, et …

– Volonté, ajoute-t-il.

– Écoute, je te sortirai de ce piège.

Je perçois mon ami, triste, accablé.

Main posée sur le combiné, je pleure abondamment.

Révolté, je préviens Frédéric et l'enquêtrice de police chargée de l'affaire. Lundi, Fatima m'annonce :

– Nono dort chez des cousins, là-bas.

– Je peux le joindre, s'il te plaît ?

– Non, impossible. Il va très bien.

Elle refuse la moindre précision à propos de ce « là-bas ».

Le lendemain, elle admet avoir reçu une lettre de Madame la Juge, Fatima, refroidie, baisse d'un ton :

– As-tu demandé à cette dame de m'écrire ? Elle va faire quoi celle-là ?

Le samedi, sa sœur m'avertit :

– J'ai déposé une main courante à la police au sujet des papiers. Anormale la justice de ce pays, s'énerve-t-elle, la famille a le droit de le voir ! Il doit vivre avec nous. Tu as des relations, eh bien, moi aussi !

Refusant de me le passer, elle me raccroche au nez.

Dix minutes s'écoulent, Nono m'appelle.

– Donne-moi mon passeport.

En même temps qu'il me parle, une voix souffle :

– Va te faire foutre !

Les autres soirs, personne ne décroche, je laisse un message. Des amis, collègues, voisins, ainsi que ceux du milieu médical, qui suivent Nono se proposent d'apporter leur témoignage. Je transmets les cordonnées au lieutenant de police, une femme qui mènera l'enquête.

Fin janvier, toujours le même discours photocopié :

– Mes papiers, je reste avec ma sœur.

– Qu'as-tu fais, aujourd'hui ?

Illico, Fatima coupe la conversation, s'empare du téléphone et hurle :
– Profiteur ! Je sais tout, il m'a raconté ! Tu le frappes à coups de pied.
– Tu délires, Fatima.
– Je vais le dire à la police.
– C'est quoi cette mise en scène ?
– Mon frère n'est pas homosexuel, seul l'argent t'intéresse, il ne reviendra plus chez toi, terminé ! Tais-toi !
Une vraie hystérique, elle ne me laisse pas m'exprimer et raccroche.

Plus tard, elle m'injurie et persiste :
– Tu l'as frappé, il me l'a avoué. Moi, la loi, je m'en moque ainsi que tes juges, tu peux les avertir !
Nono rappelle, sachant qu'elle écoute, j'en profite :
– Dis à ta sœur que je ne tolère plus ses allégations, son harcèlement et ses insultes, je porte plainte, immédiatement.

Stressé, j'informe le lieutenant de la police, elle se propose d'intervenir. À la suite de ma démarche, silence de la sœur.

Par cette attitude de déstabilisation, de diversion, les rapprochements avec les années 91 à 95 sont similaires.

Après ce commentaire, « *Il a reçu des coups* », je me pose des questions. N'aurait-il pas fait des chutes lors de crises épileptiques ? Ou, lors d'un déplacement ? Serait-ce un prétexte pour m'accuser ?

À la lecture de la convocation de Madame la Juge, changement de stratégie, elle prétexte une maltraitance chez un homo débridé.

Autre point, Nono ne ment pas, mais à cause de sa mémoire défaillante, il mélange ou croit qu'il s'est passé tel ou tel événement. Une fois, à sa jambe, il y avait une bosse, il m'a dit :
– Abdelnabi m'a frappé.
Je repose la question plus tard, il ne se rappelle plus, puis se souvient :
– Au parc, je me suis cogné.

La nuit, je cauchemarde ; dans la rue, Nono est assis à même le sol, sa sœur à côté, je demande s'il veut revenir à la maison, Fatima me hurle dessus, son frère, de peur, prend la fuite.

Le plus difficile en son absence, c'est le soir quand j'ouvre la porte, les objets, les photos ou une publicité à la télé qui le faisait rire, aussitôt, une douloureuse solitude me plombe le moral.

Début de février, j'essaie de limiter mes coups de fil, afin de ne pas tomber sur le répondeur. Parfois, elle décroche à l'improviste :
– Oui ! Quoi encore ?
– Bonjour, Nono est avec vous ?
– Euh… Oui, je vous le passe, dit-elle, distante.
– Olivier, tu viendras chez le Docteur Pradat ?
– Oui, je serai là.
Sur ordonnance de la Juge, un bilan neurologique est nécessaire.
Les jours passent, les nouvelles s'espacent, la veille du rendez-vous,

personne ne répond sur le fixe, enfin, j'ai la sœur sur le portable :
– Je ne sais pas, pourquoi ma ligne ne marche pas.

Nono au téléphone :
– Tu es où ? Demain ?
Il semble ne pas comprendre.
– Oui, chez le Dr Pradat.
Quelqu'un souffle :
– Je reste avec Fatima.

Le discours est conditionné, impossible d'avoir une conversation libre. Elle glisse à son frère en arabe, « *Ka out !* » *: Va te faire foutre.*

Dans le hall du service de neurologie, Nono arrive au bras de sa sœur, la fraîche teinture blonde la relooke, elle paraît plus jeune.

M'apercevant, Nono lève la main, radieux de me voir, sourire aux lèvres, la langue qui pointe, il me serre intensément.
Fatima, tendue, sourcils froncés, observe l'effusion sentimentale.
– Bonjour, desserre-t-elle, entre les dents.

Nourredine, avant le bilan veut fumer, il sort avec moi, sa sœur nous suit, ne le lâche pas.
– Chez moi, dit-elle, il ne fume que cinq cigarettes par jour.
– Très bien.
Nono aspire de longues bouffées sans perdre une miette de nicotine.
– Du matin au soir, il répète les mêmes questions, c'est ennuyeux, me confie Fatima, lasse. C'est toujours comme ça avec toi ?
Maintenant, madame me tutoie.
– Oui, c'est comme ça, depuis 12 ans.
Elle découvre un autre personnage qu'elle ne connaît pas.

Dans le cabinet de la neurologue, Nono s'installe à ma gauche, ravi de revoir le Docteur, il croise les bras, à peine assise, Fatima dit vouloir garder son frère et ajoute :
– Seule, la famille doit s'en occuper.
– Ce n'est pas à vous, madame, de prendre des décisions ou de choisir ce qui est bon ou pas pour votre frère adulte, déclare, le Dr Pradat. L'état de Nourredine l'empêche de tout jugement, il est sous l'influence de telle ou telle personne, donc, il a besoin d'une protection.
Décomposée, Fatima encaisse.

– Je constate, poursuit le Docteur, un conflit d'ordre familial. Face à cette situation, la mise en place d'une mesure de justice adaptée est souhaitable, je suggérerais de passer d'une curatelle à une tutelle.

La sœur feint ne pas saisir :
– Compliqué tout ça. Notre famille devient quoi ?
– La Tutelle doit s'exercer avec un tuteur d'extérieur, donc, une ordonnance est nécessaire en raison du conflit entre vous et son ami.

Fatima, les nerfs à fleur de peau, ouvre la fermeture éclair du blouson de son frère et argumente :

– Regardez, comme il est bien habillé. Survêtement Lacoste, tee-shirt Adidas, de belles chaussures Nike, c'est moi, Docteur, j'ai tout acheté. J'enchaîne :

– Je le laissais choisir dans les boutiques, il était correctement vêtu.

Elle réagit mal :

– Toi, tu lui balançais des coups de pied !

Je m'adresse à mon ami :

– Quand, t'ai-je donné ces coups ?

– Euh… La semaine dernière.

– Je n'étais pas avec toi et, jamais, je ne t'ai frappé, Nono.

Entre les chaises, il m'attrape discrètement la main, puis ouvre le cahier de mes notes.

– À part cela, il n'a pas fait pas de crise ? interroge la neurologue.

– Non, chez moi, il est calme, une crise Docteur, c'est de la contrariété.

– Pas forcément, ses crises épileptiques, imprévisibles, demeurent liées au traumatisme.

Fatima change de sujet :

– Au domicile de ce monsieur, il ne mangeait que des œufs.

– Et alors ? réplique le Docteur.

– Ce n'est pas normal !

– Il n'est pas maigre, Nono se porte bien.

– Chez cet homme, il fumait trop.

– Là, encore une fois, vous décidez à sa place de ce qui est bien ou pas, à force, il deviendra agressif, fera des fugues, vous êtes prévenue.

La neurologue évoque le bon suivi de sa rééducation :

– Je connais votre frère depuis le début, il a fait d'énormes progrès. Nous avons convenu avec Monsieur Mayeux et les accompagnateurs, d'une organisation très bénéfique. Nous devons continuer dans un cadre serein, vital à son équilibre.

Nono tourne la tête et me sourit. Fatima, irritée, me prend à témoin :

– Le chirurgien nous avait dit au début qu'il en aurait pour cinq ans à se remettre. Celui-là, racontait des bêtises, quel incapable !

Agacée, Fatima soupire :

– On verra bien avec cette Juge.

Le Dr Pradat conclut, explique sa décision d'une tutelle, qu'elle l'adressera au tribunal. Je donne mon avis :

– Entièrement d'accord, Docteur.

Fatima plonge dans le mutisme, elle réalise mal ce que la mise sous tutelle implique. Cette entrevue me persuade de deux choses : Nono sans pouvoir l'exprimer, m'aime autant et voulait revenir.

Le soir, Fatima vocifère au téléphone :

– Tu as pris de l'argent dans son compte en décembre. Deux millions !

– ?…

– Tu as acheté un appartement, tu paies la Juge et les Docteurs. Des

magouilles, entre vous tous !
– Ben, voyons.
– Ton livre sur l'accident de Nourredine, c'est pour te faire de l'argent.
Je vais prendre un avocat, tu abuses de mon pauvre frère, tu ne le
reverras plus, toi, tu aimes les hommes, Nono préfère les femmes.
Impossible de m'exprimer, irrespectueuse, elle mobilise la conversation.
– Tais-toi, menteur !
– Bon, tu raconteras tes inventions et ta conclusion à la justice.
– Je n'en ai rien à foutre de la justice, moi, j'emmerde la police ! J'ai fait
mon enquête, les uns et les autres vous êtes de connivence ! D'ailleurs,
la Juge nommée au début a changé. Pourquoi ?
Avant de raccrocher, les insultes fusent, elle utilise toutes les tactiques
de déstabilisation.

Une semaine plus tard, j'apprends que, Fatima accompagnée de
Nourredine, se sont rendus au tribunal sans y être invités. Elle a
débarqué à l'improviste dans le bureau de Madame la Juge et a
réclamé le passeport de son frère. Après une discussion turbulente, elle
a été escortée jusqu'à la sortie, suivie d'un langage fleuri :
– Tous des connards ! Bande de salo..... !

Une convocation au tribunal est fixée le vendredi en huit, à Frédéric
de prendre le relais, de jouer le rôle de médiateur.

En insistant, le curateur joint Fatima et la convainc de la nécessité de
se présenter calmement devant la magistrate :
– Exposez votre point de vue et vos sentiments envers Nourredine.

Ma famille, mes amis et collègues ont du mal à comprendre la non-
intervention des forces de l'ordre. Le jeune boulanger, Azedine,
s'exclame, révolté :
– Il faut que la police la jette en prison !

Devant Madame la Juge, accompagnée de Nono, de son jeune fils
Faouzi et d'un homme, Fatima se montre sage, polie.
Au pied du tribunal, le lieutenant de police l'intercepte pour une
audition, elle proteste vivement :
– De quel droit ? C'est interdit ! Je vous défends de me forcer !
Rageuse, contrainte, elle accepte de suivre l'officier.

Le curateur est convoqué comme témoin, au commissariat, Fatima
est convaincue de son droit de récupérer Nono. Afin de démontrer
l'attachement à son frère, les scènes de tendresse sont exagérées.
Malgré une énième explication pendant l'audition, elle est dans le déni
de la prochaine mise sous tutelle.
– Je refuse catégoriquement que la justice s'occupe de mon petit frère,
moi aussi, j'ai le bras long, précise-t-elle au lieutenant.

Frédéric, assis dans le couloir du commissariat, remarque que Nono,
sous l'influence du neveu, n'arrête pas de répéter :
– Olivier, non ! Ma sœur, oui !

Aux questions du lieutenant, la sœur tourne en rond, la famille reste sa seule défense. Fatima veut le garder, très déterminée, vindicative à mon encontre, elle déballe ses multiples accusations, sans preuve crédible et verse également dans l'homophobie.

– Cela n'existe pas chez nous des obscénités pareilles. Mon frère, avant, il avait une petite amie, sûre que cet homme s'occupe de Nono par intérêt.

– Madame, comment expliquez-vous que votre frère est fait le choix de vivre avec son ami, pendant les deux années précédant l'accident ?

– Même, si c'était vrai, je ne saurai pas où il a attrapé ce truc.

Le bourrage de crâne de Faouzi excite de plus en plus Nono. La pression de l'officier de police oblige la sœur à se fâcher, elle bondit du siège et joint un soi-disant avocat, sans préciser son nom et ses coordonnées :

– On me retient, je suis en garde à vue !

Milieu d'après-midi, avec l'accord du parquet, ils quittent les locaux de la police, Fatima repart libre accompagnée de son frère. Frédéric me prévient, même si la procédure se poursuit, moralement, je m'effondre.

Le substitut requalifie la plainte en civil, avant de transmettre le dossier au pénal. Un bilan psychologique sera organisé auprès d'un expert désigné par le tribunal, à sa lecture, le parquet décidera de la nomination d'un juge d'instruction.

Combien de temps faudra-t-il pour que ce cauchemar prenne fin ?

Des amis et des médecins sont entendus par la police. La partie s'annonce difficile, j'en suis convaincu, Fatima n'acceptera pas la délibération de la justice.

Voici un mois qu'ils m'ont enlevé Nono. Être dans l'impossibilité de le joindre me perturbe, m'attriste, m'est insoutenable. L'avenir de notre couple, de son existence, est suspendu à une décision de justice ainsi qu'au bon vouloir de sa sœur et aux intentions malsaines de la famille.

Sa vie, je le crains, restera longtemps, voire toujours, suspendue à quelqu'un d'autre. Quelle grande déception !

– Le Docteur L. est désigné par le tribunal, m'informe Frédéric, afin d'organiser la prochaine expertise médicale.

Soudain, je me souviens :

– Cet expert l'a déjà examiné au début des années 90.

Le Dr Pradat, convoque uniquement Nono pour un suivi neurophysiologique. Sa sœur, réticente, réplique à la secrétaire médicale :

– J'ai d'autres choses à faire.

Elle l'amène avec une heure de retard. La neurologue me dit avoir constaté davantage de perturbation, de fragilité, instable, il touche aux objets et mord sa montre.

Une régression est en marche, les comportements incontrôlés

reprennent sous la contrainte, et à cause de l'ambiance délétère un déséquilibre s'installe. Sa vie est brusquement modifiée.

Peu après, coup de fil de l'attaché de clientèle de notre banque :
– J'ai la visite de Madame Fatima X. accompagnée de Nono, cette dame souhaite voir les comptes.

Peine perdue, reçue fraîchement, plantée dans le couloir, elle n'obtient pas d'informations et, devant les clients, s'insurge :
– Scandaleux ! Son argent est bloqué ! Il ne peut même pas en profiter.
L'esclandre devient si fort, que le directeur l'invite à prendre la porte.

Les jours passent, inquiet pour son traitement médical, j'appelle de nombreuses fois, en vain. Enfin, un matin, elle décroche :
– C'est maintenant que vous pensez à ses médicaments ! dit-elle, hargneuse. Vous l'avez oublié ! J'ai une ordonnance, j'ai tout acheté.
– Il était convenu, devant témoin, que vous deviez me téléphoner pour vous les apporter.
– NON ! Je fais ce que je veux !
Je demande à parler à Nono.
– Il est occupé !
J'insiste poliment, elle traînaille, avant de me le passer.
– Comment vas-tu ?
– Bien.
– Que fais-tu ?
– Rien.
Sa voix est monotone, aucune expression de joie, ne serait-il pas déprimé ? L'angoisse me gagne.

Fatima, à l'approche d'une mesure de protection, n'aurait-elle pas la tentation de l'emmener de force en Algérie ?
– Je ne le crois pas, pense Claudine, elle attend la décision, et, évidemment, de pouvoir mettre la main sur le capital.
Autour de moi, cet avis est unanime.

Arrive le week-end, bien entendu, l'accès au téléphone lui est refusé.
L'enquête de respectabilité progresse, une douzaine de personnes ont témoigné en ma faveur, dont des Maghrébins choqués par leurs comportements. Le Dr L. de l'hôpital Paul Brousse, désigné par le tribunal, me joint au téléphone pour évaluer Nono, n'étant pas informé, j'explique la situation et donne le contact de sa sœur.
– Ils se déplaceront à mon cabinet, ce qui m'intéresse d'abord, c'est la santé de Nourredine.

Malgré mes messages, silence, je cogite, la culpabilité, l'anxiété et le doute s'installent. Nono aurait-il quelque chose à me reprocher ? L'inquiétude me ronge.

J'apprends que l'hôpital X., proche du domicile de sa sœur, a reçu Nono aux urgences, dans la nuit précédant la convocation chez la Juge et le commissariat. La crise épileptique a révélé une morsure de la

langue, et le rapport indique l'absence de traitement sur une période indéterminée, pourtant, Fatima avait suffisamment de médicaments. Évidemment, elle a dissimulé cette négligence à la police.
Une attitude ahurissante, révoltante.

Inquiet, j'appelle sur le portable :
– Il ne veut plus vous parler !
Poliment, je parlemente.
– Non, il n'a rien à vous dire !

Nono, agité, saisit le téléphone, mais répète ce qu'elle chuchote, puis la conversation est vite coupée. Je me retiens, ne craque pas.

Au bout de deux jours, je compose le numéro du domicile :
– Il est sorti accompagné de son grand frère qui vient d'arriver d'Algérie.
Je l'importune.
– Bon, je rappellerai.
Début de soirée, je tombe sur le répondeur, je laisse un message court.

Une autre fois, Fatima décroche :
– Il est à la campagne à trente kilomètres de Paris, je suis un peu souffrante, laissez-moi tranquille.
Voici un mois et demi que Nono est avec eux. Un matin, onze heures :
– Il dort, hier soir, il s'est couché tard, normal, ses frères sont là.
– Il va bien ?
– Bien sûr, il a fait la fête, entouré de toute notre famille.
– *Gling !* La ligne est coupée.

Frédéric, déconcerté, m'apprend :
– Ma boite aux lettres a été cambriolée, parmi le courrier éparpillé sur le sol, je ne retrouve pas celui de ton ami. Troublante coïncidence au moment où la famille cherche à savoir ce qu'il y a sur ses comptes bancaires. Je pense qu'ils ont découvert mon adresse sur un document du tribunal. Dorénavant, j'aurai une boite postale.

Tard, un soir, Nono en ligne :
– Olivier, voleur !
– Pourquoi voleur, Nono ? Il répète ce qu'on lui murmure à l'oreille.
– Tu vas bien ?
– Je reviens chez toi, dit-il.
Lapsus ? Aussitôt, des voix s'emportent en arabe.
– Non, je ne viens pas, rectifie-t-il.

Le pauvre Nono subit une terrible pression. L'arrivée des frères n'arrange pas la situation, ils attendent un résultat qui tarde à venir.
Venant de la bouche de Nourredine, « voleur », n'est-il pas révélateur ?

J'imagine leur réaction lorsqu'ils ont découvert le solde du compte courant, où le curateur ne laisse que la somme nécessaire aux dépenses mensuelles : « Olivier a pris son argent ! »
Pour quel autre motif pourraient-ils me traiter de voleur ?

Le jugement, dans le cas d'un retour à notre domicile, comportera-t-il une sérieuse mise en garde, de manière à éviter d'éventuelles représailles physiques envers Frédéric et moi-même ? Quelles seront leurs réactions si ce nuisible projet échoue ?

Nono devrait être définitivement à l'abri d'agissements malsains, remettant en cause sa santé, son équilibre et son évolution.
Ma préoccupation majeure ; un retour dans les meilleures conditions.

Fin février, j'ai rendez-vous au commissariat avec le lieutenant C. Une femme volontaire, méthodique, qui souhaite verrouiller l'enquête.

Je remets mes notes, et précise que, malgré ce comportement funeste, je reste ouvert à un droit de visite de la famille, ceci, dans un cadre établi par la justice.

Le jour de l'expertise du Dr L., Frédéric m'informe que la sœur s'est rendue, sans y être invitée, au tribunal de sa ville. Elle voulait intervenir directement auprès du Juge en vue d'obtenir la tutelle. Ce magistrat, désirant connaître la vérité a immédiatement pris contact avec sa collègue de notre tribunal.

Encore une surprenante façon d'agir. Volonté de passer outre les formalités ? Désir de semer le doute chez un autre juge ? Espoir d'une nouvelle décision favorable ?

Le lendemain, par courrier, Madame la Juge me convoque le 15 mars. Le jugement sera-t-il pris avant ? S'agit-il d'un entretien ? D'avoir mon avis ?

Fatima et Nono sont allés à l'expertise, après l'analyse, le Dr L. établira son rapport plus tard. Le Dr Pradat m'appelle :
– Je m'inquiète de l'éventuel retour à la maison, devra-t-il être accompagné d'un suivi psychologique ? On peut penser à une perturbation sur une période plus ou moins longue.

Le lieutenant de police m'informe de l'évolution du dossier, elle m'apporte un soutien face à cette rude épreuve. Frédéric m'avertit quotidiennement du moindre événement, le tuteur maintient un lien avec sa sœur, pour savoir où est Nono, et esquive ses crises de colère.

Après la décision finale, nous sommes résolus de poursuivre la sœur pour empêcher une récidive et sanctionner la campagne de calomnies dont je suis victime. L'objectif n'est pas d'obtenir des dommages et intérêts mais d'appliquer la loi du respect des personnes.

Début mars, les choses traînent, j'appelle, et tombe sur un homme :
– Nono dort.
– Ne le dérangez pas, je rappellerai.

Une amie, Marie-France, vient à Paris pour quelques jours de soutien et de sorties. Prévenant le stress, je me force à ne pas téléphoner.

À la simple évocation de Nono, toutes les hypothèses sont émises ; un retour mi-mars, ou une décision plus tardive de la justice.
Je dois tenir deux semaines, sous antidépresseur.

À présent, je prends conscience des enfants que l'on enlève de force, à leur mère ou à leur père, parfois, durant de longues années.

Un calvaire horrible, interminable.

Mes cauchemars s'estompent, hélas, à la moindre occasion je me sers un verre d'alcool.

Isabelle, notre avocate, vient me voir :

– La Juge ne peut prendre une injonction qui permettrait à la police d'aller à son domicile, ce n'est pas de son ressort. De plus, Fatima se présente aux convocations. Seul, le rapport de l'expert peut influencer le magistrat à le soustraire de l'emprise de sa famille.

– Si cette situation perdure, Isabelle, le risque d'énervement, voire d'attitudes néfastes des membres de sa famille, risquent de surgir.

– Exact. Comment concevoir qu'elle puisse entretenir son frère sans contrepartie financière à court terme ? Seront-ils vigilants vis-à-vis de sa santé ? Après une si longue absence, plutôt, d'abandon, je reste perplexe.

Autre point soulevé par Michelle :

– Le verdict du juge ne doit pas apparaître discriminatoire envers leur origine et de leurs coutumes.

Les jours passent, un silence trop long s'éternise.

– Nono doit être quasiment séquestré, estime Claudine.

La nuit dernière, la carrosserie de ma voiture a été rayée sur le parking privé de la résidence, alors que les autres véhicules n'ont rien. Qui a fait cela ? Je dépose plainte au commissariat contre X., et cherche à louer un garage fermé.

Le Dr Pradat reprend contact :

– Avez-vous de ses nouvelles ?

– Aucune. On attend l'expertise puis le rendez-vous chez la juge.

– Je ne veux pas être pessimiste, estime la neurologue, mais ce que vous avez mis en place pour Nourredine, depuis des années, risque de s'écrouler.

La dépression m'envahit, mes chances de le revoir rapidement s'amenuisent. Si cette situation se prolonge, nous serons obligés de licencier l'accompagnant.

Fatima appelle Frédéric, elle exige de l'argent pour la vie courante :

– Mon frère n'a plus rien à se mettre, ce n'est pas malheureux ça !

– Bon, je vous comprends, madame, hélas, sans une décision de justice, je considère que votre frère est en vacances.

Elle riposte et crie :

– Mais, il n'est pas en vacances ! Vous êtes tous dans la combine !

À ce jour, d'après le curateur, elle n'a toujours pas d'avocat.

Le lieutenant de police a reçu le certificat de l'hôpital, qui confirme :

« Admission le ..., en urgence, de M. X., transporté par les pompiers, pour cause de convulsions par suite d'absence de traitement antiépileptique. »

Une preuve de négligence des soins, cela, suffira-t-il aux yeux du magistrat à prendre la décision de le soustraire à sa famille ? Dimanche, l'air est doux, précurseur du printemps. Des amis m'accompagnent à une promenade en forêt de Montmorency.

Des souvenirs remontent, me serrent le cœur, son absence brise le plaisir de la détente. Sur les sentiers fleuris, je ne le tiens plus par le bras, il n'est plus à mon côté à faire ses commentaires décalés. Cette séparation préméditée me paraît inhumaine. Si, par malheur, il ne revenait pas, impossible de m'en remettre, ce long vécu singulier ne s'effacerait jamais de ma mémoire.

Quinze jours plus tard, à la limite de la dépression, j'ai la sœur au bout du fil, qui se montre peu encline à me le passer :
– Vous êtes qui ?
– Olivier !
Elle soupire et l'appelle.
– Ça va, Nono ?
– Toi, non, chez toi, non.
Répète-t-il, obstinément.
– Pourquoi ?
Il hésite, on souffle :
– Tu me tapes.
– Pourquoi dis-tu cela ?
– Je ne sais pas.
Continuel chuchotement :
– Je reste avec ma sœur.

Endoctriné, Nono n'est pas libre de dire ce qu'il pense, révolté par ce bourrage de crâne, je sors prendre l'air.
– Le tribunal m'informe, me dit Isabelle au téléphone, que la sœur a pris un avocat, l'ampleur des événements est telle qu'elle décide d'agir.

Aujourd'hui, 15 mars, j'entre dans le bureau de Madame la Juge. Une femme de prestance, équitable, à l'écoute, qui connait notre dossier sur le bout des doigts. J'évoque l'historique et les points clés des agissements de la famille, la greffière enregistre ma déclaration. Les rapports rigoureux de Frédéric ajoutés à la convocation de Fatima, la Juge donne son ressenti :
– Sa sœur m'a convaincue d'une démarche malhonnête, juridiquement rien ne s'oppose à ce que sa famille le garde, le retienne. Le régime de la curatelle, n'empêche pas, « La Libre Circulation » du majeur protégé, un point capital. Ce blocage m'oblige à prévoir une mise sous tutelle.

Lors de sa requête, la sœur a notamment prétendu :
– *Au début, je n'étais pas au courant de la relation entre mon frère et ce monsieur. Je n'avais rien remarqué.*
En revanche, concernant notre vie commune actuelle :
– *Je suis bien informée !*

– Par qui ? demande la magistrate.

– *Je ne le dirai pas. Comme si, madame l'avait constaté, elle accuse ; mon frère vit au milieu de drôle de gens, il mange mal, habillé tel un zouave, Nono fait le ménage, la cuisine et, cet homme le frappe.*
Bref, un martyr !

Son avocate a écrit une lettre à la Juge, au nom de Nono, avec l'idée en tête, que son frère règle les factures.

– Elle fait fausse route, me dit la Juge, je vais lui signifier que votre compagnon a toujours été défendu par Maître Couzinet.

La magistrate m'explique les trois cas de tutelle. Après réflexion, elle penche pour celle, associant un conseil de famille, composé de 4 à 6 membres, dont la sœur. Ce conseil, chapeauté par la Juge, le tuteur et un subrogé-tuteur, sera amené à prendre les décisions de tous les actes de la vie civile. Je donne mon consentement.
Un conseil de famille qui promet de belles prises de bec.

Madame la Juge pour conforter sa démarche, requiert :

– Une liste de noms de proches connaissant Nourredine d'avant l'accident, pour me permettre de prononcer rapidement la tutelle.

Entre temps, la procédure pénale continue son chemin au motif de :
« *Mise en danger de la vie d'autrui.* »

Quand sa sœur va apprendre qu'elle est poursuivie pénalement, sera-t-elle toujours décidée à poursuivre sa cupide requête ?

Le conseil de famille fonctionnera au vote majoritaire, dans un premier temps, il nommera l'actuel curateur, comme tuteur légal ainsi qu'un subrogé, puis ordonnera le retour de Nono à notre domicile.
Fatima, évidemment, n'appliquera pas cette décision.

Face à ce vide juridique, Madame la Juge aura toutes les peines du monde pour l'obliger à ramener son frère.
Nous sommes suspendus à une décision pénale.

Je constate, au téléphone, que ces derniers week-ends, elle envoie Nourredine chez des cousins, ou ailleurs…?

Le lieutenant de police me résume le rapport du Dr L.

– Nono a été reçu seul, il évoque votre vie, votre travail, vos souvenirs, vos voyages, les amis, précise qu'il mange du couscous, des merguez, des salades. Quelques tests, graphiques et dessins, puis s'agite et réclame Fatima. L'examen n'a pu déceler si son état est perturbé ou si un déséquilibre est en cours, le Dr L. ne l'ayant pas revu depuis neuf années. Il suggère de s'en remettre à l'avis de son neurologue.

Devenue conciliante, Fatima est prête à poursuivre la rééducation avec les intervenants habituels, pas un mot sur la ou les crises convulsives, ni d'explication à propos de sa longue absence.

Fatima va vivre définitivement en France, souhaite garder Nono, refaire son éducation. Elle veut de l'argent pour les dépenses, note l'expert. Le Dr L. conclut le rapport par l'incapacité à émettre un jugement objectif qui puisse éclairer le tribunal.

J'appelle du bureau, la sœur, agacée, me le passe quand même :
– Je mange bien, chez toi, non. Sale !
– …? Nous étions heureux Nono pendant toutes ces années ?
Pas de réponse, l'ampli est connecté.
J'insiste, quelqu'un coupe la ligne.

Un courrier recommandé du tribunal arrive au nom de Nourredine. À la suite des expertises, l'ordonnance indique sa prochaine mise sous tutelle. Madame la Juge informe le Bâtonnier, qu'en toute conscience, Nono n'est pas capable d'accepter le choix d'un avocat.

Fréquemment, dans l'attente du sommeil, je bois plus que de raison.
Que faudra-t-il pour qu'il puisse revenir ? Des crises à répétitions ?
Une fugue ? Qu'il se perde lors d'un déplacement ?
Un accident par inattention ? J'ai l'impression d'une frilosité à agir, ou cherche-t-on à déjouer un recours ?
Face à un couple dépourvu de protection juridique, la famille est en position de force, je regrette de l'avoir laissé partir sans une violente opposition.
Le Lieutenant de police m'explique l'analyse de Madame le substitut :
– Coincée, entre le civil et le pénal, sa démarche incite à ne pas précipiter l'ordre des choses. Pour le pénal, le délit est léger, flou, loin d'être flagrant, d'autres preuves sont nécessaires Monsieur Mayeux. Nous devons amener la sœur à se dévoiler, à commettre des erreurs. Seules les délibérations du conseil de famille seront à charge, si elle ne les applique pas.

Maligne, sa sœur risque de changer d'avis, de modifier sa stratégie.
Bientôt, reconvoquée, elle sera entendue par l'officier de police.

Claudine, Michelle et Marie ont reçu un courrier de Madame la Juge leur demandant de préciser depuis quand elles connaissent Nono.

Sous tension, je pars fin mars pour skier dans les Alpes, une bouffée d'oxygène. Malgré un cadre idyllique, omniprésent dans mes pensées, son visage peuple mes rêves, nuit et jour, au point de le voir partout. Mon Dieu, comme je l'aime, intensément, pour l'éternité.

C'est son anniversaire, première fois où nous ne le fêterons pas ensemble. Les téléphones résolument muets me stressent ; je laisse des messages, et au cas où il reviendrait, j'achète un cadeau.

Le surlendemain, le portable décroche, Khaled répond, j'entends la voix de Nono à côté.
– Désolé, il n'est pas là !
– Tu me prends pour un imbécile ? Tu n'as pas honte de mentir ?
– Je ne te le passe pas, c'est tout. Tu n'as même pas souhaité son anniversaire.
– Arrête tes réflexions insensées ! Vos téléphones sont débranchés, et vous ne transmettez aucun de mes messages. Ta mère et toi, pendant

dix ans d'absences, avez-vous pensé à ses anniversaires ?

Khaled se tait. J'insiste dans l'espoir de parler à Nourredine :

– NON, je ne te le passerai pas !

Impossible de discuter, le neveu coupe la communication.

Début avril, la sœur ne se présente pas à la convocation. Le lieutenant de police l'appelle :

– Quoi ? Erreur madame la policière, c'est demain !

– Non, madame, c'était ce matin !

– C'est écrit le 05, sur votre convocation.

L'officier coupe court :

– Ma copie indique le 04. Bon, je vous attends demain à dix heures.

– Pourquoi, suis-je de nouveau convoquée ?

– Vous le saurez quand vous viendrez.

– Prévenez Monsieur Mayeux qu'il arrête de me téléphoner sans arrêt, sinon, je porte plainte.

Elle perd patience et brouille les pistes.

L'après-midi, Fatima rappelle l'officier de police.

– Excusez-moi, la convocation, c'était la date d'aujourd'hui. À demain.

Le lendemain matin, adieu la promesse, madame ne vient pas.

– J'ai des choses urgentes à faire, prétexte-t-elle au téléphone.

Milieu d'après-midi, elle se présente seule au commissariat, coquette, vêtue d'un décolleté plongeant.

Au sujet de la mise sous tutelle, pour elle, la règle est simple :

– Dites au tribunal, c'est moi et son neveu qui seront responsables de Nono.

Le lieutenant explique encore une fois que la juge souhaite poursuivre la gestion avec une tierce personne. Fatima n'apprécie pas du tout.

– Où est votre avocate ? s'interroge l'officier.

– Elle exerce entre l'Algérie et la France, hélas, elle est malade.

– Rendez-vous compte, poursuit-elle, l'autre, a oublié de téléphoner à mon frère pour son anniversaire !

– Après votre longue absence, Nourredine a eu un beau cadeau j'espère ? réplique le lieutenant.

– Oui, bien sûr, pas qu'un, mais plusieurs.

Elle recommence ses accusations contre moi, et conclut :

– Je m'occupe sans arrêt de mon petit frère, vu que je ne travaille pas, moi, j'ai le temps.

– Comment pouvez-vous affirmer qu'il était maltraité avec son ami ?

– J'ai fait mon enquête.

– Auprès de qui ? Pas de réponse.

– En revanche, j'ai divers témoignages affirmant le contraire sur sa vie avec son concubin, précise le lieutenant. Au fait, depuis qu'il est chez vous, il n'a pas fait de crise ?

– Non, aucune, à la maison, il est en bonne santé, affirme-t-elle.

Concernant sa situation financière :

– Je me débrouille, je gère au mieux mon budget. Vous savez madame l'officier, l'argent ne m'intéresse pas.

Aux interrogations du lieutenant de Police, elle passe du coq à l'âne.

Je ne l'ai pas eu au téléphone depuis plusieurs semaines, la famille espère, qu'à force, Nono va peut-être m'oublier. Frédéric, sous prétexte d'avoir des nouvelles, joint la sœur, puis au cours de la conversation demande à Nourredine :

– Veux-tu parler à Olivier ?

– Oui !

Fatima saute sur le combiné :

– NON ! Il ne veut pas lui parler. Maintenant, ça suffit, j'ai besoin d'argent pour acheter des vêtements et les sorties.

– Il faut écrire à Madame la Juge, précise le tuteur, désolé, je ne peux rien faire actuellement, tant qu'il n'est pas à son domicile habituel.

Le jour d'après, j'appelle :

– Bonsoir, c'est Olivier. Pourrais-je dire un mot à Nono, s'il vous plaît ?

– Pourquoi dites-vous que mon fils est un menteur ?

– Parce que je le pense, madame.

– Connard ! Terminé, vous ne parlerez plus jamais à mon frère.

Braillarde, elle menace de porter plainte pour insulte à Khaled.

À mon grand étonnement, cette femme caractérielle, tient beaucoup plus longtemps, que je ne l'imaginais, l'appât du gain l'encourage à poursuivre jusqu'au bout. Au milieu de ce micmac, comment Nono évoluera-t-il psychologiquement ? Que va-t-il devenir ?

Plus le temps passe, plus j'ai la conviction que le frère est un fardeau.

Des personnes de mon entourage affichent leur déception.

– Il y a suffisamment d'éléments pour que la justice intervienne.

– Inutile d'attendre, la sœur ne le rendra pas d'elle-même.

Fatima laisse un message poli sur le répondeur :

– *Rappelez-moi ce soir, merci, c'est important.*

Effectivement, au bout du fil, le ton est aimable :

– Aidez-moi, comment fait-on pour les médicaments ? Nono est bien à 100 % ? Je ne peux plus continuer à payer, la sécurité sociale refuse de me rembourser.

– Nourredine a un compte dans une pharmacie, je vous l'avais déjà expliqué. Vous reste-t-il des médicaments ?

– Un peu.

– J'irai chercher plusieurs boites, puis vous les remettrai mercredi. Je peux parler à Nono, s'il vous plaît ?

Très heureux, sa voix sanglote de bonheur, mon cœur va exploser.

– Olivier ! Il rit. Je vais bien. Et toi ?

– J'ai un cadeau pour ton anniversaire.

– Merci ! s'exclame-t-il spontanément, et reprend :

– Ma sœur m'a acheté… Il réfléchit, on souffle à l'oreille. Une gourmette en or… un survêtement Lacoste… un pull Nike.

Quelqu'un murmure :

– Je reste chez ma sœur.

Je perçois une joie authentique de m'avoir au bout du fil, mais, Fatima reprend le combiné :

– Bon, occupez-vous des médicaments. Où cela en est-il avec le tribunal ?

– Il faut attendre encore, ce sera long.

– Ces juges, des fainéants, soupire-t-elle, je compte sur vous, au revoir.

Avec Isabelle et Frédéric, nous examinons les stratégies possibles à venir, rien n'est facile. Le code civil est inadéquat à cette situation, cela dépendra de l'attitude de sa sœur au conseil de famille. Nous envisageons, si Nono est présent, après le vote des membres pour un retour au domicile, d'intervenir en essayant de le récupérer. Seulement, dans le cas où la sœur refuserait de le remettre pacifiquement.

Reste à savoir si le jugement rendu sera exécutoire ?

De bon matin, le pharmacien me remet les médicaments. Je téléphone pour fixer un rendez-vous. La ligne est interrompue, facture impayée ? Changement de numéro ?

Trois jours après, Fatima décroche son portable :

– Trop tard, je n'ai plus besoin de tes médicaments, je me suis débrouillée autrement.

– Tu te moques de moi ? Elle me raccroche au nez.

Je reçois une lettre du tribunal, adressée aux deux parties.

« *Après l'intervention de Mme Fatima X., qui a considéré sans aucune concertation ni avec le curateur ni avec l'ami du protégé que son frère devait dorénavant vivre chez elle, une procédure pour une transformation de la curatelle en tutelle a été ouverte. De l'avis médical, Monsieur Nourredine X. présente un handicap lourd qui altère dans des proportions importantes ses facultés de jugement et de raisonnement, semble selon l'expert, s'être aggravées depuis le changement d'environnement. Attendu que, lors de son audition, son frère n'a pas été en mesure de comprendre l'objet ni la portée de la procédure le concernant ; qu'il semblait totalement sous l'emprise de sa sœur, dans l'incapacité d'exprimer une opinion sur ses conditions actuelles d'existence… Pour sa part, la sœur, n'a pu valablement expliquer les motifs, notamment médicaux pour lesquels elle estimait que son frère était mal ou insuffisamment bien traité jusqu'à présent au domicile de son ami… Elle a fait en sorte d'interrompre toute relation, entre ce dernier et son frère. … Nourredine a donc besoin d'être représenté d'une manière continue dans les actes de la vie civile…*

En conséquence pour sauvegarder ses intérêts, sa mise sous tutelle doit être prononcée. … L'importance des intérêts financiers avec son

patrimoine en jeu, et la gravité des décisions concernant son lieu d'hébergement ainsi que ses conditions de vie, il y a lieu d'organiser une tutelle complète. Il y a urgence. ... Dit que cette mesure s'exercera sous la forme d'un conseil de famille, avec tuteur, et subrogé tuteur. »
À cette lecture, le moral remonte.

Une convocation au tribunal ne tarde pas à arriver, l'objet de la séance du conseil de famille :
« Inscrire éventuellement une hypothèque légale sur les biens du tuteur. Délibérer sur la question du lieu d'hébergement, de ses conditions de vie et de soins. »
L'ambiance s'annonce caustique.

Début mai, Isabelle convoque Fatima à son cabinet, l'occasion de l'informer qu'elle est désignée pour défendre les intérêts de son frère. La présence de Nono est obligatoire. Viendra-t-elle ?

J'arrive à la joindre, réticente, elle dit à Nourredine :
– C'est Olivier.
J'attends, soudain la sœur enchaîne :
– Il ne veut plus discuter avec vous.
Nono vient quand même au combiné, à peine, il me parle, elle raccroche. La séquestration continue.

Fatima téléphone à Isabelle :
– Impossible de venir lundi, occupée, je serai libre seulement vendredi.
– Bon, voyons… à 15 heures, ça vous convient ?
Le vendredi, la sœur, pimpante, se présente au cabinet de l'avocate :
– Où est Nono ? s'étonne Isabelle.
– J'ai prévenu votre secrétaire que je viendrai sans lui.
– Je regrette, madame, dit l'avocate qui hausse le ton, je souhaite avoir un entretien, seule, avec votre frère.
– C'est anormal ça. Pourquoi faire ? se crispe Fatima.

Une semaine plus tard, second rendez-vous. Nono sur son trente-et-un, coiffé, rasé de près, parfumé à l'eau de Cologne, embrasse Isabelle. La sœur, vexée, est contrainte d'attendre dans le boudoir.

D'emblée, Nourredine répète qu'il est heureux chez elle, au bout d'un moment, il reconnaît que Fatima est derrière ses paroles. Nono me reproche juste de rentrer tard du bureau.
– Olivier s'occupait bien de toi ?
– Oui, très bien.
– Tu voudrais le revoir ?
– Oui, quand ?
Nono avoue qu'il m'aime beaucoup, et que l'accompagnant Abdelnabi était gentil.
– Que fais-tu, de tes journées ?
– Je regarde la télévision.
– Quoi, par exemple ?

– Les Feux de l'Amour.

Fatima entre dans le bureau, impatiente de savoir :

– Mon frère, que vous a-t-il dit ? Hélas, parfois, il mélange tout …

L'avocate garde le silence et l'interroge :

– Pendant une dizaine d'année, vous n'étiez-vous pas présente, donnez-moi une explication.

– C'était aux médecins de s'occuper de Nono, ils sont payés pour ça.

L'avocate lui recommande de se rendre accompagnée de Nono au tribunal, et d'appliquer ce que la juge décidera pour son frère.

Rictus fermé, elle quitte le cabinet.

Sous tension, au fil des mois, stressé, presque découragé, je vis une attente extrêmement plus longue qu'imaginée.

Ma nouvelle fonction de directeur commercial, dans une grande société de Séminaires-Congrès et d'Événements, m'oblige à faire de nombreux déplacements à l'étranger, forcé, j'annule les moins cruciaux.

C'est le grand jour, d'une extrême importance pour nous deux, nos fidèles amies sont là. Qu'il me soit permis, d'espérer, de rêver.

Ce conseil, allègera-t-il le début sa souffrance ? Allons-nous enfin, voir le bout du tunnel ?

À la maison, Michelle, Claudine et Marie, autour d'un déjeuner, analysons la situation, chacun donne son avis. La force d'une solide amitié nous unit à la libération de Nono d'une emprise maléfique.

Devant le tribunal, nous rejoignons Frédéric, la sœur est déjà sur place, sans Nono, escortée d'un homme, la cinquantaine, costume gris et cravate noire. Fatima, habillée de couleurs chatoyantes, ornée de bijoux, nous apercevant, madame tourne le dos.

Le curateur s'avance pour la saluer, elle l'invective :

– Je ne vous serre pas la main, dans la rue, vous ne m'avez pas reconnue.

À l'heure précise, la salle de réunion réservée au conseil de famille s'ouvre. Le temps de s'asseoir autour d'une grande table, Isabelle l'avocate, arrive. Madame la Juge demande des nouvelles de Nono.

– Il va bien, répond Fatima d'un bref sourire factice, ses parents vont bientôt venir en France.

– Une très bonne nouvelle, votre frère doit être content, souligne-t-on.

La Juge amorce le conseil, par un résumé de mémoire, de l'historique et des événements de ces dernières années. Isabelle à l'attention de l'assemblée, récapitule l'entretien privé entre elle et mon ami.

– Il en ressort que Nono serait heureux de revoir Olivier.

Fatima adresse un regard méchant à Isabelle, qui précise :

– Je vous ai pourtant conseillé de venir accompagnée de votre frère.

– Non, vous ne m'avez rien dit ! réplique la sœur, agacée.

– Je regrette, mon assistante était témoin.

Fatima, résolue, fouille dans ses papiers, avant d'observer les

participants l'un après l'autre :
– Je connais, Michelle, Claudine … mais elle, là-bas, non !
– Vous ne me reconnaissez pas ? Je suis Marie. Je m'occupais de planifier le travail de Nono à l'agence.
– Je ne vous ai jamais vue.
– Nous nous sommes rencontrées plusieurs fois à l'hôpital.
– Je ne me souviens pas.
Peu à peu, Fatima s'agite, me jette un œil furtif, impatient, je domine mes nerfs.

La Juge, sereine, évoque les trois points de cette réunion :
– Nommer un tuteur et son assesseur, l'hypothèque des biens, et la décision du lieu de vie. J'insiste sur les rapports médicaux, ceux-ci révèlent la suspension préjudiciable de sa rééducation, le chamboulement affectif, cependant, les praticiens s'estiment inaptes à prendre une décision face à ce conflit.
Comme prévu, la sœur demande la tutelle.

Nous procéderons au vote à main levée, à chaque résolution, par cinq voix contre une, nous désignons Frédéric, l'actuel curateur.
– C'est quoi ce vote ? s'indigne Fatima à l'encontre des membres du conseil. Vous n'êtes pas de la famille ! Il fallait que ses frères et son neveu viennent.
– Outre son ami, ces personnes connaissent Nourredine, avant et après son accident, précise la Juge. De plus, Madame X., lors de notre entrevue, vous n'aviez aucun nom à me proposer.

Claudine est désignée pour être subrogée tutrice. Entre les cacophonies, elle farfouille dans ses papiers.
– De toute façon, moi, l'argent ne m'intéresse pas, affirme-t-elle.
Je sors de mes gonds :
– Arrête de mentir constamment !
– Si l'argent ne vous intéresse pas, riposte la Juge, pourquoi êtes-vous allée précipitamment à la banque ?
Elle esquive la réponse. Loin de se démonter, Fatima me désigne du doigt et affirme :
– Celui-là, a fait signer des chèques à mon frère ! Nono me l'a dit.
– Inexact, coupe le Magistrat, depuis la mise sous curatelle, son ami n'a pas accès aux comptes ni aux chéquiers.

Fatima change de sujet, n'écoute personne à part Madame la Juge. Elle ressort ses arguments favoris, avant d'ajouter :
– Chez lui, il ne se douche pas et Nono fait plein de fugues.
Ouvertement, je proteste :
– Tu étais absente, comment peux-tu affirmer ces observations ?
– J'ai des preuves.
– Lesquelles ? La sœur s'embrouille.
– Vous êtes tous contre moi, un complot cette réunion !

Fatima allègue que son frère n'était pas homosexuel :
– Il fréquentait une voisine, Nourredine n'aimait pas les hommes.
Je bondis de ma chaise :
– Tu étais informée de cette relation, Fatima. Rappelle-toi notre discussion dans la voiture, lorsque Nono était en réanimation, tu m'as dit que tu ne dirais rien à ta famille.
– Non, moi, je ne me souviens de rien.
Marie, explique posément :
– Je connaissais très bien ce couple avant le drame, ils étaient heureux, Nono avait choisi de vivre avec Olivier de son plein gré, un choix d'adulte, nous devons le respecter, personne n'a le droit de l'empêcher.
– Chez nous, cela n'existe pas, des hommes Algériens qui font ça entre eux. Quelle honte dans la famille.
Réaction des uns et des autres :
– Que ce soit au Maghreb ou ailleurs, cela existe partout.
– Fatima, votre position ne reflète pas la réalité.
Lorsque Isabelle évoque les crises convulsives cachées, la sœur ne se déstabilise pas :
– Je suis allée à l'hôpital pour avoir des médicaments, d'ailleurs, je l'ai dit à la police.
– Non, madame, coupe la Juge, Nourredine est arrivé aux urgences au milieu de la nuit avec les pompiers.
– Ce n'est pas vrai !
– Voici le certificat ! divulgue la Juge, il était en pleine crise épileptique.
Hystérique, elle s'étrangle :
– Il n'avait plus de médicament.
– Pourquoi avoir attendu plusieurs jours ? demande le magistrat.
Pas de réponse, Fatima range ses documents. Elle apprend de la bouche de la Juge que, la mise sous tutelle, implique de ne pas sortir du territoire sans une autorisation de la justice.
– Cette loi, n'est pas normale du tout ! s'exclame-t-elle, furieuse.
– On n'en serait pas là, dit Michelle, si tu n'avais pas agi malhonnêtement.
Je la regarde droit dans les yeux :
– Au lieu d'un séjour en famille, tu as organisé l'enlèvement de Nono.
Fatima s'enfonce :
– Faux, vous êtes complices, c'est une machination.
Nous passons aux votes. La décision du lieu de résidence, le retour à notre domicile : cinq voix pour, dont celle de la Juge, et une, contre.
D'une moue d'opposition, la sœur encaisse, sourcils froncés, elle enrage :
– Cette magouille est déjà convenue entre vous !
Quand Michelle révèle une conversation, ses mains tremblent :
– En 1991, tu m'as dit, le jour où j'aurai les indemnités de l'assurance,

je rentrerai au pays pour acheter un magasin.
– La menteuse ! Elle invente ! hurle-t-elle, furibonde.
La Juge lui ordonne de se calmer. Qu'importe, elle accuse Frédéric d'avoir joué un double jeu, et traite l'avocate de mythomane. J'explose :
– Fatima, seuls, les placements bancaires t'intéressent.
– Non, c'est toi qui dépenses son argent. Tu profites de lui, moi, je veux m'occuper de mon frère.
– Tu es à l'origine de cette mascarade, tu as monté la tête à tes frères.
L'œil noir, elle me fixe, narquoise, et murmure :
– Content de toi, maintenant ?
– La décision doit être exécutée diligemment, précise La Juge, dans le cas contraire, vous risqueriez des poursuites pénales.
Isabelle, à son tour, insiste :
– Avez-vous bien entendu ?
– Taisez-vous ! Vous n'êtes pas mon avocate, cingle Fatima. Moi, je tiens ma parole !
Madame la Juge propose un droit de visite :
– Une fois tous les quinze jours, en présence de l'accompagnant. Soit le samedi ou le dimanche, qu'en pensez-vous, Madame X. ? …
– Je ne sais pas, moi. Je dois réfléchir, je ne peux pas décider, aujourd'hui. Mes occupations le week-end sont fréquentes, je n'ai pas mon planning.
Regards circonspects autour de la table.
Acculée, la sœur promet de ramener son frère demain au milieu de la journée. En revanche, concernant le compte rendu du jugement :
– Hors de question, je ne le signe pas !
Soudainement, dossier sous le coude, Fatima se lève, et lance avant de claquer la porte :
– Il y aura un malheur !
Colère ? Intimidation ? Sentiments mitigés, il y a ceux qui prédisent qu'elle changera d'avis, et ceux qui pensent qu'elle remettra Nono. Perplexe, suivant la réaction de sa famille, j'évite de me prononcer. Cela dépendra des réflexes des membres de sa famille.
Le lendemain, adieu la promesse. Seul, Frédéric parvient à la joindre :
– On fait une fête ce soir, il reste avec nous ce week-end. Ici, Nono s'accroche aux portes, car il ne veut pas partir « chez l'autre ».
D'une voiture, elle me téléphone, peu après :
– Ses cousins sont arrivés, je veux profiter un peu de mon frère, et l'accompagnerai, lundi ou mardi.
Fatima refuse de perdre la face, indûment, un homme me parle :
– Avez-vous le jugement ?
– Qui êtes-vous ?
Il ne répond pas et ajoute :
– Elle n'a rien signé ! Vous êtes un magouilleur ! Puis raccroche.

Pourvu qu'un mauvais projet ne germe pas dans sa tête.

Mardi, retournement de situation. Fatima, exclut de le rendre, au téléphone, elle vocifère à la greffière :

– Je le garde ! C'est mon droit !

Le substitut du Procureur transmet une ordonnance à la police, en vue d'une convocation diligente. Madame le substitut envisage, provisoirement, de retenir au pénal, la privation de soins. Ceci, dans l'attente d'autres motifs. Comme nous l'appréhendions, la marge d'attaque du code pénal est étroite. Désormais, le maintien de force d'un incapable majeur, serait-il en passe de devenir un flagrant délit ?

Le jour d'après, rebondissement, sa sœur est passée au tribunal, récupérer le jugement.

Des policiers se présentent à son domicile pour lui remettre la convocation ; aucune réponse, la porte est fermée. Tout à coup, ils entendent une voix :

– *Je peux pas ouvrir.*

Nono, enfermé, n'a pas de clef.

Les agents de police préviennent le lieutenant enquêtrice, illico, elle joint Fatima sur le portable :

– Comment ça ! Non, je suis chez moi, je n'ai vu personne.

– Alors, passez-moi votre frère.

Silence, puis la sœur appelle :

– Nono ! Nono ! Viens, quelqu'un veut te parler.

L'officier attend, le frère n'arrive pas, absente de chez elle, Fatima affabule.

En dernier ressort, elle a pris une autre avocate, même si celle-ci fait appel du jugement, la loi l'oblige à se soumettre à la décision du conseil.

À propos d'un handicapé qui a besoin d'assistance, le code pénal est formel, il s'agit :

« *D'absence de soin et enfermement d'une personne en danger.* »

Un motif suffisant pour se retrouver en garde à vue.

Fatima appelle le lieutenant de police, elle déballe ses arguments habituels et refuse de se rendre à la convocation du lendemain.

– C'est quoi ce que vous m'avez écrit là ?

Un frère, à ses dires, soi-disant, fraîchement atterrit d'Algérie, prend le téléphone, il écoute l'officier qui lui explique la décision du conseil.

– Pourquoi ne m'a-t-on pas invité ?

– La Juge a désigné des personnes connaissant Nono depuis le début de sa vie commune avec son ami. Un conseil de famille ne veut pas dire que toute la famille doit être représentée. Il s'agit de citoyens adultes, de l'extérieur, aptes à prendre les décisions importantes pour le bien de votre frère.

– Vos lois françaises sont vraiment bizarres.

La sœur, résistante, reprend le combiné :
– Le commissariat de ma ville m'a dit que vous n'avez pas le droit de venir sans mandat. De toute façon, nous ne vous le rendrons pas !
La conversation se termine dans la confusion.

Le lendemain, elle ne se présente pas, le substitut du Procureur, informé de cet ultime revirement rencontrera bientôt le lieutenant au Parquet. D'après Isabelle, aucune décision urgente ne sera prise, j'ai du mal à admettre l'efficacité d'une réaction mesurée.

L'avocate de la sœur ne se manifeste pas, alors, Fatima fait intervenir sa belle-sœur au téléphone. L'officier de police n'est pas libre, la belle-sœur s'énerve et s'en prend à un collègue :
– Je veux m'entretenir avec le chef, passez-le-moi !
Cette femme menace : « *Fatima X. va porter plainte contre le lieutenant* » pour l'avoir, soi-disant, injuriée sur un message du portable.

La semaine qui suit, le dossier est transmis à un Juge d'instruction, il prendra une décision, en toute indépendance.
Cette tension interminable m'empêche de me concentrer au travail.

Un soir, mon téléphone sonne, une voix féminine, déterminée :
– Je voudrais parler à Monsieur Mayeux.
– Oui, c'est moi, de la part de qui ?
– Rosana, la belle-sœur de Fatima.
– Pour quelle raison m'appelez-vous ? Bref silence.
– Pour quelle raison ? Eh bien, je veux vous parler.
– Je ne vous connais pas madame, donc, inutile de discuter, désolé, bonsoir.
Refusant d'entrer dans leur jeu, je raccroche.

Frédéric m'informe qu'une Juge d'instruction a été nommée pour instruire le dossier. Lors d'une convocation à son cabinet, en présence d'un avocat, la Juge lui signifiera qu'elle doit appliquer la décision du conseil de famille, sur-le-champ, sinon, Fatima se retrouvera en garde à vue. En cas de non-présentation, un mandat d'arrêt sera établi.
Les membres du conseil reçoivent cette notification du tribunal :
Mme Fatima X., représentée par maître Lucie Z., exerce un recours à la décision de mi-mai. Le dossier devra être transmis sous huitaine au tribunal concerné.
Sonnerie du portable, le tuteur décroche :
– Vous êtes Monsieur Frédéric ?
– Oui.
– Arnaqueur ! l'apostrophe une voix masculine à l'accent maghrébin.
– Qui êtes-vous ?
– Tu vas voir, l'escroc !
Dans la foulée, le tuteur dépose une main courante.

Un message sur le répondeur :
– *Olivier ?* … C'est la voix de Nono. On entend quelqu'un se fâcher,

puis la communication est coupée.

Mi-juin, Frédéric est reçu au Tribunal de Grande Instance. Madame la Juge d'instruction envisage, lors de la convocation, de mettre Madame Fatima X. en examen pour non-respect de la décision du conseil de famille et détention arbitraire d'un incapable majeur.

Au cours de la mise en examen, en présence de son avocate, elle souhaite obliger Fatima à remettre Nono par un moyen dissuasif.

À l'initiative de la Juge, nous nous rendrons avec Frédéric dans la banlieue nord. Et, lorsque la magistrate téléphonera au tuteur, nous irons chercher Nourredine chez elle. Une stratégie qui me laisse incrédule, l'intervention des forces de l'ordre me semblerait plus efficace. Ce plan présente un gros risque, je m'attends à tout.

– Nous sommes au pied du mur, me dit Frédéric, si cette manœuvre échoue, avec l'approche des vacances, rien ne sera résolu avant octobre. Nous jouons notre joker, car il y aura un changement de magistrat à la rentrée.

La tension augmente, l'angoisse aussi, je cogite et dors très peu.

Jour J., fin juin. Entre l'espoir et la crainte, chaque minute dure une éternité. Pour la mission, Frédéric et moi, décidons d'emmener deux accompagnateurs appréciés de Nono.

Vers midi, on repère d'abord l'adresse, un immeuble au milieu d'une cité populaire. À la terrasse d'un café, nous attendons l'appel de la Juge à Frédéric. Mes nerfs se tendent, viendra-t-elle ou pas au tribunal ?

Une heure s'écoule, le téléphone du tuteur sonne :

– La magistrate est avec la sœur, nous pouvons aller à son domicile.

Et hop, vite, nous fonçons.

La boite aux lettres indique l'appartement n° 26, on monte par l'escalier, je sonne, la porte s'entrouvre, une femme irritée, répond :

– Cette famille n'habite pas là !

Nous redescendons chez le concierge :

– Je ne connais pas ces gens.

Le tuteur téléphone à la Juge, Fatima indique une autre adresse toute proche, elle se moque de la justice.

Une fois sur place, la sœur change d'avis, elle affirme qu'il s'agit du logement n° 15 à l'immeuble où nous étions au départ !

Nous galopons, grimpons dare-dare au troisième étage, nous frappons, personne. Nouveau coup de fil à la Juge, maintenant, sa sœur déclare qu'il est, peut-être, à la piscine avec son neveu.

À bord de la voiture, nous filons, la piscine est fermée pour cause d'entretien. La sœur nous mène tous en bateau.

Frédéric, portable collé à l'oreille, m'annonce :

– Assistée d'un avocat, Fatima est mise en examen, vu son état d'énervement, un policier la surveille pendant l'audition.

Si la sœur continue ses dissimulations, la magistrate menace de la placer en garde à vue.

Retour au pied de l'immeuble, Frédéric, cavale, portable allumé :

– La sœur jure que Nono est chez elle, me répète-t-il.

Nous remontons, on sonne, on frappe, on appelle, j'entends un léger bruit, puis silence. J'ai un doute :

– Nono n'est pas là.

L'aurait-elle envoyé chez quelqu'un d'autre ?

Face à tant de fourberies, nous pressentons une manigance. En bas de la cage d'escalier, un jeune, d'un œil mauvais, nous dévisage :

– Vous faites quoi là ?

– Nous attendons des amis.

– C'est qui, vos amis ?... Ils s'appellent comment ?...

Un accompagnateur parle en verlan, le jeune nous laisse tranquille.

16 heures, la Juge autorise Fatima à quitter le tribunal, à condition qu'elle nous remette Nono de suite, sinon, la magistrate enverra les forces de police, et exige que la sœur le dise au tuteur, au téléphone :

– Bon… Euh… Je le rends disons, demain, milieu de journée.

– Non ! Ce soir ! s'étrangle Madame la Juge.

– Dans ce cas… Ok, pour ce soir.

Sans état d'âme, Fatima tergiverse jusqu'à la dernière seconde.

Avant de sortir du tribunal, désireuse de suivre l'affaire, la Juge donne son numéro personnel au tuteur. Longtemps, nous attendons sur le parking, 18 heures, toujours rien, où est passée la sœur ?

Le tuteur s'apprête à joindre la magistrate, lorsque Fatima apparaît dans une Opel rutilante, en compagnie d'un monsieur rondouillard aux cheveux argentés. À peine un pied à terre, elle nous engueule :

– C'est votre faute si on me sépare de mon frère ! Vous faites le malheur d'une famille.

Elle gesticule, pianote sur son portable :

– Allo, la police ? Venez ! Près de chez moi, des hommes me harcèlent !

Le monsieur aux cheveux argentés prend sa défense :

– Laissez-la tranquille, vous êtes inhumain d'agir de cette façon envers une malheureuse femme.

Courtois, diplomate, je parlemente, peu à peu, ce monsieur revient à la raison, puis conseille à Fatima d'appliquer la décision de la justice. Elle fait la sourde oreille et prend à témoin des jeunes beurs :

– Ils veulent emmener mon pauvre frère handicapé !

Fatima hurle, me montre du doigt :

– Lui, c'est le coupable !

Regards intimidants, soupçonneux, braqués sur moi.

– Ahmed ! Viens voir !

– C'est qui ces mecs ?

Des habitants arrivent, un attroupement se forme, une bande

d'adolescents s'approche, menaçants, mains au fond des poches :
– Qui cherchez-vous ? Hein ?... Vous dégagez !

L'atmosphère s'alourdit, à la moindre provocation, nous risquons un soulèvement. À la merci d'un coup, Frédéric et moi, reculons, nos accompagnateurs s'interposent, discutent entre eux, torses bombés.

Des voisines s'en mêlent, le ton monte :
– Laissez-le avec sa sœur ! Vous avez une autorisation ?

Fatima, grimace, crie à tout vent :
– Ce malhonnête l'empêche de voir sa famille, il veut son argent ! Mon frère ne veut plus revenir chez cet homme.

Elle égrène des arguments mensongers, calme, je ne réplique pas.
– Toi, et l'autre tuteur, là, vous refusez qu'il retrouve ses parents.
– Ne devaient-ils pas venir ? enchaîne Frédéric.
– Impossible d'avoir un visa, ils sont trop vieux.

Elle coupe la parole, au moindre dialogue :
– Que fait-il avec un handicapé ?

Un adolescent nous interpelle, inquisiteur :
– Vous êtes de la police ? De la justice ?

S'efforçant de ne pas paraître mal à l'aise, on explique brièvement la situation. Des voisines témoignent en sa faveur :
– Messieurs, je vous jure, la dame s'occupe bien de son fils.
– Non, maman, c'est son frère.
– Exact, moi aussi, je la vois faire ses courses avec un jeune homme.
– Une femme gentille, vraiment honnête.
– Fatima, si vous obtenez un droit de visite, présage Frédéric, je donnerai mon accord pour organiser un voyage encadré, en Algérie. Il vaut mieux s'entendre au lieu de se quereller.
– Bla-bla-bla… des paroles tout ça, marmonne la sœur.

Progressivement, certains habitants qui écoutent notre argumentation conciliante, deviennent mitigés.
– Compliquée votre histoire, conclut une voisine.
– Il est où, ce Nono ? demande un grand gamin.
– Chez elle, peut-être caché ? s'interroge une adolescente.
– Ce n'est pas normal, on n'enferme pas un handicapé.

L'image d'une Fatima, protectrice, intègre, se ternit.
– Où est votre frère ? s'impatiente, Frédéric.
– Il arrive, vous êtes pressé ? s'irrite-t-elle, jetant un œil vers l'entrée.
– Je vous signale, cela fait cinq heures que nous vous attendons.

Vingt minutes plus tard, Nono descend, accompagné du neveu, ils étaient barricadés dans l'appartement, depuis quand ?

Pâle, regard hébété, visiblement Nourredine dormait, amaigri, décoiffé, il porte un jean râpé, un polo défraîchi et des chaussures de sport usagées. Choqué, je vois des traces rouges au front et au visage.

Heureux de me retrouver, il sourit, s'approche et, spontanément, me prend par le cou. Soulagé, le moment tant espéré est arrivé, devant tous ces regards braqués sur nous, difficile de contenir l'émotion.

– C'est terminé Nono, je suis venu te chercher.

– Olivier, je viens avec toi.

Sa voix bouleversée me secoue les tripes. Reconnaissant, il salue Frédéric et ses accompagnants.

Nourredine est enfin libre ! Grâce à l'intervention de la justice, l'action du tuteur, à ma persévérance, à l'aide des médecins, de nos amis et à l'enquête du lieutenant de police.

Au lieu d'un au revoir à sa sœur, Nono, d'un geste désinvolte, lâche un « peuf ! » révélateur. Fatima, résignée, verse une larme.

Mains vides, sans bagage, nous regagnons la voiture.

– Regardez, les marques au nez et aux bras, découvre un accompagnateur, en cours de route.

Scandalisé par une séquestration de six mois, je réalise que nous sommes réunis. Ma joie est vite masquée, par l'absence de sa montre, de la gourmette, de la chaîne et du pendentif en or. De surcroît, Nono à mal aux pieds, il porte de vieilles baskets, une pointure 40 au lieu du 42. J'ai du mal à le croire, leur cupidité va au-delà de ce que j'imaginais.

Le lendemain, Philippe, notre médecin, l'examine entièrement. Il repère une coupure, des égratignures, des bleus et huit traces de coups sur le corps, de la tête jusqu'aux chevilles. Des preuves indiscutables de violences réitérées, abasourdi, j'ai la rage.

Un retour au pays serait insensé, une grave erreur, un drame.

Aux questions de Philippe, Nono hésite et, gêné, avoue :

– Mes neveux m'ont frappé.

– Pourquoi ? Il ne sait plus.

– Et cette lésion sur le poignet ?

– Ma sœur... Il se bloque, on insiste.

– Elle m'a tapé avec une raclette, je ne voulais pas manger la pizza.

Philippe établit un certificat détaillé. À son avis, ces sévices remontent entre trois et cinq jours, de plus, il a perdu dix kilos. Nono prétend avoir été enfermé dans les toilettes ou dans une penderie, à la suite d'une bêtise ou quand il voulait fumer.

– Tu sortais au moins ?

– Un peu.

Et tout ce qu'on ne saura pas, et tout ce qu'il a oublié, des actes ignobles qui me révoltent, m'accablent. Psychologiquement, pour mesurer l'ampleur des préjudices, un bilan neurologique se justifie.

À la maison, nous revivons un bonheur intensif. Il retrouve sa chambre, ses jeux, ouvre les tiroirs, écoute ses chansons préférées, mange ce qu'il veut, fume modérément, puis, joyeux, feuillette nos albums.

Nono savoure sa liberté, pendant que je lui offre un océan d'affection.

Frédéric et des amis, s'interrogent :

– Comment envisager le droit de visite à la sœur ? Même en présence d'une tierce personne ? Aurait-il encore du plaisir à revoir sa famille ?

Il n'exprime qu'une partie de ce qu'il a subi, face à son mutisme, je perçois une grande amertume. Globalement, l'évolution n'a pas régressé et, avec une stimulation permanente, il termine son assiette.

À mon approche, j'observe des gestes d'appréhension, des cris de peur, comme si j'allais le battre. Une nuit sur deux, les cauchemars déchirent ses rêves, à l'aube, malgré la Dépakine, des crises épileptiques jaillissent, le traumatise est si fort que j'ai mal à la tête.
Une confidence refait surface :
– Ma sœur m'a giflé, j'ai saigné du nez.
– Pourquoi ?
– Parce que je voulais te téléphoner.

Tous les deux, dormons énormément, je me concentre péniblement, des trous de mémoire surgissent, mon travail manque de précision. La tension retombe, le besoin de quiétude, de repos est primordial.
La rééducation reprend ainsi que les consultations du Dr Pradat :
– Sous l'emprise de cette sœur névrosée, tout était possible. Je craignais un retour difficile, mais note un changement positif du comportement, estime la neurologue, plus présent, calme, détendu, il suit la conversation, répond aux questions, me voilà rassurée. Les crises dissimulées ont laissé des traces, je prescris un encéphalogramme.

Pour éviter qu'un enlèvement se renouvelle, Frédéric et moi, décidons d'écrire un courrier au TGI, afin de se porter partie civile.

J'organise un dîner dans un restaurant Oriental, d'une ambiance sympathique, entourée de nos amis et d'un Nono rayonnant.

Au bout de dix années de silence, son frère Miloud, téléphone, il parle trente secondes à Nono et enchaîne :
– Dis à Olivier de m'établir un certificat d'hébergement.
L'air de s'en moquer, mon ami me le passe, sans traduire.
– Bonjour. Ça va ?
– Non, pas du tout. Votre décision, de nous séparer était honteuse !
– Je sais, ma sœur, voulait nos signatures, j'ai dit non, tu laisses Nourredine avec Olivier, c'est lui qui s'en occupe depuis le début.

Je l'écoute, perplexe, avec le doute que Miloud dise la vérité, de plus, sa soudaine aide à l'obtention d'un visa s'avère déplacée.

Pendant les vacances, très affectueux, Nono se lève, nous prenons une douche ensemble, dans mes bras, il ne me lâche pas une seconde. Les réactions d'effroi et la peur d'être frappé perdurent.
Un point positif, il se prend en charge et décide de temps à autre seul.

Fatima n'appelle plus, je propose quand même à Nono de la joindre, il ferme les yeux, pince la bouche, fait non de la tête.

Septembre, nous sommes convoqués pour le jugement au Tribunal

de Grande Instance. Fatima ne vient pas, elle sollicitait la garde, et aucun avocat ne la représente, la Présidente du tribunal civil s'étonne :
– Madame X. était demandeuse, son absence est irrecevable.

Décembre, par lettre, le tribunal m'informe du rejet de sa requête. Madame la Juge résume les faits et l'opinion médicale : en conclusion, la magistrate souligne la manœuvre illégale de la sœur.

Début de l'année, huit mois plus tard, il a encore des réactions de frayeur et l'angoisse d'être à nouveau martyrisé.

Mi-avril, ultime convocation au palais de justice, avec l'objectif d'une confrontation face à la sœur. Encore une fois, Fatima est absente.

Le Juge d'instruction reprend les éléments du dossier, connaissant notre longue histoire, le magistrat l'appelle par son surnom :
– Nono, veux-tu rester tout le temps auprès d'Olivier ?
– Jusqu'à la mort. Répond-il, solennel.
L'étonnement s'affiche sur nos visages, le cœur léger, je l'admire.

Le Juge, récapitule les brutalités infligées et le mobile réel de sa famille, il estime que la qualification de « *mauvais traitement envers une personne handicapée* » est plutôt légère. Le magistrat préférerait celle, « *d'enlèvement* », le Procureur tranchera. En attendant, Fatima doit se soumettre à un contrôle mensuel au tribunal du domicile.

Fin juin, soit un an après sa « *libération* », via un courrier recommandé, la décision du tribunal tombe :
 « *Le juge d'instruction a rendu ce jour ; une ordonnance de NON-LIEU.* »
Yeux écarquillés, je relis trois fois. Le magistrat conclut :
 « *Ordonnons le dépôt du dossier au greffe pour y être repris s'il survenait des charges nouvelles.* »
 Article 223-3 du Code Pénal :
 « *Le délaissement, en un lieu quelconque, d'une personne qui n'est pas en mesure de se protéger en raison de son âge ou de son état physique ou psychique est puni de cinq ans d'emprisonnement et de 75 000 euros d'amende.* »
Ma déception a duré longtemps, après une mûre réflexion, Isabelle, Frédéric et moi, avons décidé de ne pas faire appel. Désormais, sa vie, voire la mienne, sont suspendues à la protection de la justice.

UN COUPLE LEGITIME.

Dix ans plus tard, début 2013, silence complet de sa famille, à quarante-cinq ans, Nono garde constamment sa bonne humeur.

À notre requête auprès du tribunal, nous avons été convoqués, pour signer un PACS, Madame la Juge a émis un avis favorable.

Dès que le printemps revient, notre union est actée, un couple officiel, légal, avec une indispensable protection juridique.

Lors du changement de tuteur ; mauvaise surprise. Après toutes ces années sans aucune nouvelle, ni réponse aux courriers du conseil de famille, soudainement, sa sœur se manifeste et écrit au tribunal.

En quelques lignes, Fatima exprime son opposition, fait appel à la décision du Juge, de nommer Claudine en qualité de tutrice et moi, tuteur-concubin, vu, que « *ces personnes sont étrangères à la famille.* »

Dix mois s'écoulent avant que nous soyons convoqués à la Cour d'Appel de Paris. La sœur contacte l'avocate de l'aide juridique à la dernière minute, trop tard, l'audience est reportée !

L'année suivante, au creux de l'hiver, en compagnie de Nono, de Soumaré, l'auxiliaire de vie, de nos amies, Isabelle, l'avocate, et Claudine, nous pénétrons dans la Cour d'Appel.

Sa sœur, habits cossus, coiffure tendance, est en présence d'une avocate et de l'un de ses grands fils, qui nous ignore.

Au cœur du Palais et d'une salle d'attente glaciale, Nono, heureux, discute avec Fatima, découvre de récentes photos des siens. Elle apprend à son jeune frère que ses parents, malheureusement, sont décédés il y a quelques années, sans nous avoir prévenus !

J'aperçois une inattendue tristesse dans les yeux de Nourredine.

De retour à mes côtés, je le réconforte, Nono, détendu, tourne le dos à sa sœur, me prend par l'épaule avant d'évoquer nos souvenirs.

Son avocate se présente, à l'écouter, Isabelle et moi, prenons conscience de sa vision sélective de notre singulier vécu.

– L'important d'après la sœur, estime l'avocate, c'est de reprendre contact avec sa fratrie. Elle reconnaît des maladresses, des erreurs, mais souhaite partager la tutelle.

– Maître, réplique Isabelle, vous avez noté que, lors du séjour forcé au domicile de Fatima, Nourredine n'a eu aucun suivi médical, la sœur n'est jamais venue aux réunions du conseil de famille, et pire, son frère a subi des violences répétées.

– Quelles violences ? s'étonne l'avocate de Fatima. Pourquoi ne m'a-t-elle rien dit ? Et pourquoi, je n'ai pas vu de note dans le dossier ?

– Il y a pourtant un certificat médical détaillé, dis-je, posément, celui-ci a été joint au rapport du précédent tuteur.

Nous sommes entendus par trois juges dans une atmosphère pesante mais pas hostile. D'abord, sa sœur à la parole :

– Notre famille l'attend, il nous manque tellement, nous l'aimons. J'estime avoir le droit d'être désignée tutrice, pour protéger mon petit frère.

D'un sourire de circonstance, Fatima conclut :

– Évidemment, Mesdames les Juges, c'est vous qui décidez.

Prenant la parole, l'avocate de la sœur admet que par le passé, sa cliente a eu un positionnement inadapté vis-à-vis de son frère :

– Néanmoins, plaide-t-elle, cela ne remet pas en cause l'importance du lien familial. Le majeur protégé devrait avoir le droit de venir dans sa famille, y compris en Algérie.

Isabelle se lève, et expose le fait qu'elle suit Nono depuis l'accident.

– J'ai été témoin de l'intrusion violente de sa famille, de l'état dans lequel il avait été récupéré par son ami. Madame X., indique aujourd'hui, vouloir recréer un lien, mais ne propose rien, alors qu'elle s'est désintéressée de Nourredine par deux fois sur de très longues périodes. Même si le majeur protégé est content d'avoir revu sa sœur, il ne souhaite nullement revenir chez elle.

À mon tour, je synthétise notre vécu, puis souligne :

– Le rôle néfaste, hypocrite et la maltraitance de Fatima envers mon ami. Les agissements malsains, les mensonges, les insultes proférées à mon encontre, pour toutes ces raisons, je m'oppose à cette demande. Enfin, Claudine indique n'avoir aucun contact avec la sœur.

Après délibération, la cour confirme le jugement initial :

– Ce jugement reste conforme à l'intérêt du majeur protégé, en conséquence l'appel de Madame X. est rejeté.

Lors de l'audience, à la demande d'une des Juges, Fatima a appris, ébahie, l'estimation du patrimoine de Nourredine.

Sans tarder, nous recevrons deux lettres recommandées, pleines d'affections subites qui laisseront Nono complètement indifférent.

Au moment de ma retraite, nous quittons la capitale, et commençons une nouvelle vie en province. Nous avons acheté une maison dans le Sud-Ouest, au calme, entourée d'un jardin arboré, et adopté un adorable Labrador. L'environnement, la nature, la douceur du climat, une pollution limitée, l'absence de bruit, de trafic, agissent positivement sur la santé et le moral de Nono. Il découvre les fleurs, le chant des oiseaux, cavale derrière notre chien et, lors d'une visite chez un agriculteur, mon bonhomme a même conduit le tracteur.

Après ce changement radical, je consacre tout mon temps à celui qui partage ma vie.

Il écoute sa radio préférée, regarde ses émissions de télévision dont « *Questions pour un Champion* », « *Des chiffres et des lettres* », participe aux conversations, se repère mieux dans l'espace et le temps.

Nono est quasiment semblable à celui de ses vingt ans, aussi honnête, intègre, gentil, attentionné, poli, toujours prêt à rendre service. Une de ses vertus, après chaque bêtise, il la reconnaît.

Il aide à la cuisine, attrape un outil pour bricoler, pense à fermer les volets, s'habille selon son goût, décide de se laver les dents et de s'asperger de parfum. Et, à un moment inattendu, la moindre évolution, m'étonne encore. L'homme de mon existence, m'offre une montagne d'affection, affiche éternellement de généreux sourires, accompagnés de gentils compliments :

– Chéri, je t'aime beaucoup, suivi d'une bise qui claque à l'oreille.

Une année, plus tard, nous avons une audition capitale au tribunal, une décision majeure, l'aboutissement de trente ans de vie commune. D'abord, la magistrate demande l'avis de Nono, puis écoute ma position, et consulte le tuteur extérieur, qui approuve.

Mon dernier vœu est exaucé.

Grâce à l'autorisation de Madame la Juge des tutelles, nous célébrons notre mariage. Cette nouvelle loi, sécurisante, égalitaire, notamment au niveau de nos droits et de l'héritage, nous permet de devenir un couple légitime.

La cérémonie se déroule dans la petite ville de mon enfance, sans réaction négative. Une journée joyeuse, en présence d'une partie de ma famille et d'une trentaine d'amis.

À la question de l'officier d'état civil à la mairie :

– Voulez-vous prendre comme époux…

Nono, costume trois pièces, chapeau, pochette et nœud papillon, ferme les yeux, réfléchit, avant de dire un grand :

– OUI !

D'un ton déterminé, rieur, sous les applaudissements de l'assistance.

Un tendre baiser et murmure à son oreille :

– Tu es un mari merveilleux, je serai toujours là pour t'aimer.

Après un interminable parcours parsemé de tant d'embûches et de tourments, définitivement, nous avons tourné le dos à ce lourd passé.

Savourons l'inestimable bonheur d'être ensemble, à présent, chaque jour est un nouveau commencement. Jusqu'au dernier souffle de nos vies, intensément, nous demeurerons suspendus à notre amour.

À toi Nono.
À celles et ceux qui m'ont soutenu dans les moments très difficiles.

À nos amis :

Michèle Staath - Claudine Zipser - Marie Troussard - Patrice Hénocq - Jean-Jacques Baron - Nadine Javerzac - Gaëlle Diaz - Maître Isabelle Couzinet - Docteur Philippe Fauconnier - Docteur Didier Romain.

À mes collègues de l'agence LVR & Francy Thiroux.

Hommages :

Aux premiers secours le SAMU - les Pompiers de Paris.

Au dévouement de toutes les infirmières. Particulièrement, celles de l'hôpital de la Pitié-Salpêtriére et de la clinique d'Orgemont.

Au travail de la police et celui de la justice.

À Bertrand Muckensturn, neurochirurgien chef de service - Au Professeur Pascale Pradat-Diehl - À Philippe Van Eeck Hout, orthophoniste - À Daniel Fournier, chirurgien.

Au personnel de la réanimation des services du Professeur Philippon, de la neuro-chirurgie & de la salle Racine.

Aux surveillants, Marie-Jeanne, André et aux éducateurs du Professeur Pierrot-Deseilligny.

À Louis Gérard, kinésithérapeute - Philippe Ratier, orthophoniste.

Aux meilleurs accompagnants : Karim Basli - Dramane Traoré - Abdelnabi Nyati - Azedine Laouini - Djaouad & Nordine Kharroub - Lassana Soumaré.

Remerciements :

Martine Lavie - Olivier Frasson - Cécile Contet - Mme Piéri Gauthier - Mme Ascensio - Marie-France Bellot & Pierrette Funten Milard.

Associations : L'Union Nationale des Associations de Familles de Traumatisés Crâniens et Cérébro-lésés, recensant 56 associations en France et Dom Tom.

UNAFTC : n° 91-93 rue Damrémont 75018 PARIS
Tél. : 01 53 80 66 03   Fax : 01 53 80 66 04
E-mail : secretariat@traumacranien.org
Site web : http://www.traumacranien.org
Et, sur Facebook.com

Résurgences : la revue de l'UNAFTC publie deux fois par an, d'excellents articles liés au traumatisme crânien et aux lésions cérébrales.

FAIRE FACE : le magazine et son site internet édités par l'Association des Paralysés de France - APF. Faire Face, développe des sujets pratiques liés à la santé, aux droits, aux aides techniques et à la vie sociale des handicapés.

Collection

Lectures du Sud

Du même auteur :

Mesdames, Messieurs, Bienvenue en Égypte.

Chocolatine.